毛泽东的情感世界

MAO ZE DONG DE QING GAN SHI JIE

王敏玉◎著

台海出版社

图书在版编目(CIP)数据

毛泽东的情感世界 / 王敏玉著. —北京:台海出版社,2016.8

ISBN 978-7-5168-1127-6

Ⅰ.①毛… Ⅱ.①王… Ⅲ.①毛泽东(1893-1976)

–生平事迹 Ⅳ.①A752

中国版本图书馆 CIP 数据核字(2016)第 199942 号

毛泽东的情感世界

著　　者:王敏玉	
责任编辑:俞滟荣	
装帧设计:虞　佳	版式设计:通联图文
责任校对:罗　金	责任印制:蔡　旭

出版发行:台海出版社

地　址:北京市朝阳区劲松南路 1 号　　邮政编码:100021

电　话:010-64041652(发行,邮购)

传　真:010-84045799(总编室)

网　址:www.taimeng.org.cn/thcbs/default.htm

E-mail:thcbs@126.com

经　销:全国各地新华书店

印　刷:北京高岭印刷有限公司

本书如有破损、缺页、装订错误,请与本社联系调换

开　本:710mm×1000 mm	1/16
字　数:412 千字	印　张:22
版　次:2016 年 9 月第 1 版	印　次:2016 年 9 月第 1 次印刷
书　号:ISBN 978-7-5168-1127-6	

定　价:48.00 元

目　录

亲　情

战友情

革命情

同志情

诤友情

师生情

亲 情

1. "一掬慈容何处寻?"

——毛泽东与母亲文素勤

文素勤是一个农家女子。她笃信佛教,勤劳善良,仁慈宽厚。她给了儿子毛泽东圆润温厚的外貌和丰富的同情心。毛泽东自幼深爱其母,曾跪拜百里替母还愿,千里寄药方。母亲去世后,毛泽东写下了动人心魄的祭母文。

毛泽东的母亲文素勤

"石三伢子"

毛泽东的母亲文素勤,是一位勤劳、善良的农村妇女,只因做姑娘时在同族姐妹中排行第七,被唤作"七妹"。1885 年,18 岁的文素勤与 15 岁的毛顺生正式结为夫妻。

生儿育女,为婆家传宗接代,是旧时妇女最大的责任。毛顺生是单传,作为毛家的媳妇,文素勤特别希望能够早日为毛顺生生下儿子。然而,令文素勤痛苦万分的,不是她不能生育,也不是不生儿子,而是在八年内所生的两个儿子均在襁褓中夭折!

1893 年 12 月 26 日,文素勤终于生下了她的第三个儿子毛泽东。毛泽东出生后,为了保佑毛泽东平安无恙,文素勤每日烧香拜佛,除了向南岳观音菩萨"许愿",并虔诚地吃"观音斋"外,还让毛泽东拜了两位干娘以保平安。

毛泽东出生不久,文氏便抱着他回到娘家长住。因为毛泽东的七舅妈赵氏子女颇多,而且个头长得高大健壮,文素勤便要毛泽东拜舅妈赵氏为干娘,希望托七舅妈的福,庇护他健康成长。慈祥的赵氏十分乐意,将毛泽东视为己出,呵护有加。毛泽东的七舅文正兴是毛泽东的"干爹",他将毛泽东与自己的子侄并列排行,期望毛泽东和表兄们一起顺利长大成人。

拜了一位干娘,文素勤还是不放心,又让毛泽东拜了另一位干娘。不过这位干娘不是活生生的人,而是一块巨石。这块巨石位于韶山去往毛泽东外婆家的路途中。从滴水洞翻过龙头山,西望龙头坨,便能看见一块拔地而起、高10多米的天然巨石。岩石大小两块相连,做搂抱状。石后,有一股终年不干涸、长流不断的泉水从山洞中潺潺流出。传说此地过去曾出过妖怪,危害百姓。有个神人移来这块巨石,将妖怪永远地镇压在石头底下,从此一方平安。后来,人们把这块石头当作神佛崇拜,取名"石观音"。

有一天,文素勤抱着毛泽东,带上香烛果品,虔诚地来到石观音面前,供食进香,作揖叩拜,扶着毛泽东跪拜石观音为"干娘"。因毛泽东排行第三,所以起名"石三"。从此,"石三伢子"的乳名就在乡亲中传开了。在毛泽东离开韶山以前,当地的乡亲都管他叫"石三伢子",而不是叫毛泽东。

1951年5月,毛泽东在接见他的外家表兄文运昌等人时说:"我小时候有个乳名叫'石三伢子'。那时候,我母亲信迷信,请人算八字,说我八字大,不拜个干娘难保平安。母亲带我去棠佳阁外婆家,发现路上有一块人形巨石,便叫我下地跪拜,拜石头为干娘。因此,母亲又给我取名'石三伢子'。"

"可以损己而利人的人"

文氏笃信佛教,心地极为善良,对穷人富有同情心。她经常瞒着丈夫,悄悄送米送粮接济贫苦的乡亲们。这种美德,对毛泽东兄妹影响很深,他们都很拥护母亲的做法。毛泽东从小就在慈母的熏陶下,养成了母亲那样的好品性。

毛泽东少年时代读私塾时,由于离家较远,和许多同学一样常自带午饭。一天,细心的毛泽东发现一位同学黑皮伢子在大家吃午饭时,独自跑到外面去捡柴,好像有意要回避同学们。原来这位同学因家里穷,经常无米下锅,因此没有带饭,他是饿着肚子来上学的。毛泽东发现这个情况后,便把自己带来的饭菜分给黑皮伢子吃。放学后,他放下书包就到厨房弄饭来填饱肚子。文素勤以为午饭带得太少,第二天便换个大碗给儿子带饭,可是毛泽东放学后还是到厨房狼吞虎咽地弄饭吃。文素勤于是问毛泽东:"怎么你去读书了,反倒吃得下那么多饭?"毛泽东把真实情况告诉了母亲。母亲不仅没有责怪儿子,反而很高兴地说:"孩子,你这样做是对的,只是不该瞒着我,应该早对我说清楚,我给你一个大一点的篮子,每天两份中饭,省得你们两人都吃不饱。"毛泽东对这件事印象非常深刻,给很多人讲过母亲的这段故事。

还有一次,文素勤给毛泽东装好两箩筐白米,让他送到私塾当口粮。毛泽东出门不久就担着空箩筐回来了。文素勤问儿子怎么回事。毛泽东就把路上遇到本家毛承七夫妇吵架的事向母亲说了一遍。原来毛承七一家已断粮。毛氏宗祠族长不肯平价粜米给七嫂。承七嫂无奈,带着女儿到外村的大财主家里讨米。毛承七嫌她给自己丢了脸面,十分生气,夫妻就大吵了一场。毛泽东明白了事情的原委后,就把自己那担箩筐挑进屋,把那两斗白米倒进了承七家的米缸。母亲听毛泽东说后,赞同儿子乐于济贫的做法,随即又亲手量了两斗米,叫毛泽东赶快挑到学堂里去。

毛泽东对于母亲的善良和慈爱,十分敬佩。毛泽东后来回忆他的母亲时说:"我母亲是个心地善良的妇女,为人慷慨厚道,随时愿意接济别人。她可怜穷人,他们在荒年前来讨饭的时候,她常常给他们饭吃。"母亲文素勤的思想和行为,给毛泽东留下了极深的印象,并对他下决心寻找一条解救贫苦农民的道路产生了积极作用。

毛泽东父母的卧室

"我不能忘记她啊!"

1910 年秋,毛泽东挑着母亲给打点的行李,告别了韶山冲。从此,毛泽东不再由母亲照料,开始了独立的生活。但是,母亲 16 年的养育之恩,母亲高尚的品德,对母亲的思念,却深深地埋藏在了他的心中。

1918 年,文素勤因患喉蛾和疬子病住在娘家。8 月,毛泽东在赴京办理湖南青年赴法勤工俭学事宜前夕,写信给文正兴、文正莹两位舅舅,信中说:"家母在府上久住,并随照料疾病,感激不尽。乡中良医少,恐久病难治,故前有接同下省之议。今特请人开来一方,如法诊治,谅可收功。如尚不愈之时,到秋收之后,拟由润连(即毛泽民——引者注)护送来省,望二位大人助其成行也。"

后因文氏病情加剧,毛泽民便在舅舅和表兄们的帮助下护送母亲去长沙治病。毛泽东与母亲曾短暂相聚一个时期。其间,毛泽东和弟弟毛泽民、毛泽覃搀扶着母亲到照相馆合影留念。这是文氏第一次照相,也是最后一次照相。这次见面也是毛泽东与母亲的最后一次相聚。

1919 年春,毛泽东同母亲,弟弟毛泽民(左二)、毛泽覃(左一)在长沙合影

1919 年秋,正当毛泽东在长沙忙于驱张运动时,收到了母亲病危的特急家信。毛泽东马上带着弟弟毛泽覃奔回韶山。可是,当他们赶到家时,母亲已经入棺两天了。二弟毛泽民告诉他们:母亲临终的时候,还在呼喊着他们的名字。在母亲灵前,毛泽东内心里忍受着巨大的悲痛,追忆母亲的美德和对自己的养育之恩。1919 年 10 月 8 日,他挥笔写下了情意深切的《祭母文》:

> 呜呼吾母,遽然而死。寿五十三,生有七子。
>
> 七子余三,即东民覃。其他不育,二女二男。
>
> 育吾兄弟,艰辛备历。摧折作磨,因此遗疾。
>
> 中间万万,皆伤心史。不忍卒书,待徐温吐。

今则欲言,只有两端。一则盛德,一则恨偏。

吾母高风,首推博爱。远近亲疏,一皆覆载。

恺恻慈祥,感动庶汇。爱力所及,原本真诚。

不作诳言,不存欺心。整饬成性,一丝不诡。

手泽所经,皆有条理。头脑精密,劈理分情。

事无遗算,物无遁形。洁净之风,传遍戚里。

不染一尘,身心表里。五德荦荦,乃其大端。

合其人格,如在上焉。恨偏所在,三纲之末。

有志未伸,有求不获。精神痛苦,以此为卓。

天乎人欤,倾地一角。次则儿辈,育之成行。

如果未熟,介在青黄。病时揽手,酸心结肠。

但呼儿辈,各务为良。又次所怀,好亲至爱。

或属素恩,或多劳瘁。大小亲疏,均待报赉。

总兹所述,盛德所辉。以秉恫忱,则效不违。

致于所恨,必补遗缺。念兹在兹,此心不越。

养育深恩,春晖朝霭。报之何时?精禽大海。

呜呼吾母!母终未死。躯壳虽隳,灵则万古。

有生一日,皆报恩时。有生一日,皆伴亲时。

今也言长,时则苦短。惟挈大端,置其粗浅。

此时家奠,尽此一觞。后有言陈,与日俱长。

尚飨!

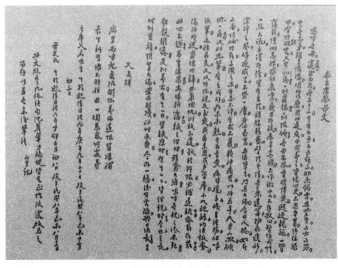

《祭母文》抄件

同时,毛泽东又作了两副灵联,以此寄托自己的无限哀思。

一联为:

> 疾革尚呼儿,无限关怀,万端遗恨皆须补;
>
> 长生新学佛,不能住世,一掬慈容何处寻?

另一联为:

> 春风南岸留晖远,
>
> 秋雨韶山洒泪多。

回到长沙,毛泽东含泪给他的同学、好友邹蕴真写信,高度赞扬了母亲的品德。信中说,世上有三种人:损人利己的人;利己而不损人的人;可以损己而利人的人。他说他的母亲正是这最后一种人。

毛泽东与千千万万的儿子一样,深深怀念着母亲。1921年春、1925年春夏和1927年年初,他回韶山探亲,开展革命工作时,总要到母亲和父亲的合葬墓前悼念一番。1959年6月,毛泽东回到阔别32年的故乡。在旧居里,他久久凝望着父母的照片。他对随行人员说:"如果是现在,他们就不会死了。"因为父母患的都是在新中国成立后完全可以有效诊治的病,可惜那时的医疗条件太差,以致他们过早地去世了。1966年,毛泽东在滴水洞住了整整11天,其间他对张耀祠说:"老祖宗是不能忘记的,我至今还很怀念我的母亲。我母亲非常善良,非常慈祥,济困扶贫,爱老怜幼,我不能忘记她啊!"

2."父亲的严厉态度大概对我也有好处"

——毛泽东与父亲毛顺生

毛泽东从母亲文素勤那里继承了"博爱"的天性,从父亲毛顺生那里则接受了勤劳、俭朴的优良品质。这些品质让毛泽东从小就培养了吃苦耐劳、励志进取、刚毅倔强的精神,而父亲过于严厉保守的教育方式,让少年毛泽东有了强烈的反抗意识。

毛顺生

父亲希望他继承家业

毛泽东的父亲毛顺生(又叫毛贻昌)生于 1870 年,是家里的独生子。毛顺生出生时,他的家境十分贫困,生活艰难。但他精明能干、肯吃苦、会省俭,又善于经营,是个好当家。他一生务过农,当过兵,经过商,数易旗帜,在毛氏家族中,算得上是经过风雨、见过世面的人,任何困难和挫折都压不垮他。凭着自己不屈不挠的奋斗精神,毛顺生硬是把父亲交给他的一个"烂摊子"变成了一个像模像样的殷实之家。他不仅还清了债务,赎回了田产,而且还大大地发展了家业。

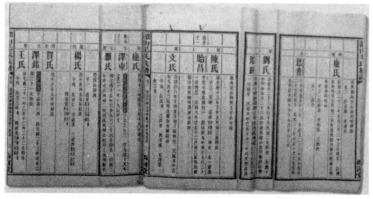

韶山毛氏族谱及有关毛泽东祖上三代的记载

毛顺生一生信奉:"吃不穷,用不穷,人无计算一世穷。谁会盘算,谁就能过好日子;不会盘算的人,你给他金山银山,山也是空的!"他治家很严,一心想把孩子培养成能继承祖业的人,毛泽东作为毛顺生的大儿子,自然受到父亲的厚爱。毛顺生一心希望毛泽东能继承父业,成为精打细算、兴家立业的人。然而毛泽东并没有按照父亲的想法去做。不难想象,父子在想法上的根本差异必然会导致他们之间的冲突。

毛顺生在家庭生活中态度专横而粗暴,妻儿对他只能言听计从,不能有任何反对意见。发家致富的强烈愿望,使他容不得孩子们有些许闲暇和自由。毛泽东从小就对父亲的这种态度不满,常常与父亲有对立情绪。正是在与父亲的抗衡过程中,他扬弃了父亲的缺失,但又不自觉地继承了父亲的刚毅和倔强。

胜利的"罢课"

旧时私塾中,私塾先生对学生非常粗暴严厉,打板子、罚站、罚跪等体罚方式司空见惯。毛泽东对这种做法很反感,因而总是和同学们一起设法进行反抗。毛顺生对儿子的这种酷似自己的倔强性格很伤脑筋。

一个夏天的中午,天气炎热。看到先生不在私塾,毛泽东就提议大家去游泳。老先生回来看见学生们赤身露体,以为不雅,在课堂上,要惩戒他们。毛泽东却引用《论语》上的话说,孔夫子是赞成到河里去洗冷水澡的,并把《论语》打开,把孔夫子的原话念给先生听。老先生一听,想起确实有这样一段书,一时下不了台,就怒气冲冲地找到毛泽东的父亲毛顺生说:"你家润之了不得啦,他的才学比我高,我教不了啦!"毛顺生历来家教很严,听说儿子带头闹学,同老师顶嘴,格外恼火。他在路上拣了一根楠竹枝子,看见儿子,不问情由,便劈头盖脸地打来。毛泽东急忙躲避,回头就跑。父亲怎么也追赶不上他,急得跺脚骂着:"我看你跑到哪里去! 你敢回来,我就要打死你这个没王法的东西!"毛泽东知道父亲的性子,这时候要回到家里,准要挨一顿打,连母亲也劝解不住。于是,毛泽东决定不回家,自己去县城。但是他毕竟是不满10岁的孩子,在山里转了三天后,终于被家里人找了回去。原来他只是在崎岖的山谷里兜了几个圈子,离家不过8公里。

这次公开反抗的意外收获却是童年毛泽东所不曾料到的。他原以为回到家里少不了一顿打骂,但当他回到家里后,情况反而有点改善,父亲比以前宽容了一些,先生的态度也温和了一些。毛泽东后来说:"我的抗议行动的效果,给了我深刻的印象。这是一次胜利的'罢课'啊。"

只有"父慈",才有"子孝"

　　毛顺生严厉的性格特点,在毛泽东早年的性格沉淀中起了重要作用。父亲的苛刻、悭吝、粗暴的家长作风,自然成为少年毛泽东反抗的最直接、最原始的对象。毛泽东回忆说:"我刚识了几个字,父亲就让我开始给家里记账。他要我学珠算。既然我父亲坚持,我就在晚上记起账来。他是一个严格的监工,看不得我闲着;如果没有账要记,就要我去做农活。他性情暴躁,常常打我和两个弟弟。一文钱也不给我们,给我们吃的又是最差的。他每月十五对雇工特别开恩,给他们鸡蛋下饭吃,可是从来没有肉,对于我,他不给蛋也不给肉。"

　　13岁时,毛泽东终于找到了一个反抗父亲的行之有效的方法,那就是借着父亲的话,引经据典进行反驳。有一次,父亲指责他不孝,他便以经书为武器,说:"经书上说的'父慈子孝',可见'父慈'在先,'子孝'在后。哪有父不慈而子能孝的呢?"诸如此类的反抗多了,父子之间难免要发生激烈的冲突。

　　有一次,毛顺生设宴款待生意场中的客人,让儿子出来殷勤待客。毛泽东非常厌恶繁文缛节,拒绝奉迎。两人在客人面前争吵起来,毛顺生当众骂了毛泽东,毛泽东当然不肯示弱,便与父亲顶撞起来。父亲要打他,毛泽东愤而出走。父亲从后面追来,令他回去。毛泽东跑到池塘边,恫吓他父亲说:如果你再走近一步,我就要跳下去。在这种情况下,父亲也只得软了下来,双方都同意讲和。父亲坚持要他跪下磕头认错,毛泽东则表示,如果父亲不打他,他可以跪一条腿磕头,因为另一条腿是属于母亲。结果父子达成了协议。一场激烈的父子之争,终于在双方的相互妥协和退让中平息了。毛泽东通过这件事认识到:如果公开反抗,保卫自己的权利,父亲就软了下来;可是如果温顺驯服,父亲反而会打骂得更厉害。毛顺生本想用严厉来镇住日渐长大的毛泽东,不料到头来却是自己的失败。儿子学会了反抗,并建立了和他对立的统一战线。

　　虽然毛泽东常常与父亲"斗争",但是父亲对于毛泽东后来的成长也的确给予了非常正面的影响。毛顺生吃苦耐劳、勤俭持家的精神,顽强刚毅的性格以及为家庭的辛苦劳作,都对毛泽东产生了积极的影响。毛泽东少年时,毛家已是韶山冲一带的殷实人家,而毛顺生让孩子们过勤劳俭朴的普通农家生活,让孩子们领略人生的艰辛和生活的不易。毛泽东自己也说过:"父亲的严厉态度大概对我也有好处。"

　　毛泽东倔强的性格和百折不挠、刻苦奋斗的精神何尝不受父亲毛顺生的影响?当时广大农村,父权盛行,父亲对儿子的打骂也是常见现象。其实,父子之间还是有颇深感情的。后来毛泽东到东山、长沙读书,都得到了父亲的支持和供养,这长时间的供养不是为了自己,而是出于父亲对儿子的爱心。随着毛泽东年龄的增长,毛顺生也没有再干涉儿子的选择。

离别家乡

毛泽东自幼喜欢读书。每天,他除了做农活和帮父亲记账外,还挤出时间看书。他找来了《三国演义》《水浒传》《西游记》等古典小说以及《盛世危言》《新民丛报》等进步书刊,如饥似渴地阅读。晚上,他常常用被单遮挡窗户,不让父亲看见灯光,以免父亲干扰他读书。

其实,毛顺生最初是支持毛泽东读书的。但他所希望的,不过是毛泽东"学成归来",可以帮他记记账,和别人有纠纷时帮他打打官司而已。

1910年发生的一件事,使毛泽东的心灵受到震动。1910年,长沙爆发了几万饥民"抢米"暴动,韶山也发生了"饥民暴动"。而此时,父亲决定把毛泽东送到一家米店当学徒。

毛泽东在与父亲的抗争中学会了妥协。他越来越明白:他毕生要与之战斗的,乃是一个社会制度。这一次,他没有与父亲正面抗争,他决定离开家乡去长沙。临行前,他改写了一首诗赠予父亲:

孩儿立志出乡关,学不成名誓不还。

埋骨何须桑梓地,人生无处不青山!

这首诗表现了毛泽东青少年时期强烈的求知欲和满腔的爱国热情,也寄托了他对父亲和家乡依依不舍的惜别之情。

毛泽东离开了生活了16年的家乡。在长沙读书的日子里,毛泽东仍经常与父亲和家里通信联系。1919年冬,毛泽东在母亲去世后,便把父亲接到长沙居住,并特地与父亲合影留念。这幅珍贵的照片,至今仍悬挂在韶山毛泽东同志故居及纪念馆陈列室里。

1920年1月23日,毛顺生在其夫人文氏逝世不到半年后,因患急性伤寒病医治无效,与世长辞了,终年50岁。毛泽东当时正组织湖南"驱张代表团"到达北京,为成立"平民通信社"、揭露湖南军阀张敬尧的罪行而奔波,未能回家奔丧。他只得把对父亲的哀悼和丧父的悲痛深深地埋在心间。

未能给老父送终,毛泽东感到十分的遗憾和自责。父亲操劳一生,虽有这样那样的缺点,但一切还是为了家!毛泽东成年后,越来越理解父亲,尊重父亲。

1919 年,毛泽东(右)同父亲毛顺生(左二)、伯父(左三)、弟弟毛泽覃(左)在长沙合影

1921 年春节期间,他在故居对弟弟毛泽民等说:"父亲死的时候我不在家,我后来才知道,他老人家是患急性伤寒去世的,棺木还是从唐家坨借来的,你们操心费力了,而我却没有尽到孝敬之心啊!"

新中国成立后,1959 年 6 月 25 日,毛泽东第一次回到阔别 32 年的故乡。第二天一早,他就急切地爬上南岸对面的一座柏翠的小山上,停在一座合葬墓前。碑文上写着"显公毛公顺生、显妣毛母文氏老大人之墓。男泽东、泽民、泽覃敬立。"毛泽东在父母墓前静立,默哀了片刻,轻声说:"前人辛苦,后人幸福。"说完恭敬地鞠了躬。

后来,他对随行人员说:"我们共产党人,是彻底的唯物主义者,不迷信什么鬼神。但生我者父母,教我者党、同志、老师、朋友也,还得承认。我下次再回,还得去看他们二位。"毛泽东在参观旧居父母卧室时,深情地对身旁的人说:"这是我的父亲、母亲。我的父亲得的伤寒病,我母亲颈上生了一个包,穿了一个眼。只因为是那个时候……如果是现在,他们都不会死的。"他的话讲得很轻,含着深沉的怀念。毛泽东此次回故乡感慨良多,挥笔写下了一首动人心弦的七律诗《到韶山》:

别梦依稀咒逝川,故园三十二年前。

红旗卷起农奴戟,黑手高悬霸主鞭。

为有牺牲多壮志,敢教日月换新天。

喜看稻菽千重浪,遍地英雄下夕烟。

3. 舍小家为大家

——毛泽东与毛泽民

毛泽民,字润莲、咏莲,1896年生于湖南省湘潭县韶山冲,是毛泽东的大弟弟。毛泽东外出求学后,毛泽民在家务农,协助父亲操持家政。毛泽民不仅长于农活,而且善于当家理财。跟随哥哥毛泽东参加革命后,他亲手筹建了苏维埃国家银行。1943年,在新疆被军阀盛世才杀害。

毛泽民

跟随哥哥走上革命的道路

毛泽民性格敦厚老实,从不顶撞父亲。毛泽东离开家乡后,他成了父亲发家致富的得力助手,很快他理财和管家的才能就显现了出来。家中的生计在毛泽民的操持下,过得非常红火。

1921年春节,毛泽东回到韶山,动员亲人参加革命。毛泽东从家事谈起,鼓励弟妹们勇敢地走出家园,做一番事业。他对毛泽民夫妻说:"这几年我不在家,泽覃也在长沙读书,家里只有你们两口子撑着,父母死了,都是你们安葬的,我没有尽孝,你们费了不少心。"

毛泽东谈起家庭的变故和生活的艰难,心中充满了辛酸。"日子不好过,不是我们一家人的事情,国乱民不安嘛!这次我回来,是想把家里的事情处理一下。泽民小时在家劳动,没读什么书,最好跟我一块出去,边学习,边做一点事情。"毛泽民面有难色,他十分舍不得他曾花大力气刚刚建下的这个家,而且这毕竟是他们生活了20多年的地方啊!毛泽东看出了他的心事,开导说:"你不要舍不得离开这个家!俗话说,故土难离,我也不愿意离开这个家。但为了让千百万人都有一个好家,我们只得舍小家为大家。"

在毛泽东的教导下,毛泽民妥善处理了家中的一些事情,毅然跟随哥哥来到省城长沙,在毛泽东主事的湖南省立第一师范学校的附属小学担任校务,负责全校师生的伙食。管家和理财正是毛泽民最为擅长的。他凭借着勤俭、精明、吃苦耐劳的精神,努力工作,管理有方,处处为师生着想,将伙食搭配得井井有条,吃得既好又便宜,深得师生好评。

　　毛泽东十分关心弟弟毛泽民的成长与进步,鼓励他学好文化。在一师附小期间,他让毛泽民参加了他开办的成年失学补习班的学习。还有一次,毛泽东外出期间收到一张由毛泽民执笔,弟弟泽覃、同学许志行署名的明信片,上面写道:"毛泽东先生启南门家寄"。他见明信片行文上有错误:"启"是打开的意思,封起来的信要"启",明信片怎么"启"法?再说"家寄"就是毛家寄的意思,但信是三个人署名的,许志行姓许而不姓毛,不能写作"家寄",于是写信给毛泽民指出。这件事,毛泽民久久没有忘怀,一直把它作为激励自己学好文化的一个动力。

湖南第一师范校舍

　　1921 年 8 月,毛泽东、何叔衡等创办了湖南自修大学,第二年附设了实习学校。毛泽民转到自修大学任庶务,同时兼任省学生联合会的庶务。由于经费紧张,毛泽民处处精打细算,节省开支,把为数不多的经费用得恰到好处。在这里他还参加了自修大学附设实习学校的学习。学习了《共产党宣言》《社会主义从空想到科学发展》等著作。通过课堂和社会调查,毛泽民学到了一些马克思主义的革命理论,他迅速成长起来,提高了革命觉悟,增加了斗争阅历。

　　1925 年 2 月,毛泽民跟随毛泽东、杨开慧回到韶山开展农民运动。这期间,他们共创办了 20 多所农民夜校,建立了许多秘密农协小组,使韶山农民运动迅速地发展起来。通过这些组织活动,毛泽民积累了丰富的农民运动经验,更加坚定地走上了革命的道路。

手足情深

杨开慧牺牲后,毛泽民、钱希钧夫妇得知了嫂子杨开慧的死讯。在极度悲痛中,毛泽民夫妇没有忘记三个侄儿:岸英、岸青、岸龙。他们在哪里?情况如何?敌人杀害了他们的妈妈,会不会再加害他们兄弟三个?想到这里,毛泽民夫妇立即请示党组织,建议将毛泽东的三个儿子接到上海。

春节前夕,毛泽民夫妇终于见到了三个平安到达上海的孩子。他们搂着孩子们久久不肯放手,哭了又笑,笑过又哭,既有喜悦又含悲伤。为过好春节,让失去母亲的孩子重得一份母爱,毛泽民夫妇千方百计挤出一点钱,为孩子们挑选了几块布料做新衣。孩子们十分高兴,他们在叔叔婶婶身边,仿佛回到自己父母身旁一样。1931 年 4 月,根据党中央的安排,毛泽民夫妇要马上离开上海。虽然情况危急,但毛泽民夫妇还是先将三个侄儿作了妥善安排后才离开。

1931 年秋,毛泽民与哥哥在苏区再次相聚。这距离他们兄弟上一次见面已经快四年了。一天傍晚,红十二军军长谭震林说陪毛泽民夫妇去见毛泽东。一路上毛泽民夫妇十分兴奋。刚走到叶坪村村口,毛泽民便远远地看到了哥哥站在一片金黄灿烂的野菊花里。毛泽东上穿一件洗得发白了的灰色衬衫,下着一条膝盖有两块大补丁的土布裤子,正微笑着向这边张望着……他乡遇亲人,毛泽民小跑着向兄长奔去,使劲拉着哥哥的手,不停地摇啊,摇啊,一张大嘴高兴地咧着,却说不出一句话来。

这天晚上,夫妻俩就在毛泽东的办公室兼宿舍里住了下来。他们听哥哥讲中央苏区的斗争,讲蒋介石怎样一次又一次地对中央苏区进行反革命"围剿",讲红军如何反"围剿",将敌人打得落花流水、狼狈不堪。三人谈得忘了疲倦,忘了睡觉。一会儿说家乡,一会儿说上海……四年来的离别之情,说也说不完,道也道不尽。

刚到叶坪时,毛泽民夫妇和毛泽东同住一间房子,毛泽东睡木床,他们夫妇睡在哥哥的行军床上。由于工作繁忙,钱希钧看到他们兄弟二人明显消瘦,就去买了几个鸡蛋在食堂炒好后等哥哥来吃。谁知毛泽东一看到桌上的鸡蛋,立即问希钧:"这鸡蛋哪来的?可不能去食堂拿,特别我们是当干部的,'三大纪律,八项注意'可不能忘记。"钱希钧忙说这是我自己花钱在老乡那儿买的。可毛泽东说:"鸡蛋是自己买的,油盐不还是拿食堂的,这样可不好。"毛泽东望着弟弟、弟媳:"我们都是共产党员,无论遇上大事小事,都应该时刻注意,做到一尘不染才行……"这件事过去了很久,毛泽民夫妇还牢牢地记着。

理财能手、好管家

1931 年,毛泽东到达闽粤赣革命根据地后,一直从事自己擅长的经济工作。先是担任军区供给部长,不久调瑞金参加筹备中华苏维埃第一次全国代表大会,筹建国家银行,后在毛泽东身边担任国家银行行长,成为中共第一位银行行长。至此,毛泽民的理财才能得到充分发挥。

毛泽民担任国家银行行长期间,统一财政、统一货币、统管战利品。他奠定了中共国家银行的体制基础和管理模式,印制了中华苏维埃共和国最早的纸币和金属币。他还大力发展苏区生产,领导创办了钨公司,领导开创了苏区的对外贸易。

毛泽民一贯严于律己、宽以待人,在苏区管理财政期间,廉洁奉公,从不搞特殊化,受到组织和同志们的一致好评。他说过:"以前在韶山老家是管家的,现在到了苏维埃政府这个革命大家庭里,更是管家的。无论是持家,还是为国理财,都要勤办一切事业!"

1934 年,红军开始长征。国家银行全体人员编入第十五大队,毛泽民为大队长。遵义会议后,他又任副团长兼没收征集委员会副主任、供给部副部长,负责管理运输、筹集粮款。长征途中,在躲避敌人的围追堵截的同时,他不仅要负责努力保障红军给养,还一直负责 160 多担黄金、白银和苏区钞票的运输管理和沿途接收土豪财物,承受了比一般参加长征战士更多的辛苦。

1936 年,红军到达陕北后,毛泽民担任中华工农民主政府国民经济部部长。他积极运用他早年获得的经商经验,进行对外贸易和发展经济,为边区政府和部队积累了大量资源。

这年秋天,各国工人阶级为了支援中国革命,筹集了一大笔钱款,由法国秘密汇到上海。中央决定派富有地下活动经验的毛泽民负责去取钱。1937 年 4 月,他与钱之光等四人化装去上海,通过上海地下党,将这笔外汇分批兑换成国统区法币,藏在特制皮箱的夹层里。随后,毛泽民装扮成做生意的商人,辗转西安,将这笔巨款安全运到延安。

1937 年冬天,恶劣的天气使得毛泽民的支气管炎再次发作,而且日渐严重。党中央鉴于他的身体状况,决定让他转道新疆去苏联治疗。这一决定成为毛泽民的人生转折,他离开延安后,再也未能回去,再也未能见到哥哥毛泽东。

1938 年,毛泽民到达迪化(今乌鲁木齐)时,因中苏边境鼠疫蔓延,交通中断,他不得不滞留在迪化八路军驻新疆办事处。军阀盛世才假意挽留毛泽民主持新疆财政。党中央为了做好统战工作,决定让毛泽民化名周彬,担任新疆财政厅副厅长、代理厅长一职,后来又任民政厅长。毛泽民在新疆工作的五年时间里,为这个边疆省份的财政和民政工作做了重要贡献。在他的努力下,新疆财政状况大有起色。

1941年,蒋介石发动第二次反共高潮。第二年8月,蒋介石派宋美龄、朱绍良等到迪化,与盛世才达成反共协议。9月17日,毛泽民与陈潭秋等被拘捕。10天后,迪化警务处根据盛世才的秘密指令,将毛泽民、陈潭秋、林基路秘密杀害。

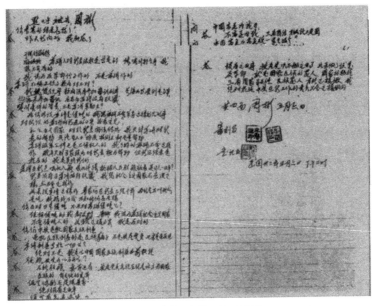

毛泽民被捕后的刑讯记录

毛泽东在延安听到毛泽民惨烈牺牲的噩耗,悲痛欲绝。然而他把这种痛苦埋在心底,他认为要奋斗就会有牺牲,革命的每一次进步,都是无数先烈的鲜血和生命换来的。

1959年6月,毛泽东重回故乡。在故居看到悬挂着的毛泽民的像时,他说:"这张像很像四弟。"言语中透着对弟弟的无限怀念之情。

4. "润菊是为革命牺牲的,他的精神不朽"

——毛泽东与毛泽覃

毛泽覃是毛泽东的二弟。毛泽东很喜欢这个活泼、天真的小弟毛泽覃。毛泽覃曾在大哥毛泽东的身边求学多年,受到其无微不至的照料。他受毛泽东影响,跟随兄长走上革命道路并肩作战,不到 30 岁,便为革命献出了年轻的生命。毛泽东曾对亲属说:"记住润菊是为革命牺牲的,他的精神不朽,值得我们活着的人思念。"

毛泽覃

在哥哥身边学习、进步

毛泽覃,又名泽淋,字润菊。毛泽覃与毛泽东相差 12 岁,而且性情相近,长相相似。他童年时代,是毛家生活最好的时候。六七岁时,毛泽覃便进入本地私塾读书。他天资聪颖,学习刻苦,经常得到先生和长辈的夸奖。毛泽东也非常喜爱这个小弟弟。

1918 年春节,毛泽东从长沙第一师范毕业,回到韶山过年。13 岁的毛泽覃很想像大哥那样,到外面去读书,增长知识。于是,他向大哥提出请求。春节过后,毛泽东将泽覃一同带回长沙。毛泽东很喜欢这个天真活泼的小弟弟,一直把他带在身边照料,前后整整五年。

1918 年春,毛泽覃以优异的成绩考入毛泽东任职的湖南第一师范附小。在长沙,毛泽东经常向弟弟传授新思想、新观念。毛泽东在长沙主编《湘江评论》,建立中共湘江区委会等一系列活动,也对毛泽覃产生了极大的影响。在毛泽东的教育和影响下,毛泽覃的思想进步很快,毛泽覃很快接受了革命思想。他时常与同学们讨论国家大事,抨击腐败的北洋军阀统治。1921 年,他加入了中国共产主义青年团。

1922 年,毛泽覃进入长沙私立协均中学读书。同年秋,进入湖南自修大学附设实习学校学习。湖南自修大学是毛泽东在长沙创办的,专为培养改造社会的人才。学校除了补习中学课程外,还十分注意引导学员学习马克思主义,研究中国的实际问题。毛泽覃来到这里,他一方面刻苦学习文化知识,一方面认真地攻读《共产党宣言》《社会主义从空想到科学的发展》等著作,努力提高自己的思想和理论水平。实习学校强调学员应"图脑力与体力之平均发展,并求知识与劳力两阶级之接近",经常组织学员深入工厂、农村调查。毛泽覃认为"读死书最无益","并不一定在教室里、在实验室里才是学,宇宙便是学校,万物便是课本,经验便是老师"。他一有空闲便走出校门,走访工厂、农村,访贫问苦,进行社会调查和革命实践。

毛泽东和杨开慧在清水塘的住所,毛泽覃在长沙求学期间住在这里

毛泽东对毛泽覃的成长时时给予无微不至的关怀,并对其严格要求,帮助他在前进的道路上逐步成熟起来。那时,毛泽东、杨开慧一家住在湘区党委机关所在地——清水塘 22 号,毛泽覃和另外几个同学也住在这里。一次毛泽覃因为顽皮受到了毛泽东的严厉批评。毛泽覃等几个同学看到毛泽东、杨开慧有一个小箱子,当作宝贝放在枕头底下。每次杨开慧外出前,总是要小心地把这个箱子收藏好。他们对此十分好奇。这天,趁杨开慧不注意,几个年轻人偷偷把箱子藏到了杨老太太的屋里。杨开慧发现箱子不见了,非常着急,到处寻找,原来这个箱子里装着党内文件。毛泽东知道后,对毛泽覃等进行了严厉的批评,然后给他们讲党的性质、纪律和保守党的秘密的重要性,指出他们还没有入党,不能阅读党

内文件。接着谈到入党问题,毛泽东针对他们各自的缺点,向他们提出了不同的要求。杨开慧也想借这个机会教育几个年轻人,于是接着说:你们都是青年团员,晓得为什么要革命? 我们今天的革命工作还是秘密的,你们都有责任帮助我保管好这个箱子,保护好党的文件。这个箱子装的不是金银财宝,但比金银财宝更重要,要是被坏人弄走了,后果是不堪设想的。毛泽东和杨开慧的谈话,使毛泽覃又受到一次深刻的教育。

为了提高毛泽覃等年轻学生的政治觉悟,毛泽东特别注意对毛泽覃进行阶级教育。一次,毛泽东拿来一份水口山工人苦难生活的调查资料,要毛泽覃读给大家听。材料中记载了这样一件事:几个工人在老砂棚里凿岩石,突然洞顶掉下一块巨石,把工人全都压死了。工厂主不但不给家属抚恤金,还把他们赶出矿区。孤儿寡母无家可归,只能拖儿带女流落街头……毛泽覃读着读着,声音哽咽起来,两行热泪夺眶而出,更加同情穷苦工人,痛恨剥削阶级。

毛泽覃(右二)与友人的合影

这里不是毛氏祠堂

毛泽覃和大哥毛泽东长相相似,性情也相近,兄弟俩感情十分深厚。他们在革命道路上并肩战斗,但也时常会有小的分歧发生。

1930 年的一天,毛泽东在去和丰县君埠的路上,碰见两个红军战士押着一个青年在前面走,后面一位老妇人一边哭泣一边跌跌撞撞地追赶。原来这是毛泽覃所在部队在搞“扩红”。毛泽东了解到这一情况后怒不可遏。

当晚，毛泽东在弟弟的办公室对其进行了批评，兄弟二人为白天的事激烈争辩，原来毛泽覃并不知道这件事情。毛泽东气愤地向弟弟挥起了拳头。毛泽覃见哥哥要打人，也火了，大声说："这是革命队伍，不是毛氏祠堂！"毛泽东一下子头脑清醒了，拳头没有落下。事后，毛泽覃很快纠正了部下"扩红"中的错误。次日，毛泽覃找到那位被"扩红"的青年，向他赔礼道歉，并把他送回家去。老太太看见儿子回来了，欣喜若狂，急忙跑出门去迎接，毛泽覃又向她作了检讨。

在中央苏区工作时期，是毛泽东、毛泽覃兄弟二人关系最为密切的时期。毛泽东对弟弟工作中出现的差错，多次进行严肃批评。每当毛泽东指出弟弟的问题时，也会说："共产党不是毛氏宗祠，不要以为是兄弟关系就可望得到庇护。"

这些都是发生在毛泽东、毛泽覃兄弟之间的小插曲。1933 年，毛泽东受排挤，毛泽覃受到毛泽东的牵连，兄弟二人都赋闲在家中。他们格外珍惜在一起的时光，相互安慰，相互扶持，共同开展农村调查，不再争吵了。

年轻的革命者

"二七"惨案后，全国工人运动暂时处于低潮。但湖南地区的工人运动在毛泽东的领导下，仍然继续开展。1922 年 11 月，湖南水口山铅锌矿工人俱乐部成立。为了引导工人运动，中共湘区区委和毛泽东决定派毛泽覃去水口山从事工人运动。1923 年春，毛泽覃离开长沙前往衡阳。毛泽东到码头送行，再三嘱咐弟弟：到水口山以后要好好锻炼和改造自己，要到敲砂棚去敲矿，要下到矿棚里劳动，要注意认真学习工人们的优秀品质，使你们这些穿长衫的人与穿短衫的人融合在一起。毛泽覃含泪向哥哥告别。这是他第一次离开大哥独立远行。这时他还不到 18 岁。

到达水口山后，在党组织的安排下，他担任工人俱乐部教育委员，并兼任工人学校教员。在工作之余，他遵照大哥的教导，经常去工地参加劳动，体验生活，与工人交朋友，向他们宣传革命道理。通过实际斗争的考验，毛泽覃于 1923 年 10 月加入了中国共产党。

1924 年，毛泽东、杨开慧从上海返回韶山发动农民运动。不久，毛泽覃也回到了韶山，在银田镇的白庙办农民夜校。同年秋，根据大哥的指示，他先往广州接洽有关工作。此后，即跟随大哥在广州从事革命活动，先后在黄埔军校、广东区委、广东省农民协会和省港罢工委员会工作过。1927 年，毛泽覃从上海转移到武汉。在武昌都府堤见到了哥哥毛泽东、毛泽民。随着汪精卫与蒋介石的暗中勾结,形势一天比一天紧张。兄弟三人短暂相聚后,又各自奔赴新的工作岗位。毛泽东回湖南发动秋收起义,毛泽民去了上海,毛泽覃被派到国民革命军第四政治部工作。

当听到八一南昌起义的消息后,毛泽覃立即赶往南昌,但直到临川他才赶上部队,随即去叶挺的十一军政治部工作。此后,毛泽覃随部队转战于湘粤赣边境。1927年,在得知大哥率领秋收起义部队上井冈山的消息后,毛泽覃受朱德委派,前往江西井冈山与大哥毛泽东联络。

1927年初冬,毛泽覃身着国民党军服,化名覃泽,巧妙躲过敌人的多次盘查,顺利通过国民党一道道关卡,到达井冈山,向毛泽东汇报了朱德部队的情况。1928年冬,毛泽覃又受毛泽东委派,率领特务连,在湘南找到朱德、陈毅的部队。他将毛泽东对于形势的分析告知朱德、陈毅。4月,两支部队在井冈山胜利会师。毛泽覃在毛泽东、朱德之间的沟通联络为毛泽东、朱德胜利会师井冈山,为红四军的成立起到了重要作用。

在艰苦的革命岁月里,毛泽覃逐渐积累了丰富的战斗经验。他作战勇猛,指挥得当,办事机警而果断,已经成长为一名足智多谋的红军将领。他先后参加了攻打遂川的战斗,在赣水流域领导土地革命、开展游击战争,领导下属兵站等参与三次反“围剿”战斗。担任了中共永丰、吉安、太和特委(中心县委)书记、公略(吉安)县委书记、红军独立师师长。

1933年年初,由于坚持毛泽东的正确主张,反对王明“左”倾机会主义路线,毛泽覃和邓小平等人一起遭到打击和排挤,被扣上“罗明路线在江西的执行者”的帽子,并被撤销了在红军、地方和党的机关的重要职务。当时毛泽东也受到王明“左”倾错误领导的排斥和打击。当毛泽覃的妻子贺怡去找姐姐贺子珍诉说时,毛泽东心情沉重地说:“他们整你们,都是因为我,你们是受了我的牵累。”然而毛泽覃并没有气馁和消沉,他跟随已经“靠边站”的哥哥一起去农村调查。

1934年,由于“左”倾错误不断扩大,中央红军日趋困难,不得不开始长征。毛泽东、毛泽民随部队北上,毛泽覃留在中央苏区坚持游击战争。这成了兄弟之间的永诀。

1935年4月25日,在瑞金县黄鳝口附近的红林大山中,毛泽覃的队伍夜宿“黄田坑”。第二天被敌人包围。为掩护同志们突围,身为师长的毛泽覃冲到队伍的最前面作掩护。一颗子弹击中了他的前胸,毛泽覃献出了宝贵的生命。毛泽覃牺牲时,还不到30岁。毛泽覃牺牲后,敌人从他身上搜出了浸沾血迹的毛泽东和朱德的照片,还有他自己的党证,这才知道他是毛泽东的亲弟弟。

毛泽东获悉毛泽覃牺牲的消息后,十分悲痛,并且一直深深怀念着他。1959

《泽覃先生行状》。1941 年韶山毛氏四修族谱时，周颂年特给
毛泽覃写了一篇行状，对他的一生给予了很高的评价，对他的英年
早逝表示了沉痛的哀悼

年 6 月，毛泽东回到韶山，来到故居毛泽覃烈士的卧室。他端详着墙上挂着的烈
士遗像，对随行人员说："这是我泽覃六弟。泽覃很聪明，他的胆量比我还
大哩！"

5."算人间知己吾与汝"

——毛泽东与杨开慧

杨开慧,出生于书香世家。她是毛泽东的妻子,是三个孩子的母亲。同时,她也是一位坚贞不屈的革命家,29 岁即为中国革命献出了年轻的生命。在她的身上,既有中国传统女性的温柔,又有革命者的坚强意志。

"我一定要同他去共这个命运!"

1901 年 11 月 6 日,杨开慧出生于湖南省长沙县板仓,是家里唯一的女儿。父亲杨昌济为女儿取名开慧,字云锦,号霞。1913 年春,杨昌济应聘到长沙湖南省立第四师范学校任教,全家迁往长沙。来到长沙后,杨开慧大部分时间在家里随父亲学英语,并阅读了许多东西方文化书籍和古今文艺作品,开始关心周围的变化,关注着时局的发展。

1913 年春,毛泽东怀着寻求强国的梦想,考入了湖南第四师范学校(次年并入湖南第一师范学校)。在这里,毛泽东如饥似渴地汲取新思想,不仅打下了深厚的学识基础,而且开始形成自己的思想方法和政治见解。杨昌济对毛泽东非常器重,认为毛泽东是"海内奇才,前程远大"。毛泽东

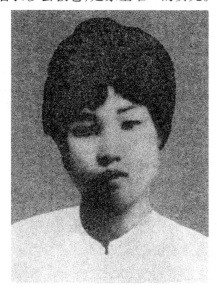

杨开慧

也为有这样一位志趣相投、学识渊博的师长而欣慰。一师一徒很快成了忘年之交。

在一师求学期间,毛泽东等学生课后常到杨家求学聆教。杨先生和毛泽东之间无拘无束纵谈天下大事,谈论治学之道,气氛十分热烈。这时,杨开慧总是

在一旁默默地听着,想着,很少插话。她很羡慕父亲和他的学生们的远大志向,特别是毛泽东所表现的非凡抱负,刻苦好学的精神,坚韧顽强的意志和俭朴谦逊的作风,给杨开慧留下了特别鲜明的印象,使她产生了由衷的敬佩,并逐渐开始注意他的举手投足,开始较多地与他接触。后来,杨开慧也参与了讨论。话越说越近,心越贴越紧。杨开慧秀外慧中,举止温文尔雅,性格坚强,喜沉思,有理想,有追求。通过频繁的接触,毛泽东和杨开慧都情不自禁地萌发了深深的倾心爱慕之情。

他们之间朦胧的恋情,从一开始,就不是花前月下,而是从对人生崇高境界的共同渴望和追求开始的。以后的日子里,毛泽东送给杨开慧的也不是鲜花和蜜语,而是用心血凝结而成的日记和文章。杨开慧是用慧眼、心灵去阅读、理解毛泽东的日记和文章,学习他的思想方法,领会字里行间跳跃的人生火花。

有一次,毛泽东在陈独秀主办的《新青年》杂志上发表了一篇名为《体育之研究》的文章。在文中,他提出了一个响亮而新鲜的口号:"欲文明其精神,先自野蛮其体魄。"这期间,他在日记里写下了著名的一句话:"与天奋斗,其乐无穷;与地奋斗,其乐无穷;与人奋斗,其乐无穷。"毛泽东潜心实践着心中这个强烈的信念。寒冬时节,他用冷水沐浴;大雨滂沱,他在野外奔跑。在毛泽东的影响下,杨开慧也坚持洗冷水浴、常吃硬食等锻炼方法。她在作文中写道:"要救国就要锻炼强健的身体。"这无疑是受到了毛泽东的影响。

1918年6月,毛泽东从湖南省立第一师范学校毕业。与此同时,杨昌济应蔡元培之聘,到北京大学任伦理学教授,杨开慧随全家迁往北京。8月份,为了组织赴法勤工俭学,毛泽东也来到北京。经杨昌济推荐,他到李大钊主持的北大图书馆做了一名助理馆员。

在北京的日子里,毛泽东经常去杨家看望老师,与杨开慧有了更多的接触。毛泽东经常把进步书报及自己写的日记、学习笔记给她阅读。在这些交往中,他们增进了彼此间的了解。于是,两人一起阅读进步书刊,探讨问题,点评时事。在不知不觉中,这对年轻人坠入了爱河。这一时期,毛泽东和杨开慧经常一起漫步北海,游览故宫,议论时政,充分体味着初恋的甜蜜。

杨开慧对毛泽东的感情,除了真挚的爱,还有十二分的敬仰与倾慕。她曾在日记里这样记录自己初恋的情怀:

不料我有这样的幸运!得到了一个爱人。我是十分爱他。自从听到他的许多事,看见了他的许多文章日记,我就爱上了他,不过我还没有希望过会同他结婚,一直到他有许多信给我,表示他的爱意,我还不敢相信我有这样幸运。……自从我完全了解了他对我的真意,从此我有了一个新意识,我觉得我为母亲而生之外,就是为他而生的。我想像着,假如一天他死去了,我的母亲也不在了,我一定要跟着他去死! 假如他被人捉去杀了,我一定要同他去共这个命运!

"重比翼,和云翥"

杨开慧与毛泽东的卧室

1920 年冬天,27 岁的毛泽东和 19 岁的杨开慧结婚了。他们一不置嫁妆,二不坐花轿,三不布新房,四不办酒席,"不作俗人之举",自由地结婚了。

从 1920 年冬至 1927 年 8 月,毛泽东与杨开慧共同生活了近七年。其间,杨开慧生育了岸英、岸青、岸龙三个孩子。在恶劣的环境里,杨开慧不仅承担了繁重的家务,还要为毛泽东整理材料,做文字工作,无微不至地照顾毛泽东的生活,并协助毛泽东从事工运、学运、农运工作。杨开慧在党内没有任何职务,始终是毛泽东的眷属。七年间,杨开慧跟随毛泽东,时而在长沙,时而在上海,时而在广州,时而在武汉,四海为家。为了照顾毛泽东,她作为贤妻良母,默默地奉献着一切。

1921 年,毛泽东参加了中共"一大"。回到长沙后,他积极建立党组织,大力开展工人运动。杨开慧也在这一年加入了中国共产党。那时候,毛泽东总是通宵达旦地编辑刊物、撰写党内文件、草拟罢工宣言和准备讲演稿等。杨开慧一直负责湘区党的机要和交通联络工作。她不知疲倦地奔走于各个秘密联络点,传送党的文件和毛泽东的指示。她多次随毛泽东到长沙新河火车头修理厂铁路工会和第一纺织工厂进行调查研究工作,为工人夜校讲课。1921年8月,毛泽东创办了湖南自修大学,杨开慧便利用自己担任省学联干事的身份,为自修大学筹集经费。1922年,毛泽东又创办了湖南青年图书馆,杨开慧则担任该馆的负责人,主持馆内一切事务。

1927年,毛泽东撰写《湖南农民运动考察报告》时,因为白天工作繁忙,晚上很晚才回家,有时顾不上吃饭就开始写作。杨开慧当时正临近分娩,身边又有两个年幼的孩子,但为了减轻毛泽东的负担,她还是根据毛泽东的写作提纲,夜以继日地对农运调查材料仔细分类、选择、综合,然后用蝇头小楷工整地誊抄在稿纸上。在杨开慧的大力协助下,毛泽东很快就完成了《湖南农民运动考察报告》的写作。《湖南农民运动考察报告》给濒临绝境的农民运动带来了新的、不可遏止的生机。这其中也凝聚了杨开慧的心血和汗水。

杨开慧作为毛泽东的妻子、助手、秘书,一面做党的工作,一面照顾毛泽东的生活。夏天的夜晚,杨开慧便点上驱赶蚊虫的蚊香,或用葵扇为毛泽东驱暑;冬天来了,杨开慧就把取暖的器具准备好。深夜一两点钟,杨开慧总要给毛泽东端去一碗饭菜,而且一直要等他吃完才去睡。毛泽东清晨出去工作,杨开慧就帮他整理夜里写好的东西。在草稿本上凡写"定稿"的,她便誊到另一个本子上。她常常是把孩子的摇篮放在身边,一边抄稿,一边用脚摇摇篮。

1923年4月,湖南军阀赵恒惕下令通缉毛泽东,他被迫离开长沙。婚后的第一次别离,平添了毛泽东的许多离愁别绪,在对妻子和孩子的深深思念中,他写下了《贺新郎》一词:

1924年,杨开慧与岸英、岸青在长沙

挥手从兹去,更那堪凄然相向,苦情重诉。眼角眉梢都似恨,热泪欲零还住。知误会前番书语。过眼滔滔云共雾,算人间知己吾与汝。人有病,天知否?

今朝霜重东门路,照横塘半天残月,凄清如许。汽笛一声肠已断,从此天涯孤旅。凭割断愁思恨缕。要似昆仑崩绝壁,又恰像台风扫寰宇。重比翼,和云翥。

1924年夏,杨开慧与母亲一起,带着岸英和出生不久的岸青,来到了上海,毛泽东到码头上亲自等候,从此结束了魂牵梦绕的两地生活,得以"重比翼,和云翥"。此后,毛泽东和杨开慧比翼双飞,妇随夫行,直到1927年大革命失败。

杨开慧与毛泽东(油画)

"恨无双飞翮,飞去见兹人"

1927年,蒋介石和汪精卫相继叛变革命,轰轰烈烈的大革命失败了。根据八七会议精神,为武装反抗国民党,毛泽东赴湘赣边领导秋收起义去了。临行前,毛泽东将妻子杨开慧送回她的娘家板仓,留她在长沙地区农村参加、领导地下斗争。当时他们谁也没有料到,这次分手竟成了两人的永诀。

杨开慧回到家乡,积极从事革命工作。她把周围的农民都组织起来,向他们宣传革命的道理,她在当地群众中广泛地传播革命火种,深入到贫苦人家里宣传革命道理,当地的农民亲切地称杨开慧为"霞姑"。

毛泽东上井冈山不久,便给杨开慧写了一封信。信是用暗语写的,大意是说他出门后,开始生意不好,亏了本,现在生意好了,兴旺起来了,"堪以告慰"。毛泽东还在信中提到了自己的脚伤。这封信是毛泽东1927年10月写的,从宁冈的一个中药铺发出,但直到1928年年初,信才辗转到了杨开慧手中。杨开慧接到毛泽东的来信,激动万分,连夜给丈夫写回信。她迫不及待地翻箱倒柜,找出一本地图,找到了井冈山所在的方向,这也更增加了她对毛泽东的思念。由于关山远隔,音讯不通,杨开慧的心情日益惆怅不安。1928年10月,她写下了题为《偶感》的五言长诗,以寄托自己对毛泽东深深的思念之情:

> 天阴起朔风,浓寒入肌骨。
>
> 念兹远行人,平波突起伏。
>
> 足疾已否痊? 寒衣是否备?
>
> 孤眠谁爱护? 是否亦凄苦。
>
> 书信不可通,欲问无人语。
>
> 恨无双飞翮,飞去见兹人。
>
> 兹人不得见,惆怅无已时。
>
> 心怀长郁郁,何日复重逢。

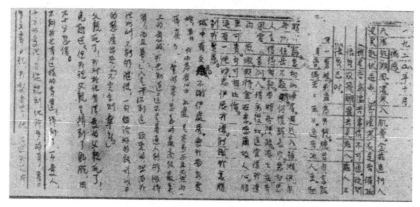

杨开慧手迹《偶感》

除了那首《偶感》诗外,杨开慧还写了一些笔记,记录了她当时的心情。这篇笔记直到20世纪80年代在整修板仓杨开慧故居时,才被人从墙壁夹缝中发现。虽然经历了半个多世纪,但从字里行间,还是可以揣摩出杨开慧当时痛苦而复杂的心境。

无论怎样都睡不着,虽然是倒在床上,一连几晚都是这样,合起来还睡不到一晚的时辰。十多天了,半个月了,一个月了,总不见来信,我检(简)直要病了。我设一些假想,脑子像戏台一样,还睡什么觉? 人越见枯瘦了。……太难过了,太寂寞了,太伤心了,这个日子我检(简)直想逃避它。但为着我这个小宝,我终于不能逃避。又是一晚的没有入睡,我不能忍了,我要跑到他那里去。小孩,可怜的小孩,又把我拖住了。我的心挑了一个重担,一头里是他,一头里是小孩,谁也拿不开。我要哭了,我真要哭了。我怎么都不能不爱他,我怎么都不能不爱他!

从杨开慧留下的这些文字里,可以看出她对毛泽东的爱是何等的深!毛泽东离开后,她是怎样想念、记挂他!

在艰苦转战中,毛泽东也同样深深挂念着杨开慧的生命安危,四处打听杨开慧的下落。1929 年 11 月 28 日,他给远在上海的李立三写信说:

我大病三个月,现已好,但精神尚未复元。开慧和岸英等我时常念及他们,想和他们通讯,不知通信处。闻说泽民在上海,请兄替我通知泽民,要他把开慧的通信处告诉我,并要她写信给我。

但十分遗憾的是,直到杨开慧牺牲,毛泽东也没有与她联系上。

"我失骄杨君失柳"

1930 年秋,白色恐怖进一步笼罩着长沙。敌四路军总指挥何键以"清理战场"为由,成立了湖南省清乡司令部,自任司令,滥杀滥捕共产党员和革命群众。他扬言谁捉了毛泽东的妻子杨氏,就悬赏大洋一千,板仓一带的反革命势力倾巢而出。杨开慧深知凶残的敌人决不会放过自己,就做好了应变的准备,她将党的文件和材料密封在一个青花瓷坛里,埋在菜土底下;将一些未发出的信和诗文手稿藏在住房的夹墙砖缝中。她还安排好了自己的后事,将自己年幼的孩子托付给她的弟弟。

1930 年 10 月下旬的一天,杨开慧不幸被捕了。在被捕的十多天时间里,杨开慧被敌人转移多个地方,最后关进设在司禁湾的长沙陆军监狱署。在狱中,清乡司令部 5 次提审杨开慧,凶残的敌人用尽了各种酷刑,把杨开慧折磨得遍体鳞伤,逼她交出地下党名单、交代毛泽东的联系方法。杨开慧始终坚贞不屈。狡猾的敌人见用硬的不行,又改变了策略。他们把杨开慧请进有新闻记者在的客厅诱骗说,只要她在报上发表声明,与毛泽东脱离夫妻关系,就可以马上获得自由。杨开慧严词拒绝。她对前去探监的亲友说:"死不足惜,但愿润之革命早日成功。""牺牲小我,成功大我。"

1930 年 11 月 14 日下午 1 时,在长沙浏阳门外的刑场上,杨开慧英勇就义,时年 29 岁。当地亲友和农民冒着生命危险,连夜把杨开慧的遗体运回板仓,埋葬在青松环绕的棉花坡上。

1930 年 12 月,正在中央苏区部署反"围剿"的毛泽东从敌人的报纸上得知了"共产党匪首毛泽东之妻杨开慧在长沙被处决"的消息。悲恸万分的毛泽东失眠了,往事历历在目,杨开慧温柔娴静的面容,纯洁善良的微笑,深邃的总是含着期待之情的眼睛,如此清晰地活跃在面前……

毛泽东在随后给妻兄杨开智的信中写道:"开慧之死,百身莫赎。"他随信寄去银元30元,请杨开智为杨开慧修墓立碑,墓碑上刻着:"毛母杨开慧墓,男岸英、岸青、岸龙刻,民国十九年冬立。"

杨开慧至死都眷恋着毛泽东,毛泽东也终生思念着这位至爱的妻子。

1950年春,毛泽东对毛岸英说:"你现在可以回家一趟了,代我给你母亲扫墓。……你妈妈是个很贤惠的人,又很有气魄,对我帮助很大。……我很怀念……"

1950年,毛泽东接见杨开慧的堂妹杨开英时,满怀深情地赞扬道:"你霞姐(杨开慧——编者注)是有小孩子在身边英勇牺牲的,很难得啊。"

杨开慧去世二十多年后,1957年2月,杨开慧年轻时的女友、柳直荀烈士的夫人李淑一写信给毛泽东,请求抄寄《虞美人·枕上》。李淑一的来信,勾起了毛泽东内心世界难以平息的情感波澜。毛泽东对先前那段清纯的婚姻生活,对杨开慧真挚的爱情,发出了声声感慨。他将沉淀在心中几十年的眷恋之情,凝聚笔端,满怀深情地写下了千古绝唱《蝶恋花》:

我失骄杨君失柳,杨柳轻飏直上重霄九。

问讯吴刚何所有?吴刚捧出桂花酒。

寂寞嫦娥舒广袖,万里长空且为忠魂舞。

忽报人间曾伏虎,泪飞顿作倾盆雨。

1962年,当友人章士钊请教该词中"骄杨"作何解释时,毛泽东说,女子革命而丧其元(头),焉得不骄?!后来,毛泽东应毛岸青、邵华的要求,把这首词写给他们的时候,又把"骄杨"写为"杨花",并说称"杨花"也很贴切。

6."你当初为什么一定要走呢？"

——毛泽东与贺子珍

贺子珍，毛泽东的第二任妻子。她容貌姣好，是井冈山地区赫赫有名的"永新一枝花"。她机智勇敢，18 岁就被选为县委委员。她与毛泽东在井冈山相识、相爱，陪伴毛泽东度过了他人生中最艰难、最失意的阶段。

并肩战斗的革命伴侣

贺子珍

贺子珍，又名桂圆，1909 年出生于江西永新县，1926 年就成为一名中共党员。她接受党的指派，加入国民党，以跨党分子的身份参加了县党部的领导工作，担任永新县党部委员、妇女部长。后来，贺子珍加入了袁文才等人领导的农民自卫军，并同他们一起发动了永新暴动。暴动结束后，永新遭到了敌人疯狂反扑。暴动队伍为了保存实力，不得不撤出县城，进入井冈山，贺子珍也跟随队伍来到了这里。

1927 年 10 月，毛泽东率领秋收起义的部队来到井冈山。10 月 6 日，毛泽东在江西宁冈县东源乡大仓村第一次见到了贺子珍。贺子珍当时年仅 18 岁，年轻貌美。当接毛泽东上山的袁文才指着贺子珍向他介绍时，毛泽东没有料到在井冈山上如此艰苦的斗争环境中会有这样年轻的姑娘，而且是在"头面人物"之列。这让他十分惊讶。

1927 年 11 月，为了全面布置湘赣边界的地方工作，毛泽东在象山庵主持召开了宁冈、永新、莲花三县党组织负责人联席会议。贺子珍作为永新县委的代表之一参加了会议。在讨论如何重建各县党组织的问题上，贺子珍提出了一个见地新颖的主张：军队帮助地方党的发展。毛泽东当即肯定了贺子珍的建议。联席会议结束后,根据组织决定,贺子珍来到设在茅坪攀龙书院的前委机关工作。就这样,毛泽东和贺子珍的接触多了起来。

毛泽东经常向贺子珍咨询关于井冈山一带的历史、风俗民情、农民运动的发展状况等问题。贺子珍则向毛泽东求教马列主义和相关的革命理论。1928年5月,毛泽东到永新县进行实地调查。当时,贺子珍正好在此地开展打土豪、分田地的斗争。他们共同深入群众,了解当地的人口、户数、阶级状况。贺子珍作为毛泽东的助手,帮助他记录整理调查情况。后来在此基础上,毛泽东写就了著名的《永新调查》。

毛泽东与贺子珍在工作接触中,感情不断深化。他们的结合是很自然的。结婚后,贺子珍便开始了一种新的生活,她一边照顾毛泽东的生活,一边充当他的生活秘书和机要秘书,并为前委管理机要文件。在井冈山,看报纸是一件非常困难的事。贺子珍为毛泽东苦心搜集了各种大报,供毛泽东作决策时参考。贺子珍还把毛泽东看过作了记号的内容剪下来,分类粘贴,便于毛泽东随时查找。这项工作对毛泽东帮助很大。除了搜集、整理报纸,贺子珍还经常是毛泽东文章的第一个读者、听众和抄写者。毛泽东有晚上工作的习惯,贺子珍总是坐在一旁陪伴他,或抄写,或读书。

井冈山的生活是艰苦的。毛泽东和贺子珍同所有的战士一样,分一点伙食尾子,吃一样的饭菜。毛泽东日夜操劳,饮食又差,身体消瘦很多。贺子珍十分着急,她亲自下田摸田螺,捉鱼虾,使毛泽东在极艰苦的条件下能尝到点荤腥。

1931年11月的赣南会议上,毛泽东遭到错误路线的排斥,被免去了苏区中央局代理书记的职务。次年10月的宁都会议上,他又被撤销了红一方面军总政委的职务。毛泽东忧心忡忡地离开前线,一度沉默无语、心情烦躁,后来因病到长汀红军医院休养。在最困难的时期,贺子珍在精神上和生活上给予毛泽东最大的支持。她不顾自己刚刚生完孩子身体虚弱的情况,日夜陪伴照顾毛泽东。正是在她的悉心照料下,毛泽东迅速康复了。

遵义会议后,毛泽东处于全党全军的主要领导地位,任务更加繁重了。这时,贺子珍不再担任毛泽东的秘书,但她仍然常常抽时间帮助毛泽东抄写电报,整理文件。当时的条件很艰苦,毛泽东的办公桌是用两个铁皮文件箱摞起来搭成的。贺子珍帮他抄写,只能坐在石头上或小板凳上,有时干脆就用自己的膝盖当桌子来工作。

1934年10月18日,贺子珍参加红军长征,是仅有的三十余个女红军战士之一。当红军长征到达贵州盘县时,贺子珍所在的总卫生部休养连遭到敌机袭击。为了掩护伤员,贺子珍的头部、背部14处受伤,生命垂危。长征路上医

毛泽东、朱德与参加井冈山斗争的部分同志在陕北合影,后排左五为贺子珍

疗条件极差,不能做手术,嵌进头骨和肌肉中的弹片无法取出,伤口虽经包扎,仍流血不断,贺子珍的生命危在旦夕。连里领导反复商量,准备将贺子珍安置在一个老乡家里养伤。他们立即打电话给毛泽东,向他报告了贺子珍受伤的消息和他们的处理意见。

当时毛泽东正在指挥红军抢渡赤水,听到妻子受伤的消息,他果断决定:"不能把贺子珍留在百姓家里,一是无医可药,无法治疗,二是安全没有保证,就是死也要把她抬着走。"他马上派自己身边的医生赶到休养连参加医治,连自己的担架也带了过去,给贺子珍使用。

后来,贺子珍在回忆这段往事时,无限感慨地说:是毛泽东救了我的命。我当时昏迷着,不知连里曾决定把我留下,放到老乡家里,当然连里这样决定也是一片好心。但如果那时毛泽东同意了,我就没命了。我的伤势那么重,农村又没有医疗条件,不要说碰到敌人,就是光躺着也要死的。我苏醒过来后,怕增加同志们的负担,也曾多次向连里提出把我留下的意见,他们都没有同意。我这才活过来了。

任性、错误的决定

1935 年 10 月,红军结束长征,到达陕北。到达陕北后,毛泽东和贺子珍的生活环境安稳了,但夫妻关系却出现了裂痕。

贺子珍是个独立、上进的革命女性,性格十分倔强。与毛泽东结婚后,贺子珍担任毛泽东的秘书,专心照顾毛泽东的生活,没有再出去独立工作。随着一个个孩子的出世,她由朝气蓬勃的女战士变成了一位默默无闻的家庭主妇。国共合作抗日后,革命形势发展了,需要有更多的干部担当起重担。她渴望得到更多的锻炼机会,像和毛泽东结婚前一样,在外面和同志们一起风风火火地做自己的一份革命工作。

1937 年春,贺子珍与毛泽东在延安

毛泽东是一个交友广泛、求知若渴的人,对外界的事物非常感兴趣。当时的陕北,成了中国革命的圣地,吸引了大批爱国的知识分子和青年男女。毛泽东喜欢同这些朝气蓬勃的青年男女交谈和接触,与妻子的交流在不知不觉中减少了。贺子珍文化程度比毛泽东低。她虽然接受过学校教育,但因为参加革命早,读书时间有限,文化水平和理论水平不能跟那些奔赴延安的知识分子相比,更没法和毛泽东相比。毛泽东和知识青年的热切交流,让贺子珍产生了孤独感,从而使她陷入苦恼的境地。

要强的贺子珍坚决向组织要求工作、学习。到达保安县后,根据贺子珍的要求,组织上决定让她担任苏维埃国家银行发行科科长,不久任印钞所所长。1937年,她又申请进入延安抗日军政大学学习。贺子珍非常努力地学习和工作。然而,没过多久,贺子珍就悲哀地发现,自己的身体已经无法从事正常的学习和工作了。长征艰苦的行军和飞机轰炸毁坏了她的身体。身上的弹片,使她经常处于难以忍受的痛苦之中。她渴望治好枪伤,取出弹片,把身体养好,像别的女同志一样英姿飒爽地工作。

贺子珍作出了一个决定。她决定离开延安,去上海治病。毛泽东明白贺子珍提出离开延安,与自己有很大的关系,于是极力地挽留她。毛泽东充满感情地对贺子珍说:"我这个人平时不爱落泪,只有在三种情况下流过眼泪:一是我听不得穷苦老百姓的哭声,看到他们受苦,我忍不住掉泪;二是跟过我的通讯员,我舍不得他们离开,有的通讯员牺牲了,我难过得落泪。……三是在贵州,我听说你负了伤,要不行了,我掉了泪。"

毛泽东发自肺腑的话并没有挽留住贺子珍。1937 年 10 月,贺子珍离开了延安,来到西安。贺子珍到达西安后,毛泽东仍然希望她能回来,他写了一封信,派警卫员送到西安,并想从那里接她回来。毛泽东给贺子珍捎去了他希望夫妻互相谅解的诚意,但贺子珍没有回头。

长征途中,死神没有把毛泽东和贺子珍分开,误会和倔强却让他们渐行渐远。马背上的家到了窑洞里没有不久,就令人惋惜地破裂了。贺子珍最终离开了毛泽东,退出了他们窑洞里的家,远走异国他乡。

贺子珍在西安住了几个月,经新疆乘飞机去了苏联。贺子珍到达苏联不久,毛泽东又发来电报,请求贺子珍回延安。从国内到苏联的同志也多次捎去毛泽东的口信,请她回去。毛泽东几乎动员了所有能够动员的老同志、老朋友,利用一切机会去说服贺子珍。一个苦苦挽留,一个坚决要走。贺子珍任性、错误的决定终于铸成了无法补救的遗憾。

1938 年 11 月,毛泽东与江青结婚。贺子珍是在苏联听到的这个消息的。她终于明白,自己的轻率、固执,使她永远地失去了毛泽东。

几十年后,毛泽东与陶铸夫人曾志的一次谈话中曾谈起贺子珍,他满怀伤感地说:"我同贺子珍还是有感情的,毕竟是十年夫妻嘛!"曾志问:"那为什么要离开呢?"毛泽东说:"不是我要离开她,而是她要离开我。""但我还是挂念着她的。"

贺子珍在谈到这段历史时,充满了悔恨。她说:"我不怨毛主席,一切都怨我。我当时太年轻,不懂事。我一心只想出去把身体养好,再学习几年,就回来。我还想为党做点工作,没想到事情并不是我想的那么简单。"

1947 年,贺子珍与女儿李敏在苏联

剪不断的思念

1947 年,经毛泽东同意,贺子珍回到了阔别 9 年的祖国。贺子珍回国后,没有在北京定居。她与毛泽东天各一方,却又彼此惦念,女儿娇娇成了他们之间联系的桥梁。娇娇在父亲毛泽东身边上学,可一到寒暑假,毛泽东就派人把娇娇送到贺子珍身边,让母女生活一段时间,以慰藉贺子珍孤独的生活。每次,毛泽东总会让娇娇给妈妈捎去一些食物。而娇娇返回北京时,贺子珍同样"回赠"毛泽东一些他喜欢的食物。有一次,贺子珍还给毛泽东捎去一个精致的骨雕挖耳勺。毛泽东是个油耳朵,不时要清理耳中的油垢。这个习惯,贺子珍始终记得。

毛泽东与贺子珍在艰苦年代孕育的女儿,就这样成为沧桑岁月中两人心灵联系的纽带。每次娇娇从妈妈身边回来,毛泽东便会向她询问贺子珍的情况。当他得知贺子珍身体不好时,还为她在北京寻找治病的良药。1954 年的一天,贺子珍从收音机里听到了毛泽东的讲话。这熟悉的声音震撼着她,强烈地刺激着她,贺子珍不堪其苦,病倒了。毛泽东很快得知了贺子珍生病的消息和原因,他立刻提笔给贺子珍写了一封信,大意是:望你保重身体,革命第一,身体第一,他人第一,顾全大局。并叮嘱她要好好吃药,不要抽烟。不久,毛泽东又派娇娇代他去看望贺子珍。贺子珍看到毛泽东的来信,病情真的好转起来,并且戒掉了吸烟的毛病。

长期孤独、无聊的生活中,贺子珍始终没有忘怀与毛泽东在艰苦岁月里的十年夫妻生活。二十几年时间过去了,她没有想过能与毛泽东再次相见。

1959 年 8 月,贺子珍在庐山见到了分别二十余年的毛泽东。贺子珍突然见到毛泽东,心情格外激动,不停地掉眼泪。毛泽东也压抑着自己的感情,温和地询问她的生活情况,详细地了解她在苏联的遭遇。贺子珍一一作了回答。毛泽东听后,轻轻地叹了口气说:"你当初为什么一定要走呢?"庐山上匆匆一别后,贺子珍再也没有见过毛泽东。

1976 年 9 月 9 日,毛泽东逝世。女儿娇娇和丈夫害怕贺子珍经受不住打击,专程赶到上海陪伴妈妈。在女儿、女婿面前,贺子珍并没有流泪,只是对他们说:"你们没有好好照顾你爸爸,他果然被江青害死了。"

粉碎"四人帮"以后,贺子珍获得了自由。1979 年,党中央派专机把贺子珍接到北京,使她终于实现了多年的愿望。她第一次踏上了首都的土地,第一次看到了雄壮的天安门。她专门来到毛主席纪念堂,瞻仰毛泽东遗容。她在毛泽东

坐像前,献上了一个一米五高的桃形绢花编成的花圈,缎带上写着:“永远继承
您的遗志”,“战友贺子珍率女儿李敏、女婿孔令华敬献”。

贺子珍同李敏、孔令华在毛泽东坐像前

1984年4月19日,贺子珍病逝于上海。她的骨灰被安葬在八宝山革命
公墓。

7."对她要一分为二"

——毛泽东与江青

江青是毛泽东最后一位妻子。1938
年,她在延安与毛泽东结婚,婚后负责照顾
毛泽东的起居生活。新中国成立后,江青
逐步登上政治舞台。"文化大革命"期间,
她担任中央"文革"小组第一副组长,与张
春桥、姚文元、王洪文结成"四人帮"。她在
中国历史舞台上扮演了一个不光彩的
角色。

江青

也曾相亲相爱

江青,1914 年出生于山东诸城,又名李
淑蒙、李云鹤、蓝苹、李进。江青的童年生
活十分不幸。她的父亲是个性情冷漠、为人苛刻的小业主,母亲是父亲纳的小
妾。江青从小就受尽了人间的艰辛和苦难。少年时期的悲惨经历造成了江青独
特的个性。

1928 年,江青离开老家,来到济南学习京剧、话剧。在这里,她进入了共产
国际文化阵线。1933 年,江青来到上海,成为"左翼剧联"的一员,并改名为蓝
苹。次年 4 月,蓝苹进入电通影片公司,参演《自由神》《都市风光》,在电影界崭
露头角。后来,她又主演了话剧《娜拉》和《雷雨》。这两次出演,使蓝苹在上海
声名鹊起。然而,蓝苹在婚姻和感情问题上的反复多变,使她蒙受了名誉的损
失,她决定离开上海。

1937 年 8 月下旬,蓝苹由西安八路军办事处介绍来到延安。1938 年春节,
蓝苹和其他到延安的戏剧工作者共同演出了话剧《血祭上海》。对于当时的延
安来说,这次活动可算是盛况空前了。演出之后,中宣部设宴招待演员和工作人

员。蓝苹就是在这种情况下第一次见到毛泽东的。酒席间,毛泽东提议创办
"鲁迅艺术学院",得到了大多数人的赞同。在康生的帮助下,蓝苹顺利地进入
了"鲁艺"。毛泽东十分重视"鲁艺"的成长,时常到那里给学员讲课。蓝苹很注
意在毛泽东面前表现自己,每次听毛泽东讲话,她总是坐在第一排,时而点头微
笑,时而凝神深思。每次讲话完毕,她总是带头鼓掌,在课后,还时常向毛泽东提
出问题。

　　1938 年 8 月,蓝苹接到调令,从"鲁艺"转到毛泽东办公室,任军委档案秘
书。三个月后,蓝苹同毛泽东结婚,改名江青。这时,江青 24 岁,毛泽东
45 岁。

1939 年,毛泽东和江青在延安窑洞里工作

　　他们婚后的生活一度是很平静的。很长一段时间里,江青的主要工作就是
照顾毛泽东的饮食起居。江青对毛泽东非常关心。她很快学会了做饭,而且还
做得不错。她不喜欢吃辛辣的食物,而毛泽东每餐都少不了辣椒,为了迎合毛泽
东的口味,江青每一顿饭都会做辣味菜。那时候,江青过的就是真正的家庭主妇
的生活。一位当时在延安的外国记者曾这样描述江青:"她直率而客气,很像一
位通情达理的贤妻良母。"

　　以后的十年里,江青很少有什么惹人注意的举动。当时毛泽东身边的工作
人员对她也没有什么恶劣的印象。

　　毛泽东延安时期的卫士长李银桥回忆往事时,曾这样评价江青:

"她正楷字写得好,也会写文章。毛泽东夸奖过她的字。李讷练字,毛泽东说:'我的字不行,她妈妈的字好,叫她妈妈写字帖,照她妈妈的字练。'李讷就是以江青的字为帖,练出一笔好字。"

"她唱戏唱得还可以。现在文章都说她是三流演员。三流也罢,四流也罢,她在上海舞台上是演过主角的,在电影中也扮演主角。……她教会了李讷唱戏,行军之余,为毛泽东和指战员们唱一曲,可以说是很好的休息和享受。"

"她的针线活好,李讷的衣服、裙子、布拉吉是她自己设计制做的,做得很漂亮。"

"她有时候意志还算可以。在延安坚持下来了,转战陕北只有她一个女人,也坚持下来了。……"

1947 年,毛泽东转战陕北。左后骑马者为江青

"那时,大批有理想有文化的女青年投奔延安,许多首长都是在这批女青年中选择了自己的终身伴侣。作为全党领袖的毛泽东,在这样众多的优秀女青年中,不可能同一位坏得一无是处的女人结婚。我们党也不会同意自己的领袖同一个坏透了的女人结婚。所以说,江青是后来变坏,发生转变,而不是生来就坏透了的女人。"

应该说李银桥的这些说法是中肯的,实事求是的。

野心勃勃的第一夫人

随着解放战争的进行,夺取全国胜利已是指日可待的事情。这时候,江青的思想开始发生变化,她与毛泽东的婚姻生活也开始出现一些微小的变化,两人的争吵有时也表面化了。江青狂暴浮躁、好出风头、争强好胜的性格逐渐暴露出来。她开始对饮食起居等生活细节讲究起来。50 年代初期,江青开始不满足于只是照顾毛泽东的生活,她的参政意识和权力欲开始上升,她想出去做些具体的工作。但毛泽东对她家庭生活以外的活动,要求非常严格。

1961 年 9 月 9 日,毛泽东写了一首七绝,题为《为李进同志题所摄庐山仙人洞照》,即:"暮色苍茫看劲松,乱云飞渡仍从容。天生一个仙人洞,无限风光在险峰。"照片中毛泽东坐在滕椅上,题为"冷眼向洋望世界"。那是江青在中央工作会议期间,为毛泽东拍摄的许多精彩照片中的一幅。1963 年 12 月,毛泽东的这首诗公开发表,江青小题大做,以此作为自己登上政治舞台的资本。

这之后,江青开始花费大量时间,重点抓"样板戏"的排演。1963 年 3 月,江青在观看《红灯记》之后,决定将其改由京剧表演。1963 年,江青又安排将沪剧《芦荡火种》改编成后来家喻户晓的《沙家浜》。随后,《智取威虎山》《海港》等京剧在江青的授命下先后出炉。江青的名声随之打响,并逐步得到毛泽东的信任和认可。

1966 年中央下发《五·一六通知》,并决定成立隶属于中央政治局常委的"中央文化革命领导小组"。8 月 2 日,中共中央通知,宣布"中央文革"领导成员如下:

组长:陈伯达

顾问:陶铸、康生

副组长:江青、王任重、刘志坚、张春桥

这样,江青作为"中央文革"小组第一副组长,正式登上了中国政治舞台的前沿。

在"文化大革命"的前期和中期,毛泽东对江青还是比较信任的。毛泽东常常会把自己内心的想法,首先传达给江青。由于毛泽东的信任,再加之江青也刻意捞取政治资本,江青在中共九大上当选为中共中央政治局委员。1970 年的九届二中全会上,当江青集团和林彪集团因为争权发生冲突时,毛泽东发表了《我的一点意见》,支持江青。1971 年,林彪集团覆亡,江青趁机巩固了自己的地位。此后,江青、张春桥、姚文元、王洪文在中央政治局中结成"四人帮",势力逐渐加强,他们的野心和活动日见扩张起来。

毛泽东慢慢觉察到江青的政治野心,对江青我行我素的行为十分生气,对江青贪图权力十分担忧。1973 年年底,毛泽东对江青的不满日渐加深,他多次批评江青。

1974 年 7 月 17 日,毛泽东在中央政治局会议上,严厉批评江青说:"江青同志,你要注意,别人对你有意见,又不好当面讲,你也不知道。""不要设两个工厂,一个叫钢铁工厂,一个叫帽子工厂,动不动就给人戴大帽子,不好呢!你那个工厂不要了吧。"毛泽东当着大家的面又说:"她并不代表我,她代表她自己。对她要一分为二,一部分是好的,一部分不大好呢!"

然而,江青的野心越来越大,1974

1967 年 5 月 1 日,毛泽东和江青去参加群众联欢会之前

年,她甚至在一次公开讲话中明目张胆地说:"有人说我是武则天,有人说我是吕后,我也不胜荣幸之至!"毛泽东听说这件事后,勃然大怒,批示:"孤陋寡闻,愚昧无知,三十年来积习不改,立即撵出政治局,分道扬镳。"在这以后,江青给毛泽东写了一封信,诉说她自己在"九大以后基本是个闲人"的"苦境",希望毛泽东给她工作,给她大权。毛泽东读了江青的信后,给她写了一封回信:

江青:

可读李固给黄琼书。就思想文章而论,都是一篇好文章。你的职务就是研究国内外动态,这已经是大任务了。

此事我对你说了多次,不要说没有工作。此嘱。

毛泽东

一九七四年十一月廿日

毛泽东的回信,实际上明确地否定了江青的这些要求。

1976 年 9 月 9 日,毛泽东逝世。10 月 6 日,江青被捕,她在中国历史舞台上的表演谢幕。

1980 年 11 月 20 日,最高人民法院特别法庭开始公审林彪、江青反革命集团

1981 年 1 月 25 日,最高人民法院特别法庭对林彪、江青反革命集团主犯进行判决。右一为江青

的 10 名首犯。1981 年 1 月 25 日,江青被判处死刑,缓期二年执行,剥夺政治权利终身。宣判后,江青被关押在秦城监狱。1983 年 1 月,江青被改判为无期徒刑。1984 年 5 月 4 日保外就医。1991 年 5 月 14 日,江青在她北京的居住地自杀身亡。

8."青山处处埋忠骨,何必马革裹尸还"

——毛泽东与毛岸英

毛岸英是毛泽东的长子,为杨开慧所生。1922 年 10 月生于长沙。1950 年牺牲于抗美援朝战争朝鲜前线。在短短的 28 年人生历程中,他饱尝了人间的酸甜苦辣,然而也在苦难的磨砺中变得刚毅坚强,他带着父亲的殷切期望,悲壮地离开了人间⋯⋯

毛岸英

关山远隔

毛岸英,又名毛远仁,曾用名杨永福。毛岸英出生在动荡的岁月里,作为革命者毛泽东和杨开慧的孩子,四海漂泊的生活是毛岸英注定要经受的。毛岸英从小就随父母四处奔波。小小年纪,没有过一天的安宁日子,足迹踏遍大半个中国。1924 年到上海,1925 年回韶山,1926 年去广州。之后,又赴长沙,奔武汉。大革命失败后,父亲远离亲人组织秋收起义,将他和母亲送回长沙板仓。

1930 年 10 月杨开慧不幸被捕,8 岁的毛岸英随母亲一起被关进监牢。在狱中,年少的毛岸英饱尝了人间的辛酸,懂得了爱憎。11 月 14 日,敌人杀害了杨开慧。从此,毛岸英永远地失去了母亲。

二十多天后,毛岸英被释放。舅妈带着毛岸英兄弟三人往返亲戚家里避难,东躲西藏,备尝苦难艰辛。1931 年年初,叔叔毛泽民将兄弟三人接到上海。可是这样幸福的日子没过多久就被打破了。4 月,由于叛徒出卖,上海党组织遭到严重破坏,叔叔离开了上海。毛岸英兄弟被匆忙安置在一位牧师(实际上是中共地下党员)家里。不久,白色恐怖越来越严酷,牧师家的生活也十分困难。在这种情况下,毛岸英兄弟经常流浪街头。他们卖过烧饼,拾过破烂,过着乞讨的生活,还时常遭到坏人的毒打,饱尝了人生的悲痛辛酸。新中国成立后,一次看电影《三毛流浪记》时,毛岸英无比激动地说:"我和岸青在上海的流浪生活,和三毛相比,除了偷、给资本家做干儿子外,其他几乎都经历过。"

1936年,上海地下党几经周折,找到了毛岸英两兄弟。在地下党组织的安排下,1937年年初,毛岸英与毛岸青辗转来到莫斯科,开始了新的生活。毛岸英化名杨永福,毛岸青化名杨永寿。

1938年,有人从苏联带来了毛岸英和毛岸青的照片。毛泽东喜出望外,一遍又一遍地看着。看到失散多年的儿子在逆境中成长起来,毛泽东非常欣慰。不久后有人要去苏联,毛泽东赶紧给孩子们写了一封信:

亲爱的岸英、岸青:

时常想念你们,知道你们的情形尚好,有进步,并接到了你们的照片,十分喜欢。现因有便,托致此信,也希望你们写信给我,我是盼望你们来信啊!我的情形还好。以后有机会再写信给你们。

祝你们健康,愉快,进步!

毛泽东
三月四日

这封信充分反映了父亲思念远方儿子的心情。这是毛岸英兄弟第一次收到父亲的亲笔信。对一双自幼失去母爱的兄弟来说,这是多么令人兴奋的啊!

事隔一个月,毛泽东又托人捎信,并附带自己的照片。信的一开头就询问:"早一向给你们的信收到没有?收到了,写点回信给我……"盼儿音讯,眷顾之情跃然纸上。

从此,分别了10年之久的父子终于有了书信的来往。于是鸿雁传书,频频往来。毛岸英、毛岸青也经常给父亲写信,向父亲汇报自己在苏联的学习情况。毛泽东时常对他们的学习给以鼓励和指导。1941年,毛泽东给两个儿子写了一封较长的信,对他们的学习与发展方向提出了自己的殷切希望。为了让两兄弟学到更多的知识,毛泽东还几次托人买书,在戎马倥偬、炮火纷飞的情况下送往苏联。可见毛泽东对儿子的殷殷期望和一番苦心。

军校毕业后,毛岸英获得中尉军衔,被任命为坦克连的党代表,参加了苏军大反攻,穿越了波兰等几个东欧国家。德国法西斯投降后,他凯旋而归。在毛岸英回国前夕,斯大林接见了他,送给他一支手枪,作为他参加苏联卫国战争的最高奖赏。

1946年,毛岸英回到延安。毛泽东亲自到机场迎接儿子。这是父子离别19年后的第一次重逢。当毛岸英步出机舱,走下舷梯时,毛泽东立刻张开双臂,紧紧地抱住了岸英,激动万分地凝视着比自己个头还高的儿子。毛岸英以苏联式的奔放热情,用力搂住父亲,父子俩紧紧地拥抱在一起。

1946年,毛泽东和毛岸英在延安

送"洋学生"进"劳动大学"

刚回来那几天,毛泽东要毛岸英跟他一起吃饭,边吃边聊,非常融洽。父子倾心交谈,日夜不离。19年啊,有多少话要讲呀!毛泽东久久地注视着自己的儿子:英俊秀气的面庞上,开阔的眉宇间,既看得出开慧妈妈的情影,也有自己的特征。

然而,因为毛岸英在苏联10年的时间里,接受的是欧洲方式的教育,长期跟俄国及世界各国的同学打交道,在生活上、待人接物上已完全欧化了,脚踩大牛皮靴,身穿军呢大衣,看见熟人,喜欢"OK"、"乌拉",张开双臂,喜形于色。为了让岸英适应延安的生活和中国人接人待物的方式,毛泽东决定从他的手势、服饰改起。毛泽东要毛岸英脱下苏式军装,换上旧棉衣棉裤。江青用边区生产的粗毛线为岸英织了毛裤、毛背心、毛袜子。没多久,毛岸英这个"洋学生"、"洋军官"在服饰上被父亲同化了,变成了"土八路"。

一天,毛岸英被父亲喊去,父子俩坐在王家坪院子里的槐树下交谈。毛泽东说:"你在苏联长大,对国内生活不熟悉。你在苏联大学毕业了,再上一上中国的劳动大学吧!"毛岸英立刻领会了父亲的心意,他说:"我离开中国这么久,在苏联大多过的是学校生活,中国农村我不知道,也不会种田,我愿意向农民学习。"毛泽东给岸英介绍了一位劳动模范,让岸英跟着他学习劳动。第二天,毛岸英便换上了干活的硬帮布底鞋,穿上父亲送他的灰布衣服,背着一斗多小米,出发到20里地外的吴家枣园劳动。

在农村,毛岸英时刻记着父亲的嘱咐。他像当地农民一样在头上扎上一条羊肚头巾,背起镢头在田里劳动。村长分配了几个老人和他一起劳动,教他种地。毛岸英不但劳动肯干,能吃苦,生活上也很俭朴。他和农民同住窑洞,睡土坑。住户吃什么,他吃什么,他很喜欢吃小米干饭熬酸白菜、南瓜煮饭,窝窝头也能啃上三四个。他起得早睡得晚,地里活家里活抢着干,担水、砍柴和农民一样。每天劳动后,不管怎样劳累,晚上他总要认真研读马列著作和毛泽东著作,写读书笔记。有时晚上还教农民及孩子们识字,为小朋友们讲故事。因此,村里的大人、小孩都很喜欢他。

1946年毛岸英在延安吴家枣园劳动时用过的镢头

1946年下半年,胡宗南部署进攻延安,形势十分紧张。村干部商量,决定把毛岸英送回去。毛岸英回到父亲的身边,畅谈了几个月的学习成绩。父亲打量着儿子结实的臂膀和黝黑的脸颊,跟陕北青年农民一个样子,高兴地说:"好啊!白胖子成了黑胖子!"送岸英回来的村长也忙向毛泽东介绍岸英在农村的劳动生活表现。毛泽东听后,十分高兴,他拉起儿子的手,摸着上面磨起的茧子,满意地说:"这就是你在劳动大学的毕业证书。"

"无心插柳",促成美满良缘

毛泽东虽不干涉毛岸英的婚事,但总在悄悄地关心着。毛岸英与刘思齐(刘松林)早在延安就认识,其实是毛泽东为他们的相识、相知提供了机会。毛泽东了解刘思齐的家庭、经历及思想品德,很喜欢她,就常叫她来家里玩。经过不断的接触和了解,毛岸英和刘思齐彼此留下了深刻的印象。1948年,他们在西柏坡定下了终身。年轻男女相互理解,炽热相爱,自然希望早日结婚。一天,两人便兴冲冲地去向毛泽东征求意见。

出乎意料的是,毛泽东向他们泼了冷水。毛泽东没有同意他们的要求,他对刘思齐说:"你还小,不要着急。反正我同意你们结婚,等一等好不好?"

两人失望地离开毛泽东的住处。不一会儿,岸英又返回到毛泽东的房间,想劝说父亲答应。"我已经26岁了,我想结婚后,好专心致志学习和工作,这样,就不必在这方面花费那么多时间和精力了……"

毛泽东当时就冲毛岸英发了一通脾气,坚决不同意他们立即结婚。他说:"按照解放区的法律,女方必须满18周岁,男方必须满20周岁,思齐还不满18周岁,你们必须守法,不能因为是毛泽东的儿子而有半点特殊。"

作为父亲,毛泽东是非常爱儿子的;但作为领袖,他的这种父爱是有原则的,是深沉的。

1949年4月,毛泽东同毛岸英、刘思齐、李讷在香山合影

1949年9月,新中国成立前夕,刘思齐过了法定结婚年龄。毛岸英和刘思齐重新商定了婚期后,岸英来到父亲那里。毛泽东这一次高兴地说:"我同意,你们准备怎么办婚事呀?"

岸英说:"我们商量了,越简单越好,我们都有随身的衣服,也有现成的被褥,不用花钱买东西。"

毛泽东听后非常高兴,他说:"是应该艰苦朴素。你们结婚是一辈子的大事,我请你们吃顿饭。你们想请谁就请谁。你们跟思齐妈妈说说,现在是供给制,她也不要花钱买东西了。她想请谁来都可以,来吃顿饭。"

1949年10月15日,毛岸英、刘思齐的婚礼在中南海里举行。晚上七八点钟时,宾客们陆续赶到,大家欢聚在一起,气氛热烈。大家纷纷向一对新人祝贺,向毛泽东祝贺。毛泽东举杯走到思齐妈妈张文秋面前,对她说:"谢谢你教育了思齐这个好孩子。为岸英和思齐的幸福,为你的健康干杯。"

婚礼结束后,毛岸英和刘思齐向父亲告别,毛泽东拿出了随身带来的一件黑色夹大衣。这是1945年毛泽东去重庆谈判时穿的。他风趣地笑着说:"我没有什么贵重礼品送给你们,就这么一件大衣,白天让岸英穿,晚上盖在被子上,你们俩都有份。"在场的人都忍不住大笑起来。

大家来到新房,那是机关宿舍的一个普通房间,门上贴着大红"囍"字,房里有一张木板床,床上只有两条被子,其中一条还是刘思齐作为嫁妆带来的,其余的是一些必不可少的生活用品。

共和国的领袖就这样操办了长子的婚事,令后人钦佩。

"谁叫他是毛泽东的儿子"

新中国成立后,毛岸英主动要求到基层锻炼。毛泽东非常支持儿子的这一举动。1950年春,在周恩来的亲自安排下,毛岸英来到北京机器总厂,担任厂党总支副书记。他悉心钻研工厂管理和专业知识,想在厂里干出一番事业来。

1950年6月,朝鲜战争爆发。毛岸英响应党的号召,报名参加志愿军,要求入朝作战。当时,中央一些领导同志劝毛泽东别让岸英去朝鲜,毛泽东断然拒绝,并说:"谁叫他是毛泽东的儿子!他不去谁去?"毛泽东把岸英托付给了彭德怀,让彭老总带着岸英到朝鲜战场经受一番战火的考验。

毛岸英到达朝鲜后,被安排在志愿军总部任俄语翻译兼作战机要室秘书,分管收发电报和整理会议记录。11月25日,志愿军打响第二战役的第一天,志愿军总部遭美军飞机轰炸,毛岸英在敌人的轰炸中牺牲。

痛失长子,毛泽东心里的痛苦是无法言喻的。他沉思良久,不停地吸烟,缓缓地说:

革命战争,总是要付出代价的。为了国际共产主义事业,反抗侵略者,中国人

毛岸英墓。图为朝鲜人民群众为毛岸英烈士扫墓

民志愿军的英雄儿女,前仆后继,牺牲了成千上万的优秀战士,岸英就是其中的一员,一个普通的战士。不要因为是我的儿子,当成大事。不能因为是我、党的主席的儿子,就不应该为中朝两国人民的共同事业而牺牲,哪有这样的道理呀!……

毛岸英的妻子刘思齐曾要求将岸英的遗骨运回中国,中央的一些领导也曾提出同样的建议,毛泽东都一一拒绝了。他满含悲痛地说:"那么多志愿军战士牺牲在朝鲜,就地安葬,为什么我毛泽东的儿子就特殊?我还是那句老话:青山处处埋忠骨,何必马革裹尸还。"

毛岸英——毛泽东最心爱的儿子,就这样永远长眠在朝鲜平安南道桧仓郡中国人民志愿军烈士陵园。毛岸英的墓前立着一块三尺高的花岗岩石碑。背面刻着:

毛岸英同志原籍湖南省湘潭县韶山冲,是中国人民领袖毛泽东同志的长子。一九五〇年他坚决请求参加中国人民志愿军,于一九五〇年十一月二十五日在抗美援朝战争中英勇牺牲。毛岸英同志的爱国主义和国际主义精神将永远教育和鼓舞着青年的一代。毛岸英烈士永垂不朽!

碑的正面刻着七个大字:

毛岸英同志之墓。

9. "这个孩子很久不见，很想看见他"

——毛泽东与毛岸青

毛岸青是毛泽东与杨开慧的第二个儿子。毛泽东曾有好几个儿子，因在战争年代照顾不到，有的早夭，有的病故，有的遗失。1950年10月，长子毛岸英牺牲后，毛岸青便成了毛泽东唯一的儿子。毛岸青从小便过着颠沛流离的生活，经历了幼年丧母、青年失去共患难兄长等变故，身心的成长受到了极大影响。毛泽东每每想到这些，对岸青的照顾格外耐心、小心。毛泽东不仅关心岸青的工作、学习、政治、思想，也关心他的身体和婚姻大事。

"岸青受尽了苦难"

1923年11月23日，毛岸青出生于湖南长沙市。孩提时代，毛岸青与父亲毛泽东聚少离多。毛岸青4岁前，母亲杨开慧几次携他和哥哥毛岸英来到毛泽东的身边，几乎都因工作的缘故，相聚不久即分离。因此父亲留给他的印象不深。其实，毛泽东非常关心岸青，每次相聚都和他亲昵逗乐。

毛岸青(左)与哥哥毛岸英儿时合影

在 1977 年毛岸青重回韶山故园时,熟悉的景物使他回忆起小时候自己打碎过一个瓷杯时父亲对他的教育。毛泽东从杯子讲到瓷器生产,耐心地给他讲解泥土变成精细的瓷器要经过多少工序,工人要流多少汗水。这件事留给他的印象十分深刻。后来,他一直保持着爱惜每一件器皿的习惯。这件小事,只是毛泽东当时爱子之心的一缕折射。

1930 年杨开慧英勇就义后,党组织安排毛岸英、毛岸青和毛岸龙三兄弟秘密转移上海。不久,由于地下党组织受到破坏,兄弟三人无依无靠,生活上陷入困境,经历了一段流浪生活。他们挣扎在社会底层,吃尽了苦头,无论在生活上还是在精神上,都受到了极大的摧残。特别是毛岸青,在街头被巡捕打伤,头部留下脑震荡的后遗症,听力也严重受损。此后,他的头部经常隐隐作痛,成了终身的疾病。

杨开慧牺牲以后,毛泽东一直在打听自己孩子的下落。1937 年年初,经地下党组织安排,毛岸青同哥哥毛岸英一起,被送到苏联学习和生活。来到苏联后,父子之间中断多年的音讯又联系上了。岸英、岸青不断给父亲写信,表达自己的思念,并汇报离别后的情况;毛泽东每次收到儿子的来信,心情都非常激动。

毛泽东喜欢这两个儿子,对他们受苦的经历深感内疚,尤其是对毛岸青。解放初期,毛泽东对身边的工作人员说:"我很同情岸青,他很小就和岸英流落在上海街头,受尽了苦难,几次被警察打过,对他的刺激很大。"因此在当时,毛泽东总是尽量抽时间给儿子写信,安慰、教育和鼓励他们。

1946 年年初,毛岸英先期回国,把毛岸青的情况带给了父亲。当时,毛泽东因长期劳累,正在疗养。当他看到岸

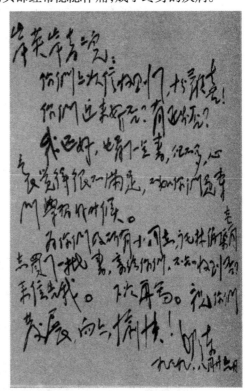

1939 年,毛泽东写给毛岸英、毛岸青的信

英回国,又获得岸青的消息,精神倍爽,病好了大半,当即给岸青写了一封信:

岸青,我亲爱的儿子:

岸英回国,收到你的信,知道你的情形,很是喜欢。看见你哥哥,好像看见你

一样,希望你在那里继续学习,将来学成回国,好为人民服务。你妹妹(李讷)问候你,她现已五岁半。她的剪纸,寄你两张。

祝你进步,愉快,成长!

毛泽东

一九四六年一月七日

毛岸英回国后,毛泽东格外关心远在异国他乡的毛岸青,思念之情越来越强烈。那时,毛泽东正指挥全国解放战争,日理万机,工作极其繁忙。但是,每当收到毛岸青的来信,他都不忘抽空复信。1947年9月12日,毛泽东在给毛岸英的信中特别提到:“永寿(毛岸青)这孩子有很大进步,他的信写得很好。复他一信,请你译成外国语,连同原文。托便带去。”同年10月18日,毛泽东又以欣喜的心情写信给毛岸英:“告诉你,永寿回来了,到了哈尔滨。要进中学学中文,我已同意。这个孩子很久不见,很想看见他。”短短几行字,字字饱含着父亲的爱。

“少华是个好孩子”

新中国成立初期,毛岸青被分配在中宣部马列主义著作编译所从事翻译工作,曾参加翻译斯大林的著作《马克思主义和语言学问题》。他的俄文功底深厚,有相当水平的俄文翻译能力,因此在事业上起步比较顺利。

然而他的感情问题却不是很如意,毛岸青很长时期没有找到合适的对象。毛泽东了解到这一情况后,对毛岸青说:“你谈恋爱找对象,就不要说你是毛泽东的儿子嘛!你就说你是中宣部的翻译不是很好嘛。我劝你找一个工人或农民出身的人,这对你可能还有些帮助。你要求的条件高了,人家的能力强,看不起你,那就不好了,整天不愉快生闷气,那还有什么意思呀。”父亲的开导,使毛岸青很受启发。

1950年,哥哥毛岸英牺牲的消息传来,毛岸青深受打击,旧病复发,而且日益严重,再也无法坚持正常的工作。毛泽东立即将他接到自己的身边治疗,但病情未见好转。在专家的建议下,毛泽东将毛岸青送到苏联。可是,毛岸青始终郁郁寡欢,病情也未见好转。1955年大嫂刘思齐到苏联学习,去医院看望岸青,岸青提出回国的念头,并请她带信给父亲。

不久毛泽东在北京见到了脸色苍白、神情郁闷的儿子,心里很不是滋味。毛泽东详细地询问了岸青的身体和生活。在这次谈话时,毛岸青向父亲提出了想找一个女朋友的愿望。

在儿女婚恋的问题上,毛泽东是一位思想开明、责任心很强的父亲。他看到岸青谈恋爱不顺利,病体久未康复,心里非常牵挂。在又一次的谈话中,毛泽东以试探的口气问岸青:"你嫂嫂的妹妹怎么样?"

毛泽东的这句话点到了岸青的心灵深处。毛岸青是一个感情深沉、性格内向的人,心里想的不会轻易说出来。对于这位熟悉的姑娘,他一直抱有强烈的好感。在父亲的询问下,他终于敞开了心扉。父子俩在轻松愉快的气氛中交谈着。

毛岸青后来在海边医院治疗时,便开始主动写信给邵华(即张少华),表露心迹,同时对治病的态度也积极起来。他自己提出新的治疗方案,以求尽快恢复健康。消息传到北京,毛泽东极为关心,他多次去信询问,安慰儿子,劝其耐心治疗,别着急,不要自己改变治疗方案。

1960年,毛泽东得知毛岸青的身体大有好转,非常高兴,然而更令他欣喜的是,岸青已和邵华交上了朋友。这年暑假,毛泽东让刘思齐带着邵华一起去看望毛岸青,并捎去一封信。信中除了关心他的身体以外,还特地嘱他"少华是个好孩子",希望这次他们的好事能够成功。信中说:

岸青我儿:

前复一封信,谅收到了。甚念。听说你的病体好了很多,极为高兴。仍要听大夫同志和帮助你的其他同志们的意见,好生静养,以求痊愈。千万不要性急。你的嫂嫂思齐和她的妹妹少华来看你,她们十分关心你的病情,你应好好接待她们。听说你同少华通了许多信,是不是?你们是否有做朋友的意思?少华是个好孩子,你可以好好同她谈一谈。有信,交思齐、少华带回。以后时时如此,不要别人转。此外,娇娇也可以转。对于帮助你的大连市委同志,医疗组织各位同志们,一定要表示谢意,他们对你是很关怀的,很尽力的。此信给他们看一看,我向他们表示衷心的谢意。

祝愉快!

父亲

1962年春,毛泽东和次子毛岸青、儿媳邵华在一起

毛泽东在这封信中,不仅关心了岸青的身体,而且过问了他的终身大事。同年,在毛泽东的关怀和支持下,毛岸青和邵华在大连结婚。婚后,夫妻俩互敬互

爱，生活幸福美满。1970年，两人喜得儿子。毛泽东亲自为他取名为"新宇"，寄托了他对孙子的期望。

此后，在父亲的关心劝慰和妻子的体贴爱护之下，毛岸青重拾信心，身体也进一步得到恢复。

毛泽东逝世后，每年12月26日毛泽东诞辰纪念日，毛岸青全家必去毛主席纪念堂吊唁，风雨无阻，从未间断。

毛岸青、邵华率子毛新宇在毛泽东的遗体前默哀

1993年12月26日，是毛泽东诞辰100周年纪念日。毛岸青和邵华策划编辑出版了《中国出了个毛泽东》丛书。为了编好这部丛书，毛岸青和邵华花了两年多的时间，走了十余个省市，在毛泽东成长、战斗、学习、工作过的地方进行实地考察和访问，收集了大量珍贵的资料。书的扉页，是毛岸青和邵华撰写的前言，题为《我们心中的话》。其中有这样一段内容，表达了他们对父亲毛泽东的挚爱和思念。

父亲属于中华民族，属于全世界，也属于我们。自从他离开我们之后，他那慈祥的面容总是浮现在我们眼前，他那热切的话语总是萦绕在我们耳边。常常，在睡梦中，我们被自己呼喊"爸爸"的声音惊醒。每及此时，我们多么希望把对父亲的崇敬、热爱和思念之情表达出来。现在，我们主编的《中国出了个毛泽东》丛书同广大读者见面了，终于实现了我们的夙愿，也算是我们献给父亲百年诞辰的一份小小的礼物吧！

10."你是我的亲生女儿"

——毛泽东与李敏

李敏,毛泽东的大女儿。她是毛泽东与贺子珍六个孩子中唯一的幸存者。毛泽东与贺子珍的分离给李敏带来了不小的伤害。她是晚年毛泽东与前妻贺子珍沟通的桥梁。毛泽东是位细心的父亲,他对女儿李敏有着特殊的深情和疼爱。李敏饱尝了人生百味,但不管岁月如何沧桑,"父爱"永远是她心中最美好的回忆。

爸爸的"洋宝贝"

李敏是毛泽东与贺子珍的女儿,1936 年冬出生于延安,乳名娇娇。1937 年,贺子珍离开毛泽东,离开延安。娇娇留在了父亲的身边。1940 年,为了安慰孤独忧郁的贺子珍,娇娇被送到了苏联,与妈妈生活在一起。在苏联生活的那几年时间里,娇娇身边只有妈妈,没有爸爸。她自幼离开父亲,父亲在她的心目中是陌生的。

1947 年,娇娇与母亲一起回到了祖国。一回国,11 岁的娇娇就用俄文写了一封"可爱"的短信给毛泽东,信中说:

毛主席:

大家都说您是我的亲生爸爸,我是您的亲生女儿,但是,我在苏联没有见过您,也不清楚这是怎么一回事。到底您是不是我的亲爸爸,我是不是您的亲女儿?请赶快来信告诉我,这样,我才好回到您身边。

娇娇

毛泽东收到信,一看,是一行行歪歪扭扭的俄文字,便赶快请来人翻译。弄清信中所写的内容后,他被女儿天真、俏皮的话语逗得哈哈大笑。他立即挥笔给女儿写了回信:

娇娇:

看到了你的来信很高兴。

你是我的亲生女儿,我是你的亲生父亲。你去苏联十多年来一直未见面,你一定长大了,长高了吧?爸爸想念你,也很喜欢你,希望快快回到爸爸身边来。爸爸已请贺怡同志专程去东北接你了,爸爸欢迎你来。

毛泽东

回信写好,毛泽东马上嘱咐工作人员用加急电报发出,思女心切可见一斑。

1949年,贺怡将娇娇带回北京。贺怡带着娇娇一路风尘仆仆赶到香山,这是当时中央机关的临时所在地。毛泽东听说贺怡一行人已经到了,连忙从办公室出来迎接,老远就和贺怡打招呼。贺怡牵着娇娇的手对毛泽东说:"您交给我的任务完成了,娇娇接回来了。"娇娇看到站在面前身材魁梧的爸爸,和画报上的毛主席一模一样,知道这就是她日夜想念的亲生父亲,激动得扑上前去,依偎在毛泽东的怀抱里;毛泽东也激动得一下把娇娇抱起来。毛泽东完全沉醉在与亲骨肉久别重逢后的欢乐之中。

自从娇娇离开延安去苏联之后,父女俩还是第一次见面,高兴的心情难以言表。毛泽东立即约请了几位中央领导来坐,并乐滋滋地说:"我给你们带来了个洋宝贝。"毛泽东指着娇娇对他们说:"我有个外国女儿。喏,她就是。"此后一段时间,毛泽东逢人就欢喜高兴地说:"我家有个会说外国话的洋宝贝。"

娇娇的到来,给毛泽东很大慰藉。每天晚饭后,他总是牵着女儿的手到香山公园散步,询问她在苏联近十年的学习情况。娇娇经过一段时间的学习,已经能用中文回答爸爸提出的各种问话了,不过还要夹杂一两句俄语。毛泽东也慢慢能听懂女儿讲的意思。父女之间的感情进一步沟通了。毛泽东常常勉励娇娇要好好学习,做一个有作为的人。

1949年7月,毛泽东同李敏在香山

娇娇陪在爸爸毛泽东的身边,给毛泽东带来难得的天伦之乐。毛泽东办公时,娇娇就在旁边的屋子学习中文。有时遇到不懂的地方,就闯进办公室要爸爸解答。有时顽皮起来,搂着爸爸的脖子,脸贴脸地亲毛泽东一下,或者用两手遮住爸爸的双眼,叫毛泽东猜是哪一个,并且还经常在办公桌底下钻进钻出,逗得毛泽东哈哈直笑。这时在娇娇的眼中,爸爸再不是肖像画上那个威武严肃的领袖,而是一个亲亲热热、疼她爱她的好爸爸。

为什么不姓毛?

娇娇要上中学了。在这之前,她一直沿用小时候的乳名"娇娇",还没有一个正式的学名。一天晚饭后,毛泽东叫来娇娇说:"娇娇是你在陕北保安刚生下来时取的小名,现在长大了,要进中学了,我要给你取一个正式的学名,而且这个名字要有深刻意义。"

毛泽东打开《论语》中的《里仁》篇,指着其中的一句话:"子曰:'君子讷于言而敏于行'。"并解释道:"敏字有好几种解释,如敏捷、聪慧、勤励。《论语·公冶长》说:'敏而好学,不耻下问。'敏还可作'灵敏迅速'、'聪敏通达'、'聪明多智'等解释。杜甫《不见》诗说:'敏捷诗千首,飘零酒一杯'。"

"你的名字就叫敏,但不一定叫毛敏,也可以叫李敏。"毛泽东继而对娇娇说。

"为什么?大哥叫毛岸英、二哥叫毛岸青,他们都跟爸爸姓毛,我为什么不姓毛?"娇娇睁大眼睛,十分不解地问。

毛泽东爱抚地用手拍拍娇娇的头说:"娇娇,爸爸姓毛,是不错的。但是为了革命工作的需要,爸爸曾经用过毛润之、子任、李德胜等十多个名字,爸爸特别喜欢李德胜这个名字。所以,你就叫李敏吧。"

毛泽东还专门向女儿解释了"李德胜"这个名字的由来:那是1947年3月,蒋介石命令胡宗南调集20万军队对延安发动重点进攻,进而达到消灭中共中央和西北红军的目的。党中央考虑到敌我双方的力量对比悬殊,决定采取诱敌深入的方针,在运动中歼敌,主动放弃延安,不要计较一城一地的得失。我当时对大家说,暂时放弃延安,是意味着将来解放延安、南京、北平、上海,进而解放全中国。离延安有延安,守延安失延安。那时,我化名李德胜指挥作战。李德胜就是"离得胜"的谐音。后来,这个预言果然实现了。

听完毛泽东的这番话,娇娇明白了父亲的用意。

新学期到了,娇娇使用"李敏"这个学名开始了她的中学生活。上学期间,每逢放假,李敏总是回到妈妈身边度假,她充当了毛泽东与贺子珍感情表达的桥梁。1948年8月,毛泽东决定,每个假期都送李敏去见妈妈。每次到妈妈身边度寒暑假,她总要奉父亲之命,背上大包小包的东西,同时,还要带去爸爸对妈妈的问候。到假期结束回北京时,李敏又是同样拎着大包小包的东西,其中有毛泽东爱吃的蔬菜和食品,也有给江青、李讷等的东西。这使毛泽东十分感慨,他在李敏的身上看到了当年贺子珍的影子。

1951年夏,毛泽东同李敏在香山看照片

难见病床上的爸爸

1959年8月,李敏与中学同学孔令华结婚,毛泽东亲自主持了婚礼。婚后,李敏和丈夫都住在中南海。一年后,李敏生下了儿子孔继宁。江青不是很喜欢李敏,常常对他们一家发一些无名之火,这使李敏感到很难堪。1961年,经考虑再三,李敏一家搬出中南海,过起了真正的平民生活。李敏搬离中南海后,江青就派人收走了他们一家出入中南海的证件。从那以后,李敏要去看望父亲,就必须先在中南海门口联系,通报后才能进入。父女二人近在咫尺,却不能轻易相见了。

从1969年毛泽东生病到1976年逝世,李敏仅见了爸爸三次面。

第一次是在1972年。由于林彪事件的打击,毛泽东大病了一场。李敏听说父亲生病的消息,非常难过,到中南海去看望父亲。毛泽东拉着女儿的手,深情地说:"娇娇,你为什么不常来看我呢?你要常来看我啊。"父亲的话让她难过地

1959年8月,毛泽东参加李敏、孔令华的婚礼。前排左二为邓颖超,左三为蔡畅

流下眼泪。她何尝不想常常看望父亲呢?父亲哪里知道,是江青阻挠了他们父女的见面。

第二次是在1975年。李敏在外地接到毛远新打来的长途电话,说毛泽东病重,让李敏去看他。等到李敏赶回来去见爸爸时,江青只许她看一眼就走,还说:"主席抢救过来了,好多了,你走吧。"李敏不肯走,坚持要守在爸爸身旁。两个人僵持不下,守候在那里的汪东兴和华国锋没有办法,只得过来动员李敏,让她走了。从此以后李敏再也听不到爸爸的消息,没有任何人告诉她父亲的病况如何。她曾到中南海的门口去请求会见,但没有获准。

李敏第三次见到父亲,是在获知父亲病重的消息之后。而这个消息,是李敏在中央一个文件中看到的。她不顾一切,立刻到中南海门口求见。李敏跨进父亲的卧室,只见毛泽东仰卧在床上,疾病折磨得他面容憔悴。毛泽东听到女儿的呼唤声后,微微地睁开双眼,用微弱的声音与女儿聊了会儿家常。过了一会儿,毛泽东很艰难地打起手势。他用右手的拇指和食指连成一个圆圈,说了一句话。李敏没有听清,也就没有回答。毛泽东想表达什么意思?这个问题在李敏的心中,始终是个谜。毛泽东看到李敏没有明白自己的意思,就不再说话,无力地闭上眼睛。这是李敏同父亲最后一次会面。

1976年9月,毛泽东去世了。李敏和丈夫要求为父亲守灵,但江青不同意。毛泽东的大女儿和女婿只得一连几天排队,随着首都瞻仰毛泽东遗容的群众进入爸爸的灵堂,向亲爱的爸爸作最后的致意、决别。

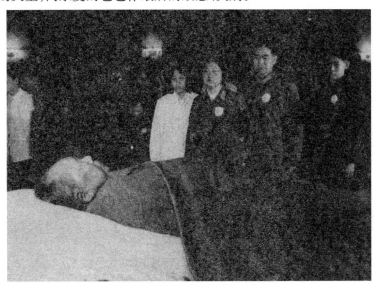

李敏、孔令华率子孔继宁在毛泽东遗体前默哀

1993年,为纪念毛泽东诞辰一百周年,李敏、孔令华夫妇任主编,请有关部门协助出版了一部大型毛泽东纪念画册《怀念》。

在画册《怀念》的编后记中,李敏、孔令华写道:

毛泽东是举世闻名的一代伟人,亦是我们亲切慈祥的父亲。作为伟人,他生前建立了丰功伟绩;作为父亲,他走后留给我们的是无尽思念。这种思念,天长地久,与日俱增。他的慈爱,他的爽朗笑声,他的幽默和智慧……常常浮现在我们脑际。

11."他那是真正的父爱"

——毛泽东与李讷

李讷是毛泽东和江青的女儿,1940年8月3日生于延安,是毛泽东10个子女中最小的一个,也是在毛泽东身边生活时间最长的一个。毛泽东晚年得女,视李讷为掌上明珠。李讷在父亲膝下成长,受到母亲的娇宠,是毛泽东几个子女中,得到父母关爱最多的一个。但她并没有因为毛泽东的宠爱而自骄,也没有任何架子。她学识渊博,富有理想。

"意志可以克服病情"

毛泽东是一位叱咤风云的革命领袖,同时又是一位感情丰富的人。他和普通人一样,也需要儿女们的情感来抚慰心灵。因此,李讷出生后,毛泽东尽管工作繁忙,也没有把李讷送进保育院,而是留在自己身边。毛泽东非常喜欢小女儿,工作之余经常逗着她玩,带她出去散步,教她认字,给她讲故事。在家信来往中,毛泽东

1943年冬,毛泽东同李讷在延安枣园

也喜欢提及她。在战争年代,小李讷给父亲带去了无限的欢乐,父女之间其乐融融。

毛泽东喜欢游泳,尤其是喜欢在江河湖海里畅游,在大风大浪中迎接挑战。从少年时期开始,始终不懈。“自信人生二百年,会当水击三千里”“到中流击水,浪遏飞舟”“万里长江横渡,极目楚天舒,不管风吹浪打,胜似闲庭信步”等诗句就是他与大风大浪打交道时留下的千古绝唱。毛泽东的这一爱好,也影响了他的子女。毛泽东希望他们在游泳中体会人生道路,领悟社会哲理,增强面对困难、战胜困难的勇气。

有一次,毛泽东带领女儿下海游泳。李讷刚套上救生圈,父亲就叫她取下拿掉。这天从拂晓5点多开始,一直游到中午11点多。在父亲的鼓励下,她尽管游得精疲力竭,仍咬牙坚持下来。毛泽东经常用这种方法锻炼儿女们的意志。

在毛泽东的培养教育下,李讷对自己的思想和生活要求非常严格。李讷虽然最得父母宠爱,然而非常遗憾的是,她的身体并不好,自幼体弱,常常生病。在学校读书期间,小病不断,严重时便要住院治疗。参加工作后,情况依然照旧。为此,李讷很苦恼,郁郁寡欢。

毛泽东了解女儿的体质和心境。每当获知她生病而又不在一起的时候,便写信给她,对她进行安慰和开导。有时,毛泽东会用心寻找几首古诗抄给她;有时,他会在信中描述外面的气候景色,以解病中女儿的愁闷。在这些信中,毛泽东说的最多的,还是如何依靠意志来战胜疾病。

1960 年 7 月,毛泽东和李讷在北戴河海滨

毛泽东认为,对待疾病的态度,体现着一个人的世界观。对于儿女,他对儿女强调,面对疾病,一是要乐观豁达,坚决克服悲观,积极配合治疗;二是要不怕吃苦,有时小病挺一挺,挺过去了,免疫力得到了锻炼和提高。

1958 年年初,李讷得了急性盲肠炎,需要住院动手术。同时,因为小时候打针针头不幸断在肉里,一直没有取出,也要动手术。经医生研究,决定两个手术一起做。正巧这时江青不在北京,于是毛泽东亲自联系,在北京医院进行手术。割阑尾的手术很顺利,取断针的手术遇到了麻烦。由于间隔时间太久,断针移位并且已经生锈。手术做了很长时间。术后伤口感染,引起发烧,李讷高烧38℃多。那几天,毛泽东既要忙工作,又要关心李讷的手术,精神非常疲惫。2月3日,忙了一个通宵的毛泽东在临睡前,仍不放心女儿,给李讷写了一封信。毛泽东在信中对李讷讲了一番深刻的道理。信中写道:

念你。害病严重时,心旌摇摇,悲观袭来,信心动荡。这是意志不坚决,我也常常如此。病情好转,心情也好转,世界观又改观了,豁然开朗。意志可以克服病情。一定要锻炼意志。……诗一首:青海长云暗雪山,孤城遥望玉门关。黄沙百战穿金甲,不斩楼兰誓不还。这里有意志。知道吗?……

毛泽东信中这首诗是唐朝诗人王昌龄的《从军行七首》之一。毛泽东凭记忆把它抄录给李讷,是要她从中体会意志的力量,以顽强的毅力来战胜眼前的困难。

"我和我的孩子都不能搞特殊"

毛泽东在生活上简单朴素,对子女也严格要求,不许他们搞特殊。作为毛泽东的女儿,李讷从来没有因为父亲的原因,享受过什么特殊的待遇。毛泽东要求李讷与警卫战士一样吃大灶,上学以后便在学校食堂与同学们一起吃食堂。

李讷考入北京大学历史系后,同所有普通人家的孩子一样,住八个人一间的宿舍,睡上下床,吃一样的伙食,每个周末才回家一次。她和大家一样上课,一样下乡参加劳动。北京大学当时地处北京郊区,每次回家她都是从西郊乘公共汽车进城,从不乘小卧车。

三年困难时期,李讷也同全国人民一样响应党的号召,节衣缩食。学校报口粮时,李讷说自己是共青团员,应该分担国家的困难,只报了17斤。毛泽东听后很高兴,说就应该这么做。粮食不够吃,毛泽东也不让她从家里带东西到学校。有一次,李讷带了一包奶粉,毛泽东知道后很不高兴,说这样影响不好,以后李讷再也没有往学校带过吃的东西。因此,她和大家一样,经常饿肚子。

有一天,是星期六,卫士尹荆山利用倒茶的机会提醒毛泽东:"主席,李讷回家了。两三个星期没见,一起吃顿饭吗?"毛泽东停下批阅文件的笔望着他,露出笑容:"嗯,好啊。"

那天炊事员专门做了四菜一汤,还有辣子、霉豆腐等四个小碟。李讷在父母面前不多拘束,也无须保持“形象”。饭菜摆上桌,她立即抓起筷子,向嘴里扒拉饭菜。毛泽东看在眼里,心中十分难过。他的目光在女儿脸上稍触即离,不忍多看,只是用左手在桌上点了点:“三光政策,不要浪费。”吃光了饭菜,李讷又向卫士要来热水,把盘子涮了个干干净净。

毛泽东虽然心疼女儿,但却没有给爱女任何特殊照顾。毛泽东身边工作人员曾尝试替李讷“说情”,希望毛泽东可以给予女儿特殊关照。话还没说完,就被毛泽东打断了,他说:“同全国人民比起来,她还算好一些。我是国家干部,国家按规定给我一定待遇。她是学生,按规定不该享受就不能享受。”毛泽东深深叹了口气,不无忧伤地说:“还是那句话,谁叫她是毛泽东的女儿呢!还是各守本分的好。我和我的孩子都不能搞特殊,现在这种形势尤其要严格。”

毛泽东 1961 年收入、开支明细

在毛泽东的严格要求下,李讷始终保持简朴的生活作风。她留着齐耳的短发,身着蓝布制服,脚穿黑布鞋。大学毕业后,李讷开始参加工作,拥有了自己的一间房子,里面摆设简单大方,几个书架、一张小木板床和几样简单的家具,与普通青年没什么两样。

1976年,对于李讷来说,是一生难忘的重要年份。9月,她慈爱而严格的父亲逝世了。10月,她的母亲,作为罪大恶极的"四人帮"主犯入狱。一双亲人的骤然离去,让李讷非常悲痛和孤独,她的精神无法承受如此重压,身体也垮了下来。在困境中,李讷没有忘记父亲的教诲,不断克服自身的困苦,努力适应急剧变化的生活。但是不幸的婚姻生活又给她带来了无尽的痛苦,一段时间里,她一直无法振作起来,在孤寂的气氛中生活。

20世纪70年代末,经李银桥夫妇关心,李讷重新建立了家庭,婚后生活幸福美满。从那以后,李讷开始了普通人的生活。

回首往事,李讷对父亲感激不尽,她说:

我觉得父亲给子女留下的最大的财富,就是他对我们的教导,这种精神上的财富是最宝贵的,是我们一生取之不尽、用之不竭的。当年他那样严格要求我,完全是为我好。……他的严格要求,完全不是过分的,而是很实事求是的,是按照我将来要过什么样的关来要求我的,并不是随便那样做。他那是真正的父爱。他爱我,真的。

毛泽东诞辰纪念日,李讷、王景清率子王效芝在毛主席纪念堂

战友情

12. "总理还是总理"

——毛泽东与周恩来

在中国共产党历史上，毛泽东与周恩来的友情堪称典范。毛泽东与周恩来相识于波澜壮阔的大革命时期。1926 年，他们在广州第一次共事，在长达半个世纪的岁月里，毛泽东和周恩来风雨同舟、生死与共，结下了深厚的革命情谊。正如英国记者约翰·美德施在《周——中国传奇式人物周恩来非正式传记》一书中写道："周、毛的合作关系，无论就经历年代、亲密程度、历史重要性来说，在中共党史上，是没有前例的。他们的伙伴关系长达 40 年之久，这种关系是坦率的，也是有创造性的。可以肯定地说，这是人民共和国诞生和存在下来最关键的一个因素。"

红军时期的周恩来

鼎力支持

1926 年，毛泽东和周恩来在羊城相逢，开始了近半个世纪的革命友谊。面对蒋介石制造的"中山舰事件"，毛泽东和周恩来共同主张坚决反击，反对退让妥协。此后，毛泽东在广州举办农民运动讲习所，周恩来积极支持，并应邀给学员讲授《军事运动与农民运动》课程。1927 年，毛泽东领导的秋收起义和周恩来领导的南昌起义，共同将他们推上了革命的历史舞台，彼此间的革命友谊也在如火如荼的革命斗争中逐渐形成。

1929年,毛泽东在红四军第七次党代表大会上落选。面对红四军党内的争论,周恩来代表中共中央主持起草"九月来信",指示要求红四军前委和全体指战员维护毛泽东的领导,毛泽东"应仍为前委书记"。因为有周恩来这一强有力的支持,从而恢复并巩固了毛泽东在红四军中的领导地位。

1932年,蒋介石调集50万兵力向全国各苏区发动第四次"围剿",当苏区中央局提议由周恩来兼任红一方面军总政治委员时,周恩来却不同意,并写信给中央局坚持由毛泽东担任红一方面军总政委。在周恩来的坚持下,中央局任命毛泽东为红军第一方面军总政治委员,从而保证了毛泽东在红军中的军事领导地位。

在中央红军第五次"反围剿"失

1940年,毛泽东在延安欢迎周恩来从共产国际归来

败被迫进行战略转移时,毛泽东的命运又面临着危机。中央主要负责人打算将毛泽东留下来,而留下来凶多吉少。就在这一时刻,又是周恩来站了出来,使毛泽东得以随队转移。而更重要的支持,是在遵义会议上,面对党和红军面临生死存亡的危急关头,周恩来在会上全力推举毛泽东领导红军今后的行动,对毛泽东重回领导岗位,起到了十分重要的作用。

晚年情深

周恩来对毛泽东的尊重和拥护,不仅是革命战争年代如此,在新中国成立后也依然如此,而且表现得更加坚定和坚决。同样,毛泽东对周恩来也如此信任和支持。1949年,毛泽东第一次访问苏联,在同斯大林商谈签订中苏友好同盟互助条约时,毛泽东向斯大林说出了"我想叫周总理来一趟";"文化大革命"期间,"四人帮"一伙处心积虑地妄图扳倒周恩来,当王洪文向毛泽东告状,恶意攻击周恩来时,毛泽东说出了"总理还是总理"的话;对于"伍豪启事"问题,毛泽东通过批示或谈话,不止一次地为周恩来证明历史的清白……

　　1964 年 11 月 14 日下午,周恩来率领中国党政代表团参
加苏联十月革命四十七周年庆祝活动后回到北京,在机场受
到毛泽东的迎接

周恩来和毛泽东在一起

　　毛泽东和周恩来之间的革命友谊不仅体现在工作中,而且在个人感情上也
表现得十分深厚。这种情谊尤其是到了晚年,在彼此间表现得更加明显。
　　1971 年林彪的叛逃事件,对毛泽东精神上刺激很大,其身体也开始每况愈
下。此时,周恩来也因繁重的工作,身心极度疲劳,甚至出现了尿血。到 1975 年
下半年,毛泽东和周恩来的身体状况更是日益恶化,毛泽东说话已含混不清,走

路需要搀扶。而周恩来已经消瘦得不成样子,难以跨出病房了。两位开国的巨人,经过了一世的艰辛,已经走到了人生的尽头。当在人生的尽头时,情感的表现往往更加质朴、感人,甚至让人有些揪心。

1972 年 1 月在参加陈毅追悼会后不久,毛泽东病倒了,而且十分突然,出现了休克。当周恩来听到这一消息,坐车从他的住所西花厅赶到毛泽东的住地游泳池时,许久下不来车。

1974 年春,毛泽东又添了一种严重的疾病。他开始觉得自己的眼睛看东西模糊、吃力。直到 8 月,毛泽东下榻在湖北武汉东湖宾馆检查眼睛时,才被确诊为"老年性白内障"。在毛泽东患眼病后,周恩来对此非常着急,他除了及时了解病情和指导眼科专家会诊外,还将自己使用多年的一副眼镜送给了毛泽东,并给工作人员写了一封信。他说:"这副眼镜是我戴了多年,较为合适的一副。送给主席试戴,如果不合适,告诉我,给主席重配。"

同样,重病中的毛泽东也一直关心和惦记着周恩来的身体健康,不时流露出关心之情。1972 年 5 月,周恩来在体检时被确诊为膀胱癌。当医检报告送到毛泽东面前时,他一字一句地看完了报告,他的心情沉重。那种沉重的心情只能从当时他紧皱的眉头和异常严肃的表情上有所反映。他指示要求要尽最大的努力为总理治疗。

1974 年 6 月,已患癌症两年的周恩来再也坚持不住,被迫住进了三〇五医院。毛泽东当时患有白内障,眼睛不能看东西,送来的文件都要工作人员给毛泽东念读。每次当有周恩来的病情报告送来时,毛泽东都听得格外认真、细致。当工作人员读完之后,他居然能准确记住周恩来每天失血的数字以及施行手术的次数。

毛泽东住处的沙发样式,多是采用俄式的,比较高大,坐垫也比较硬,还不透气。长时间坐着的毛泽东身上因此长起了褥疮。为此,警卫局副局长毛维忠出面到木器加工厂给毛泽东加工了一个沙发样品。坐垫是用乳白色的海绵做的,下面钻了很多蜂窝形的小孔,比过去的弹簧垫软多了。毛泽东坐在新送来的沙发上边试边说:"这种沙发好多了。原来的那种沙发又高又大,像我这样高的人坐上勉强可以,脚能着地。像总理坐上就不舒服,他的腿就得悬着。"说完,他嘱咐身边的工作人员:"总理现在生病,给总理送一个去。"

1975 年 2 月,第四届全国人民代表大会刚刚开过,过度劳累的周恩来病情继续恶化,每天都便血。在湖南长沙养病的毛泽东得知后,很是伤感。他躺在床上忍受着失明的痛苦,费力地一字一句地对身边工作人员说:"去打个电话,问问总理现在的情况怎样了。"工作人员遵照毛泽东的嘱托给周恩来值班室打电话,询问周恩来的病情,饮食起居情况并转达了毛泽东的亲切问候。3 月 20 日,重病的周恩来为此还亲笔给毛泽东写了一封长信,详细报告了自己的病情。在信中有这样一段话:"我因主席对我的病状关怀备至,今天又突然以新的病变报告主席,心实不安,故将病情经过及历史病因说清楚,务请主席放心。"在这封长信的前面,细心的周恩来还特意附了一纸"说明",嘱咐毛泽东身边的工作人员请在毛泽东休息好的时候,再将此信读给主席听,万勿"干扰"主席休息和恢复健康。几天后,毛泽东身边的工作人员给周恩来打来电话,回复时说:"病情报告都念过了,主席很惦记总理,有几天睡不好觉。"

"文化大革命"后期的毛泽东与周恩来。这是他们的最后一张合影

1976 年 1 月 8 日,是一个世界为之悲痛的日子。当天 9 时 57 分,周恩来因病逝世。当毛泽东身边工作的同志将这一噩耗报告给毛泽东时,毛泽东许久一言不发,只是点点头表示知道了。几天后,毛泽东在审阅有关周恩来追悼会的报告时,当身边的工作人员禁不住问询毛泽东是否参加时,毛泽东一只手举着还没来得及放下的文件,另一只手拍拍自己的腿,悲痛而吃力地说出一句话:"我走不动了。"这时候的毛泽东,已自己无法起身走动。他拿起他习惯用的红铅笔,在送审报告上写有"主席"二字的地方端端正正画了一个圆圈。那天晚上,细心的工作人员还注意到,毛泽东看电视时,泪水缓缓地滑过脸庞。

1 月 15 日,周恩来的追悼会,人们遗憾的是毛泽东没能参加。但在周恩来的遗像旁边,静静地放置着一个花圈,那是毛泽东嘱咐人送的。可以理解的是,对于一个重病缠身的老人来讲,也只能用这种方式,来表达对曾与自己携手近半个世纪的革命战友的深深诀别之情。

13. 毛泽东的"代理人"

——毛泽东与刘少奇

毛泽东和刘少奇是湖南同乡,一位家在湘潭县韶山冲,一位家在宁乡炭子冲,中间只隔一道山梁。早在 1922 年,在开展工人运动中两人就结下了革命的友谊,致此携手共同走过了 40 余年的风风雨雨。

延安七电赴大任(沿途七电少奇)——关心

1941 年 9 月 10 日至 10 月 22 日,中共中央政治局在延安举行扩大会议,会议的内容是总结中国共产党的历史经验。会议经过分析讨论,确认土地革命战争后期王明、博古等人领导的党中央所犯的"左"倾错误是"路线错误",决定在全党发动思想革命,反对主观主义和宗派主义。

会上,一些中共中央领导不约而同地提到刘少奇,认为他代表了过去 10 年来的白区工作的正确路线、代表了唯物辩证法,要求刘少奇将来的地位要提高。政治局扩大会议上的发言,很合毛泽东的心意。会议还没结束,毛泽东就于 1941 年 10 月 3 日发电报要刘少奇回延安。

少奇并告陈毅:

(一)中央决定你来延安一次,谅已收到电报,希望你能参加七大。

(二)动身时望带一可靠电台。

(三)何时可以动身盼告。

由于华中还有很多事情需要处理,刘少奇回电请示考虑能否暂缓回延安。10 月 11 日,毛泽东复电,再次表示希望刘少奇参加中共七大,七大后即留在延安指挥华中,同时同意其行期推迟两三个月。

三个月刚过,1942 年 1 月 12 日,中共中央书记处召开工作会议,又一次作出决定:致电华中局要刘少奇回延安。第二天,中央正式发出通知:"望少奇同志即将工作交代,携带电台,动身回延。"

从苏北到延安,千里迢迢,关山阻隔,而且中间有很多是日伪军和国民党军队的占领区,仅敌人设置的武装封锁就有100多道。因此,毛泽东对刘少奇回延安途中的安全问题极为重视。2月13日,毛泽东打电报给陈毅、刘少奇说:

少奇返延,须带电台,并带一部分得力武装沿途保卫。

2月20日,毛泽东再次致电强调:

保卫少奇的手枪班须是强有力的,须有得力干部为骨干,须加挑选与训练。

即使如此,毛泽东仍不放心,又给在华北前线的八路军副总司令彭德怀去电报,要他派人调查华中到华北沿途道路安全情形,同时致电刘少奇,要他再等一等。

少奇同志:

我们正在调查由华中到华北道路上敌人封锁线的情形,安全保障的程度,俟得复电即行转告。望你等候这一复电。

一个星期后,3月21日,毛泽东把彭德怀关于沿途敌情的电报转给刘少奇,并且又一次强调:"必须路上有安全保障才能启程。"

刘少奇在收到电报的两天前已然动身,通过敌人的严密封锁,于3月下旬到达中共山东分局和八路军第115师师部驻地山东临沭县朱樊村。因为,在1月下旬时,刘少奇就接到中共中央书记处来电,要他途经这里解决中共山东分局和八路军115师领导之间的团结问题。

　　刘少奇1942年返回延安途中,根据毛泽东命令以中央全权代表资格,指挥整个山东党政军全局工作。图为刘少奇到达山东时,与罗荣桓(右一)、萧华(右二)等在一起

刘少奇到来后,马上着手了解情况、解决问题。可是由于山东工作的需要,

同时途中安全仍令人担心,刘少奇去延安的时间一再拖延下来。

为此,毛泽东于1942年6月1日发电报给刘少奇。

胡服同志:

26日电悉。因沿途通过无保障,山东又缺乏统筹之人,故你不宜西进亦不宜南返,以中央全权代表资格长驻八路军115师,指挥整个山东及华中党政军全局似较适宜。如同意,中央即下正式通知。盼复。

过了一个多月,交通安全情况仍未好转。毛泽东又于7月9日发来一封长电,里面说:

我们很希望你来延并参加七大,只因路上很不安全,故不可冒险,仍以在敌后依靠军队为适宜……你的行止,以安全为第一,工作为第二,以此标准来决定蹲在山东还是仍回军部……但有一点须与你商酌的,即是山东的重要性的问题……掌握山东任务须请担负之,至于执行此任务,自以你在山东为便利,但如苏北比山东更安全,则在苏北亦可执行……在你确定行止后,中央即通知华中、山东及北方局,付托你以指挥山东、华中全局的权力。

这时山东工作已告一段落,1942年7月下旬,刘少奇决定启程。为了应付沿途险情,刘少奇将原先随行的100多人精减为18人,统统穿便衣化装成老百姓。他自己化名老许,打扮成生意人,继续向西北进发。

1942年8月下旬刘少奇回延安途中经过的卫河

中共中央和毛泽东在刘少奇离开山东后,一直关注着他们的行程和安全。刘少奇一行越过重重险阻,躲过敌人的道道封锁,于1942年9月到达了河北涉县赤岸八路军第一二九师师部。得知这一消息后,毛泽东立即发去电报。

少奇同志：

　　安抵一二九师无限欣慰,望休息短期然后来延,并对华北工作加以考察。关于最近时局情况我有电至总部可索阅。来延路上安全保障,请商刘、邓做周密布置。

　　10月16日,毛泽东获悉刘少奇即将穿越敌人严密封锁的白圭至晋城铁路时,十分放心不下,特地通知中共晋西北区党委书记兼晋绥军区副政委林枫、军区参谋长周士第、军区政治部主任甘泗淇,要他们派人小心接护。

林、周、甘同志：

　　少奇同志过路,你们派人接护时须非常小心机密不要张扬,但要谨慎敏捷。

　　上述七封电报,情之殷,爱之切,毛泽东对刘少奇巨大的信任和关怀,跃然纸上。

　　1942年12月30日,刘少奇一行历经9个多月,终于安全到达延安。1943

1943年3月20日,刘少奇在延安出席中共中央政治局会议

年元旦之夜,延安举行盛大欢迎会,迎接从华中敌后归来的刘少奇。不久,中共中央在组织机构上进行了一次重大调整。毛泽东、刘少奇、任弼时三人组成书记处。刘少奇进入中央领导核心,迎来了他人生当中的重大转折。

毛泽东的"代理人"——信任

　　中共七大后,刘少奇成为毛泽东的第一助手。从此,每逢毛泽东外出时,总是由刘少奇代理其职务或代为主持中央工作,其中经中央政治局开会作出决议,明文由刘少奇代理毛泽东职务的就有三次。第一次是1945年8月,毛泽东去重庆谈判,由刘少奇代理中共中央主席职务,并向全党发出了通知。第二次是1949年12月,毛泽东出访苏联,刘少奇代理中共中央主席和中央人民政府主席。第三次是1953年12月,毛泽东去杭州休假和主持起草宪法,刘少奇又一次代理毛泽东的职务,并主持召开七届四中会全。

此外,毛泽东在不同场合曾多次提到他的代理人问题。1959 年 4 月 27 日,刘少奇在第二届全国人民代表大会第一次会议上当选为中华人民共和国主席。这以前,毛泽东曾多次向中央提出不再担任中华人民共和国主席。在酝酿新的国家主席人选过程中,曾考虑过朱德和刘少奇。在一次最高国务会议上,毛泽东就国家机构领导人候选人员提名方案征求党外人士的意见。会上,毛泽东作了一个解释,他说:"为什么国家主席候选人提的是刘少奇,而不是朱德同志?朱德同志是很有威望的,刘少奇同志也是很有威望的,为什么是这个,不是那个?因为我们共产党内主持工作的,我算一个,但是我是不管日常事务的,有时候管一点,有时候不管。经常管的是谁呢?是少奇同志。我

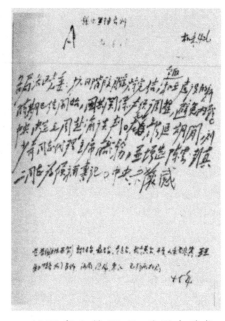

1945 年 8 月 27 日,毛泽东手书任命刘少奇代理党中央主席职务的通知

一离开北京,都是他代理我的工作。这已经是多年了,从延安开始就是如此,现在到北京已经二十年了。在延安,比如我到重庆去,代理我的工作的就是少奇同志。以他担任国家主席比较适合。是比较起来讲,不是讲朱德同志不适合,比较起来少奇同志更适合一点。同时朱德同志极力推荐少奇同志。"

1957 年,毛泽东在苏联访问时,在跟赫鲁晓夫谈及他辞去主席一职时说:"我们党里有几位同志,他们都不比我差,完全有条件","第一个是刘少奇。这个人在北京和保定参加了'五四'运动,后来到你们这里学习,1921 年转入共产党,无论能力、经验还是声望,都完全具备条件了。"

1961 年 9 月,英国元帅、第二次世界大战中功勋卓著的蒙哥马利第二次来中国访问。当时住在武汉东湖宾馆的毛泽东接见了这位远道而来的朋友。当蒙哥马利问及毛泽东谁是他的接班人时,毛泽东明确地说:"很清楚,是刘少奇。"

其实,在会见蒙哥马利的前一天,毛泽东就曾对陪同蒙哥马利而来的外交部办公厅副主任熊向晖和总理办公室秘书浦寿昌等人明确表明了他的意思。毛泽东说:"八大通过新党章,里头一条:必要时中央委员会设名誉主席一人。为什么要有这一条呀?必要时谁当名誉主席呀?就是鄙人。鄙人当名誉主席,谁当主席呀?美国总统出缺,副总统当总统。我们的副主席有六个,排头是谁呀?刘

少奇。我们不叫第一副主席,他实际上就是第一副主席,主持一线工作。"

毛泽东不同意称"继承人"。他对浦寿昌、熊向晖说:这个名词不好,我一无土地,二无房产,银行里也没有存款,继承我什么呀?红领巾唱歌:"我们是共产主义接班人",叫"接班人"好,这是无产阶级的说法。这个元帅讲英语,不懂汉语,他是客人,暂时就用"继承人"吧!

蒙哥马利回国后很快写了本书,书名叫《三大洲》,里面介绍了毛泽东同他的谈话内容,尤其是接班人是刘少奇的内容更为详细。

可以说,毛泽东选刘少奇作为自己的接班人,是真诚的,也是历史的选择。毛泽东到了晚年,很注意宣传刘少奇,有意识地树立刘少奇的威信。当然后来,由于政治见解的不同,毛泽东又把刘少奇打倒,这是后话。

1959 年 4 月,刘少奇和毛泽东在中南海怀仁堂后院接见出席第二届全国人民代表大会的代表

14. "朱毛不可分"

——毛泽东与朱德

在革命年代,敌人曾误以为"朱毛"是一个人,毛泽东也多次说:"朱毛不可分。"从1928年"井冈会师"到1976年两人同年病逝,朱、毛的名字便紧紧连在了一起。在长达48年的风雨岁月中,他们同甘苦、共患难、相互尊重、亲密合作,为世人所敬慕。

朱毛一家人

井冈山时期,有两个关系最为密切的家庭,相处得就如同一家一样,被大家称为朱、毛一家人。

朱、毛一家人,要先从毛泽东关心朱德的婚事说起。朱德上井冈山时,已是四十多岁了,但仍是形单影只。毛泽东十分关心朱德,总想帮他找个理想的伴侣,好照料朱德的生活。一天,朱德和毛泽东路过井冈山的黄坳,看见康克清站在高高的梯子上往墙上写标语,朱德关切地喊道:"小康,这么高,要小心啊!"

康克清一看是朱军长和毛委员,心里热乎乎的,爽朗地回答:"朱军长,请放心,掉不下来的。"

毛泽东看见康克清这么勇敢,便问朱德:"这小同志是哪部分的?"

朱德风趣地说:"她还是一个小姑娘哩! 是万安游击队来的。现在政治部搞宣传工作。"

毛泽东看到朱德对康克清比较熟悉,又有好感,便有意识地说:"看来这个姑娘大有出息,你要好好培养她,帮助她提高。"

毛泽东的话很合朱德的意,也启发了朱德。从此,他对康克清给予了更多的关心、爱护和帮助。

1929年3月18日,毛泽东与朱德指挥红军一举消灭了国民党4个团和土著军阀郭凤鸣旅,占领了福建汀州。在欢庆会的当天,朱德和康克清在毛泽东的操持下,正式结婚。虽然没有举行婚礼,但毛泽东、陈毅等纷纷登门祝贺。毛泽东祝贺他们白头偕老,并风趣地说:"你们今天是双喜临门。"

朱德和康克清在福建长汀县结婚。图为抗日战争时期的
朱德和康克清

1929 年 6 月 19 日,红四军三克龙岩城。一天傍晚,开完红四纵队整编会后,毛泽东拉着朱德说:"军长,晚饭请您尝一样美味。"

朱德高兴地说:"好哇,有什么好吃的尽管摆出来!"

两人说笑着向毛泽东住的北山下的新邱厝走去。刚一跨进门槛,毛泽东的夫人贺子珍就端出一锅热气腾腾的清汤。"好香!"朱德说着,伸手掀开锅盖,"怎么锅里全是燕毛!"贺子珍噘着嘴巴无奈地说:"早上,警卫员小吴把一包东西往桌上一放,就走了,也不知道是啥东西,哪里弄来的。我一打开,不知道该怎么办……"

毛泽东不禁失声笑道:"这东西叫燕窝,是邱老房东送来的,要慰劳我们,我已经吩咐小吴按价付了款。"

"那么……"贺子珍望着毛茸茸的燕窝汤,有点不知所措。

朱德风趣地说:"把燕毛捞起来,不就是上等补品么,这比井冈山的南瓜汤可美味多了。"说罢,便动手捞起燕毛来。

两位战友坐在一起,有滋有味地品尝起来"龙岩燕窝汤"。此时战场上的统帅,便成了普通的家人,大厅里充满了欢乐的气氛,如此亲切,如此随意。

送朱总上火线

1935 年 1 月,在遵义会议上,由于朱德等人的支持,毛泽东回到了中央领导岗位。1 月 19 日,红军离开遵义,挥师北上。由于先期侦察有误,红军在土城与川军 9 个团展开激战,原本计划的歼灭战,打成了消耗战,战斗异常激烈。此时,尾追的川军一部已然迫近。红军即将陷入两面受敌的险境。在这危难时刻,朱德决定亲临火线指挥作战。

朱德、毛泽东、周恩来等人在土城指挥战斗的旧址——大埂上

毛泽东心里很矛盾。自井冈山会师以来,"朱毛"已成为一个整体,红军和毛泽东都离不开朱德!可是,红军眼下正处于绝境中,朱德若去前线,定会军心大振。毛泽东在考虑着,一支接一支地抽烟,连抽了几支烟都没有点头。决心实

在难下！

朱德见毛泽东久久不语，知道他是为自己的安全担心，就把帽子一脱，说："得啰，老伙计，不要光考虑我个人的安全，只要红军胜利，区区一个朱德又何惜！敌人的枪是打不中朱德的！"

看到朱德坚决的态度，毛泽东终于同意了。

出发时，毛泽东专门为朱德举行了隆重的欢送仪式。朱德见后，握着毛泽东的手，激动地连声说："不必兴师动众。不必兴师动众。礼重了，礼重了。"

毛泽东当即说道："理应如此。理应如此。桃花潭水深千尺，不及你我手足情嘛。祝总司令多打胜仗、多抓俘虏。"

此刻，两位同生死、共患难的战友，用紧紧相握的双手来表达无限的深情。

朱德上火线后，率领部队向敌人发起了英勇的反击，有效地阻止了敌人的进攻，为红军渡过赤水河赢得了宝贵的时间。

后来，毛泽东在军情紧急万分的情况下，不顾冷枪冷炮的危险，亲自去迎接朱德回来。毛泽东还亲手向朱德敬上了一碗茶。

"我说你是红司令"

无论是在战争年代还是在和平年代，朱德敬仰毛泽东，毛泽东爱护朱德，即

1969 年 10 月 20 日，林彪等人以"加强战备，疏散人口"为借口，将朱德"下放"到广东从化。图为朱德在广东从化的住所松园 5 号

使在"文化大革命"中,毛泽东也在极力地保护朱德。

"文化大革命"初期,林彪一伙就把矛头指向了朱德,诬蔑朱德"没有当过一天总司令"。有人还企图公开批斗朱德,毛泽东得知后进行了直接干预。他说,朱德是总司令,我是党代表,如果要开他的批判会,我就出席作陪,从而使批判会不能进行。

1967年1月,北京街头出现了"打倒朱德!炮轰朱德!"的标语,诬陷朱德是"大军阀""黑司令"。毛泽东得悉后,在中共中央军委碰头会上明确表示:朱德还是要保!

有一次,毛泽东在与北京卫戍区司令傅崇碧谈话时,关切地询问要打倒朱德的大字报还有没有,傅崇碧回答说还有,而且还有人要打倒朱总司令。毛泽东说:"这不好,朱毛,朱毛,朱德和毛泽东是分不开的嘛!"

当时,中南海里有一位服务员,同毛泽东很熟。她看到那些大字报后,也轻信了那些谣言。一天,她当着毛泽东的面说朱德是黑司令,毛泽东不听她讲完,便控制不住自己的情绪,发火了。他一只手用力拍打着沙发扶手,瞪着眼睛严厉地对她说:"不对。是红司令,红司令。"并告诫她以后再不准这么讲。这件事,毛泽东在不同场合讲过多次,每次都很激动。

面对林彪、江青反革命集团的诬蔑和迫害,朱德有时会表示出不屑,有时也进行愤怒地反驳。1968年12月,当林彪一伙又制造出一个"伪党"假案,诬蔑朱

1972年,朱德86岁寿辰时与夫人康克清合影

德是伪党"中国(马列)共产党"的中央书记时,朱德不屑一顾地说:"由他们造谣吧! 毛主席、恩来最了解我,只要有他们在,事情总会搞清楚的。"

1969 年 4 月,在北京举行的中国共产党第九次全国代表大会上,朱德针对林彪、江青反革命集团的诬蔑和迫害,反驳说:"我和毛主席在一起 40 年,几乎天天在一起,把我说成是'反党、反社会主义、反毛泽东思想的三反分子'是不符合实际的。"

1973 年 12 月 12 日,中央政治局在北京开会,决定八大军区司令进行调动。21 日,毛泽东在他的住所会见参加中央军委会议人员,朱德也应邀参加。据毛泽东身边的工作人员回忆当时会上有这样一段情节,很是感人。

当朱德来到会议室的时候,毛泽东一下就看见了这位许久未见面的老战友,要站起来迎接。还没等毛泽东起身,朱德已来到他的面前。毛泽东微欠着身体,拍着身边的沙发请朱德挨着自己坐下。此时,毛泽东很动情,他对朱德说:"红司令,红司令,你可好吗?"

朱德操着四川口音高兴地告诉他说:"我很好。"

朱德手书(1975 年 3 月 6 日)

毛泽东习惯地从小茶几上拿起一支雪茄烟,若有所思地划着火柴点燃烟吸了一口,继续对朱德说:"有人说你是黑司令,我不高兴。我说是红司令,红司令。"毛泽东重复着"红司令,红司令",又说:"没有朱,哪有毛,朱毛朱毛,朱在先嘛。"

朱德听了毛泽东这番话深受感动。这以后,毛泽东与朱德再也没有见面。

1975 年年底,朱德住进医院,当时毛泽东也在病中,毛泽东托工作人员转告朱德要保重身体。朱德也希望毛泽东尽快恢复健康。

1976 年 7 月 6 日,90 岁高龄的朱德安详地离开了人世。病榻中的毛泽东闻听这一消息后,用微弱、低哑的声音问:"朱老总怎么这么快就……"两个月后,毛泽东也与世长辞。

两位战友同年永别,留给后人的是更多的感动和怀念。

15. 风雨同舟显真情

——毛泽东与任弼时

在以毛泽东同志为核心的中央领导成员中,任弼时与毛泽东相识最早,不仅是毛泽东的同学、同乡,也是毛泽东的战友、诤友。在漫长的革命斗争岁月里,他们相识相知,风雨同舟,情同手足,患难与共,为中国革命创造了辉煌业绩。1950年10月27日,年仅46岁的任弼时不幸逝世,身为中国共产党和中华人民共和国领袖的毛泽东曾亲自为他扶灵柩。

风雨同舟结深情

1919年五四运动爆发时,长沙学生运动的一批骨干纷纷集会,深入民间宣传革命。毛泽东和任弼时都以极大的热情,投入到爱国运动中。期间,毛泽东主编《湘江评论》,发表《民众的大联合》一文,而任弼时回湘阴老家向民众宣传革命。

在莫斯科东大学习时的任弼时

"四·一二"反革命政变后,任弼时从苏联勤工俭学回国,到了武汉,与毛泽东交谈了上海和湖南工农运动方面的情况。毛泽东反右倾投降主义路线的理论和实践活动,使任弼时受到深刻启发和鼓舞,从而促使他与陈独秀进行了针锋相对的斗争。1927年八七会议上,任弼时完全支持毛泽东的主张。他说:"共青团是党的助手,我代表团中央拥护党的决议。"

秋收起义后,任弼时奉命去湖南考察。一到长沙,他就想方设法与毛泽东领导的部队取得联系。同时,他还代表党组织前去看望毛泽东的夫人杨开慧。

杨开慧住在离长沙90里远的一个山冲里,三面环山、青松翠竹围抱之处的

1927 年 8 月 7 日,任弼时出席中共中央在汉口召开的紧急会议。图为任弼时在八七会议上的发言记录

一个土砖房子。杨开慧一看到任弼时,惊喜地问:"你怎么来了,不危险吗?"

任弼时笑着回答说:"不要紧,和敌人兜圈子搞惯了,何况长沙这边认得我的人不多。"

杨开慧热情地把任弼时迎进屋里,端上一杯茶。任弼时抱起还只有 5 岁的岸英,把他放在自己的膝上,关切地问杨开慧生活是否有困难? 安全是否有保障? 问毛泽东是否有信来? 她是否想到井冈山那边去……

杨开慧表示,困难有,但可以克服,因为斗争需要,她暂时不能离开这里。

临别时,杨开慧询问毛泽东那里的情况。

为了让杨开慧放心,任弼时说毛泽东熟悉农民,斗争一定会胜利的!

1932 年 6 月,蒋介石对解放区发动第四次"围剿"。这时,以王明为代表的"左"倾机会主义路线已统治全党。毛泽东的正确领导已被排斥,任弼时同周恩来、朱德一起,仍然主张用毛泽东的战略战术原则来对付敌人。

1934 年 10 月,中央红军被迫实行战略大转移。1935 年 6 月,中央决定毛泽东、周恩来等率领的中央红军与张国焘率领的红四方面军两军主力向北进攻,先取甘南,以创建川陕甘根据地。但张国焘不同意北上决策,公开搞分裂活动,另立中央。

1936年7月,任弼时、贺龙领导的红二方面军与红四方面军在甘孜会合。张国焘企图拉拢红二方面军,共同反中央。但任弼时识破了他的险恶用心,同张国焘进行了针锋相对的斗争。

一次,张国焘派人送来一批文件,文件内容攻击党中央和红一方面军北上是"逃跑",并指名道姓地诽谤毛泽东、周恩来、张闻天、博古等领导人。任弼时当即指示:不准进行反中央的宣传,送来的材料一律不准下发,并要求文件材料保留一份,其余的全部烧掉。他愤愤地说:"张国焘,你要反党中央,反毛泽东,你算什么党员!"

在红二、红四方面军的干部会上,张国焘再次诋毁毛泽东,任弼时警告他:"我们红二方面军的同志,很多是从井冈山来的。对毛主席是有感情的,你如果强迫他们反对毛主席,他们就要翻脸,他们是不认识你的!"

任弼时和朱德一方面严厉地批判张国焘的错误,同时耐心地做他的思想工作。最后,孤立中的张国焘被迫北上。

1938年,以毛泽东为首的中国共产党制定了建立抗日民族统一战线等一系列正确的方针政策,但共产国际对此并不了解。王明打着"共产国际"的招牌,回延安后极力推行右倾投降主义路线。因此,毛泽东派办事稳重细致并熟通俄文的任弼时向共产国际当面说明情况。

1936年7月,红二、红六军团与红四方面军会师时任弼时写的大纲

任弼时到共产国际后,马上写了一个报告,他说:毛泽东最善于把马克思列宁主义的普遍真理与中国革命的具体实践相结合,中国革命的实践证明,毛泽东的主张是正确的。他的报告有理有据,使共产国际真实地了解了中国共产党领导中国革命的情况。最后,共产国际领导人季米特洛夫明确表示:"中国共产党的领袖不是别人,是毛泽东。"

一缸红鱼,短短信笺

战争使许多家庭饱受离散之苦,任弼时的两个女儿亦是与父母分离。中央纵队到王家湾后,任远志、任远征才被送到父亲身边。任弼时住的半截窑里,增加了两名家属,他们的铺位就在存放杂物的土台上。任弼时叮嘱他们千万不要吵闹,免得影响毛主席、周恩来伯伯的工作。蟠龙战役后,任弼时把孩子们送往河西。临分手时,任远志掏出一个小本,请毛泽东题词。毛泽东欣然同意,提笔在小本上写了"光明在前"四个字。

由于长期超负荷的工作,任弼时的高血压病复发,1949年4月到北京西郊的玉泉山休养。毛泽东非常关心任弼时的健康,特地派人将一缸红鱼送到任弼时的住所。

一缸红鱼,短短信笺,凝结了战友间的无限深情。

任弼时在国内休养了一段时间,病情虽有好转,但并没有根本改变。为此,中央决定送任弼时去苏联治疗。毛泽东于11月21日亲自致信斯大林,商议任弼时去苏养病一事。斯大林得知任弼时的病情,表示欢迎他去苏联,并特地派著名的医学博士哥诺瓦洛夫乘专列到北京接他。任弼时赴苏前,毛泽东和周恩来特地为他送行。在送行时,毛泽东紧紧握住任弼时的手,一再叮嘱他安心养病,尽早恢复健康。

这年12月16日,毛泽东来到苏联访问,特意到医院看望了任弼时。

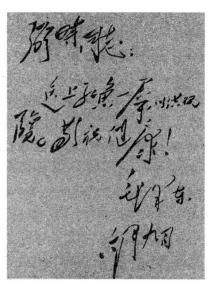

1949年6月9日,毛泽东送给任弼时一群红鱼并附信:"弼时同志:送上红鱼一群以供观览。敬祝健康! 毛泽东六月九日。"

1950年年初,任弼时由莫斯科皇宫医院转到郊区巴拉维赫疗养院。毛泽东又专程看望任弼时。当毛泽东从苏联医生口中了解到任弼时的血压已降下来时,高兴地握着医生的手说:"好得很! 好得很啊! 我代表中国人民谢谢你们! 谢谢你们!"

一天,任弼时征得医生同意,到中国代表团的驻地看望毛泽东。毛泽东特意吩咐厨师做了两样不放盐的菜,还准备了一盘湖南风味的辣酱烧黄鱼。可当毛

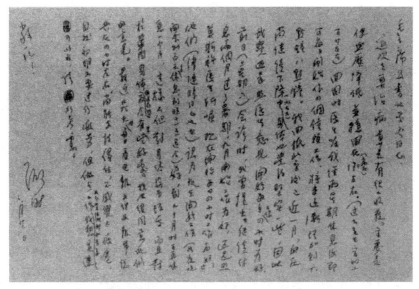

1950 年 6 月 26 日,任弼时致信毛泽东及中共中央书记处,要求恢复部分工作,中央批准他每日工作 4 小时(图为该信手迹)

泽东听医生说任弼时不能吃辣子时,便把那盘鱼端得远远的,幽默地说:"对不起啊!弼时,不是我不让你吃,而是医生的命令我不能不听啊!"听到这样暖心的话,任弼时会意地笑了。

饭桌上,任弼时向毛泽东建议选派一批有政治觉悟,又实干的青年到苏联学习,培训我们自己的建设人才、技术专家。

毛泽东非常赞赏任弼时的远见卓识。他风趣地说:"今后要大规模地搞建设了,没有技术专家是不行的,是得派人来取取经。过去唐僧到西天取经,骑的是毛驴,吃的是粗粮、野果,也没有人欢迎接待,还要同妖魔鬼怪们斗法,好艰难啊!现在派人取经,有飞机坐,有黄油面包吃,还有专人接待,碰杯祝酒,舒服得很哩!告诉那些来学习的娃娃们,要学习唐僧那种坚忍不拔的精神,还要学习孙大圣战胜一切困难的精神,那他们就一定能取到真经。——希望寄托在他们身上啊!"

1950 年 5 月底,任弼时由苏返回祖国。随着朝鲜战争的爆发,任弼时再也坐不住了,他写信给毛泽东要求工作。毛泽东详细询问了任弼时的病情。经中央商议,同意任弼时每天工作 4 小时。

恢复工作不久,任弼时先是把工作时间增加至 5 小时,后又要求医生把工作时间增加到 8 小时,而他往往工作 8 小时以上。

由于劳累过度,任弼时恢复工作不久,病情就加重了,但他以革命者坚强的意志支撑自己直至生命的尽头……

任弼时逝世后,毛泽东非常悲痛。他叮嘱任弼时的夫人陈琮英:"一定要抚养好孩子们,让他们好好学习,长大了继承父亲的遗志。"

10月28日,毛泽东到景山东街任弼时住处亲视入殓,并亲自扶灵,前往劳动人民文化宫。

为纪念任弼时,毛泽东亲笔题词:"任弼时同志的革命精神永垂不朽!"

1951年7月18日,任弼时的安葬仪式在北京八宝山革命公墓隆重举行。汉白玉墓碑的正面,端端正正镌刻着毛泽东的题字:任弼时同志之墓。

1950年10月28日上午,毛泽东、刘少奇、周恩来、朱德等到景山东街任弼时寓所吊唁

16. "论文论武,邓小平都是一把好手"

——毛泽东与邓小平

　　毛泽东与邓小平相识于 1927 年的八七会议,从此开始了他们为中国革命共同奋斗的历程。可以说,邓小平的命运总是同毛泽东联系在一起,他们几十年的交往,其中有过类似的遭遇,也有相互的理解和同情;有过亲密的合作和信任,也有过分歧和矛盾。但是,邓小平始终对毛泽东非常崇敬,即使"文化大革命"期间,他两次被毛泽东打倒也从未改变。而毛泽东总是对邓小平寄予关爱和期望,并且对邓小平非常赏识和倚重。

"看邓小平的报告,就好像吃冰糖葫芦"

　　1947 年 5 月任中共中央中原局书记。图为胜利到达大别山后,邓小平在干部大会上讲话

　　1947 年 10 月 10 日,中央颁布了《中国土地法大纲》后不久,新解放区在蓬

勃开展这场土地改革运动的同时,却出现了一些"左"的错误倾向。毛泽东在察觉这些问题后,为了采取切实可行的对策,他于1948年1月14日专电邓小平,从六个方面征询邓小平对新解放区党的政策的意见。

(一)在新区是否应当分为两种区域,一种是可以迅速建立巩固根据地的,一种是要经过长期拉锯战才能建立巩固根据地的,对两种区域的工作采取不同的政策?(二)新区土改是按土地法大纲分平,还是对富农及某些弱小地主暂时不动?新区中富农及弱小地主态度如何?(三)是否有开明绅士和我们合作?(四)是否有许多知识分子和我们合作或表示中立?(五)各阶层商人态度如何?我军是否可以避免向新区工商业资本家进行筹款?如果筹款,方式如何?(六)如何处理国民党政府、党部、三青团的各种人员?其中是否有些人是可能争取的?如何处理保甲长?

时任中共中央中原局第一书记的邓小平在接到毛泽东的来电后,接连向毛泽东和党中央发出两封电报,详细介绍了大别山区各方面的情况。在第二封电报中,对毛泽东提出的六个方面的问题,依次作了明确回答。

毛泽东和党中央从邓小平的电报中,对新解放区的情况有了进一步的了解,特别是邓小平提出的关于将新区分为巩固区和游击区两种区域进行土改的意见,对毛泽东有很大启发。收到邓小平第二封电报的当日,毛泽东就将分区等意见致电时任豫皖苏新解放区的粟裕。

2月6日,毛泽东再次致电邓小平,除将把发给粟裕的电报转述邓小平外,又向邓小平提出新区土改先组织贫农团还是先组织农民协会等问题。

2月8日,邓小平复电毛泽东,作了应先组织贫农团,后组织农协的答复,此外复电中还对团结中农、保护工商业、部队供给等问题,提出很多好的意见。

毛泽东收到邓小平的电报后,十分赞许。17日,毛泽东将邓小平的这封电报加上按语,作为新区土改政策之补充意见,向中央工委、各中央局和野战军前委进行了转发。毛泽东在按语中说:

(一)小平所述大别山经验极其宝贵,望各地各军采纳应用。(二)分阶段分地区极为必要。在第一阶段将打击面缩小至只打击大中地主及国民党反动派分子时,并不是说富农、小地主中的保甲长、恶霸、反动分子为农民所要求打击者也不要打击,我们只要注意对富农、小地主的多数暂时不去惊动就无危险了。(三)确定先组织贫农团,树立贫雇农威信,几个月后再组织农民协会,团结全体农民,并严防地富及坏人混入。

从上面的按语,我们可以读出毛泽东对邓小平创造的大别山土改经验的重视和赞赏。

随着新解放区工作的不断深入,邓小平通过调查认识到,在新解放区,不管是何种区域,马上动手分浮财、分土地都是不适宜的。新区党的主要精力应该放在发展生产,稳定社会正常秩序,为战争做准备上。5月中旬,邓小平主持召开中原局豫西陕南负责人会议,明确提出了将土改转为"双减",提出今后该区的工作方针是:(一)建立反蒋胡(宗南)的统一战线;(二)不分浮财,不打土豪,连大地主也不打;(三)实行征借粮食、款子的政策,解放军需;(四)保护一切工商业。

会后,邓小平将会议情况向毛泽东和党中央作了详细的汇报。5月25日,根据邓小平的意见和其他新区同志的意见,毛泽东起草了《一九四八年的土地改革工作和整党工作》,指示全党转变新区农村工作的政策,将土改转变为"双减"。而就在起草指示的前一天,毛泽东将他的这一决定首先电告了邓小平。

毛泽东通过多次征求邓小平等人的意见而最后确定下来的新区土改转变为"双减"方针,是党在新区农村工作政策的重要转变,对于巩固和发展新解放区,支援解放战争,夺取全国的胜利产生了重大作用。

邓小平依据毛泽东5月24日的来电和中共中央5月25日的指示,并结合中原地区的实际,于6月6日为中原局起草了《贯彻执行中共中央关于土改与整党工作的指示》,即《六六指示》。在《六六指示》中,邓小平列举了12条错误教训,还在文件的第四部分,从12个方面阐述纠正这些错误的方法。

毛泽东对邓小平为中原局起草的这个指示极为重视,在收到的电稿中亲自增写了两段文字。一段是在《六六指示》中写到中原解放区取得的成绩时,毛泽东增写道:

1948年6月6日,邓小平为中共中央中原局起草了贯彻执行中共中央关于土改与整党工作的指示,毛泽东于6月20日代中央复电,表示完全同意,并增写了两段文字

不但如此,由于我们的进军吸引了大量敌人到中原方面,这样就从根本上破坏了敌人将战争继续引向解放区企图彻底摧毁解放区的反革命计划,而将战争引向国民党统治区域,不但保存了原有解放区的基本区域,而且使我各路友军在山东,在苏北,在豫北,在晋南,在西北,在东北等地顺利地歼灭了大量敌人,恢复了广大失地,使全局都转入了攻势,我们的辛苦并不是白费的。

另一段是在《六六指示》中写到对于过去错误要正确认识时,毛泽东则增

写道:

  我中原全党同志必须对于上述各项成绩有足够的估计。如果在指出自己工作的错误和缺点之后就忘记了自己工作的成绩,忘记了最主要的一方面,忘记了我们据以前进的基础,好像我们什么事情都做错了,并因此损害我们对于胜利的信心,那就是完全不对的,那就是右倾机会主义的观点。

  毛泽东增写的这两段文字,使邓小平起草的《六六指示》更加严密和完整,对过去中原局工作的评价更加全面和公正。毛泽东认为这个文件把中央的原则具体化了,于是决定与中央5月25日指示配套的文件下发。毛泽东在给刘少奇、朱德、周恩来、任弼时、胡乔木等人的信中指出:“中原局指示可以发给中原以外各中央局、分局、前委……有了中原局这个文件,中央就不需要再发这类文件了。”

  1948年1月,为了全面了解各个战略区的情况,党中央发出《关于建立报告制度》的指示。对于这个指示要求,邓小平能够严格执行,他大体两个月一次,一直坚持亲自动手给中央写书面报告。

  为此,毛泽东赞赏道:“书记在前线亦是可以做报告的,邓小平同志在大别山那样紧张的环境亦做了几次很好的报告。”

  毛泽东还幽默地说:“看邓小平的报告,就好像吃冰糖葫芦。”

“我只见过你一面,你就是毛派的代表”

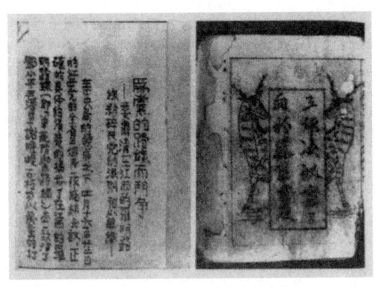

指责“邓、毛、谢、古”的中央局文件

1943年9月上旬至12月初,为了总结党的历史经验,中共中央连续召开了三次政治局会议,讨论了王明在土地革命战争时期和抗战初期的"左"和右的错误。在11月召开的一次中央政治局扩大会议上,毛泽东谈到1933年的"邓、毛、谢、古"事件,很动情地说了如下的话:

"反邓、毛、谢、古,是指鸡骂狗,邓、毛、谢、古死了三个人,希望邓要为党争气!"

"希望邓要为党争气!"短短八个字,道出了毛泽东对邓小平的殷殷期望。

邓小平也没有辜负毛泽东对他的期望。1945年4月23日至6月11日,中国共产党第七次全国代表大会在延安举行。会上,邓小平因在太行山前方主持工作,没有出席大会,但他被选为44位中共中央委员之一。

毛泽东对此十分欣喜,在选举结果公布的当天,即6月10日,毛泽东就亲自致电邓小平:

拟在最近举行一中全会,你在七大当选为中委,望接电即赶回总部,待美国飞机去太时就便乘机回延开会。

从此,邓小平开始进入以毛泽东为核心的中央领导集体。

"论文论武,邓小平都是一把好手"

梁漱溟是著名的党外爱国民主人士,也是毛泽东"见面时无话不谈,有时发生抬扛"的老朋友。1951年,梁漱溟在参加四川土地改革运动回京后,在中南海和毛泽东聚谈时,谈及在四川参加土改的情况和收获时,他对邓小平在四川的工作赞许有加。毛泽东听后,高兴地笑了,也大声地赞同说:"梁先生看得蛮准,无论政治,还是军事,论文论武,邓小平都是一把好手。"

毛泽东对邓小平的这个评价,可以说是发自内心的。"论武",邓小平在军事上能驾驭全局,决胜千里,无论是立马太行、挺进大别山,还是决战淮海、进军大西南,都打得非常漂亮。"论文",邓小平在政治上高瞻远瞩,掌握政策,无论是整风土改、减租退押,还是城市工商,统战宗教等工作,都干得非常出色。

从1949年冬到1952年夏,邓小平作为西南局第一书记,领导了大西南的党务、剿匪、土改、镇反、发展生产、处理民族关系等全面工作,显露了治党、治政、治军的全面才华。从这一时期毛泽东与邓小平来往的大量电文、报告等文献中可以看出:邓小平按毛泽东的全局指导创造性地开展工作,不断创造出新鲜经验;

毛泽东则经常以邓小平点上的经验推动全局。

1951年5月9日,时任西南局第一书记的邓小平向党中央和毛泽东写了一份关于西南地区土地改革情况的报告。一个星期后,毛泽东即将邓小平的报告转发全国各地,并在转发的批语中说:“小平同志的报告很好。”并且,毛泽东饶有兴味地在邓小平的报告上进行批注,达六次之多。

邓小平在报告中谈道:我们在今年二、三、四月进行而且完成了第一期分配土地的工作。第一期土改范围为十八个县又十二个区和一百五十八个乡及重庆、万县、南充三个市郊区,共一千三百五十一万余人口的地区。各地土改都是结合复查反霸退押,惩治不法地主,发动贫雇农,进一步改造农会领导和镇压反革命等内容进行的。

看到这里,毛泽东批注道:“所有这些都很好,都值得庆贺,一切尚未做到这一步的地方,都应这样做。”

当邓小平的报告谈道:经验证明,不镇压反革命,封建势力不会低头,贫雇农不敢起来,退押、土改也不会这样顺利完成。

这时,毛泽东又批注道:“所有这些都是正确的,各地都应这样做。”

当邓小平谈道:在镇反和惩治不法地主两个问题上,有些地方发生了控制不严的毛病。运动愈到后期,愈是轰轰烈烈,下面同志脑筋愈热,领导机关愈要注意控制,这是我们及各省区党委应有的教训。上述两个运动的后期,事前不请示,事后不报告,不按章程办事的无政府无纪律的风气,又在抬头。

这时,毛泽东又提笔批注:“请中南、华东各省严密注意这些教训,坚决执行请示报告制度,绝对不容许此种坏作风抬头。”

在邓小平谈道:全区干部从五月起进入整风,总结前一段经验(包括镇反),准备第二期土改和布置今后镇反,方法仍是肯定成绩,发扬优点,纠正缺点,并注意纠正无政府无纪律倾向。

毛泽东于此处又批注道:“请你们考虑可否依照西南办法在六七两月来一次整风,在冬季再来一次整风,不要等候冬季作一次整风。”

在邓小平谈道:注意春耕生产的领导。各地同志反映群众真正起来了,领导思想往往落于群众觉悟程度之后,许多同志总以为抗美援朝妨碍工作,是一个额外的负担,而群众一搞起来就有声有色,大大帮助了实际运动,扩兵这样容易,也出乎意料之外。

这时,毛泽东又作了一个很长的批注:“还有两件事是出乎许多同志意料之外的。一件是不敢大张旗鼓地镇压反革命,不敢邀请党外人士参加审判委员会和我们共同审判反革命。结果恰好相反,愈是打破了关门主义的地方,情况就愈好。这是对于人民和党外人士的积极性估计不足的一个例子。又一件是不敢邀民主人士、工商业者、大学教授、中学教员分批地大量地看土改，看杀反革命。叫他们去看，也只让他们看好的，不敢让他们看坏的，存在着严重的关门主义。结果又相反，凡去看了的，回来都是好话，都是进步。华东局规定好坏都让人看，结果很好。这是对于党外广大人士的积极性估计不足的又一个例子。"

在报告的最后，邓小平谈道：现在比较担心的问题是今春雨水太多，秧苗腐烂很多，可能影响春耕。今年小春比去年差，各省都有一些地方发生严重的灾荒。我们担心各地对这些问题注意不够，忽视了争取今年丰收的中心任务，招致严重的后果。我们正注意对这一方面的指导。

此处，毛泽东作了第六个批注："此事我也很忧虑，务请你们密切指导，争取丰收。"

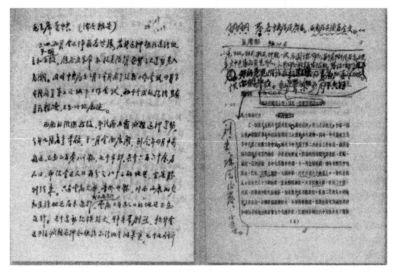

1951 年 5 月 9 日，邓小平写给中共中央和毛泽东的关于西南区的土改、镇反、抗美援朝的综合报告。毛泽东在 5 月 16 日转发各地的批语中指出"小平同志的报告很好"

一份报告六次批注，反映出毛泽东阅看邓小平报告的认真和细致，同时也能读出毛泽东对邓小平工作的肯定和赞许的意味。

1952 年 7 月，邓小平在西南工作两年零八个月后，告别家乡父老，奉调入京，出任中央人民政府政务院副总理兼中央政府财委副主任。时年 48 岁。

"请一个军师，叫邓小平"

1968 年 10 月，在党的八届十二中全会上，邓小平被撤销党内外一切职务。可以说，毛泽东在处理邓小平和刘少奇的问题上还是有区别的。

当时，林彪、江青一伙鼓噪"开除邓小平党籍"，而在会上毛泽东却替邓小平说话："邓小平，大家要开除他，我对这一点还有一点保留。我觉得这个人嘛，总要使他跟刘少奇有点区别，事实上是有些区别。""我这个人的思想有点保守，不合你们的口味，替邓小平讲几句好话。"正是毛泽东的"几句好话"，邓小平得免被"开除党籍"。

1969 年 10 月，已经隔离了两年有余的邓小平及其一家被下放到江西，这大概是毛泽东对邓小平所采取的又一种特殊的"保护"措施。

1971 年 9 月 13 日，林彪叛国摔死在蒙古的温都尔汗，给邓小平的复出带来了希望。此后，邓小平两次致信毛泽东，要求"做点事"。在毛泽东亲自过问下，1973 年 2 月，中央正式通知邓小平回京。

1973 年 12 月 12 日，毛泽东亲自主持召开中共中央政治局会议，并请邓小平参

1973 年 3 月 9 日，毛泽东批准的《中共中央关于恢复邓小平同志的党的组织生活和国务院副总理的职务的决定（送审稿）》

加。会上，他向大家推荐邓小平说："我和剑英同志请邓小平同志参加军委，当委员。是不是当政治局委员，以后开二中全会报告追认。"

随后，毛泽东让叶剑英召集各大军区司令员、政委来京议军。

12 月 15 日，毛泽东同政治局有关同志和几个大军区负责人谈话，再次推荐邓小平，他说："我们现在请来一位参谋长邓小平同志，他呢，有些人怕他，但办事比较果断。他一生大概三七开，你们的老上司，我请回来了。是政治局请回来的，不是我一个请回来的。"

说到这里，毛泽东转身又对身旁的邓小平说："你呢，大家有点怕你，我送你两句话：柔中有刚，绵里藏针。外面和气一点，里面是钢铁公司。过去的缺点，慢

图为1974年5月中旬,毛泽东在书房里与邓小平见面

慢改一改吧。"

12月22日,中央军委发布命令:八大军区司令员对调。在召集这些司令员开会宣布中央和军委决定时,毛泽东指着邓小平,第三次向大家推荐说:"现在,请一个军师,叫邓小平。发个通知,当政治局委员、军委委员。政治局是管全部的党政军民学、东西南北中,我想政治局添个秘书长吧,你不要这个名义,那就当个参谋长吧。"

毛泽东接连三次亲自推荐一位领导干部,这在我党的历史上大概是绝无仅有的。至此,邓小平在毛泽东的支持下逐步走上了中央的领导岗位,直到第三次"被打倒"。

17. "国难思良将"

——毛泽东与陈云

在中共第一代领导集体当中,陈云以其独特的经济才干而著称。毛泽东对陈云的理财能力极为称道。陈云也以其求实的态度,扎实的工作,成为毛泽东的得力助手。

陈云有"挤"的经验

1937年4月,党中央电示陈云回国,任命他为中央驻新疆代表,去开展接应西路军的工作。1937年11月,陈云从新疆返回延安,毛泽东热情地欢迎他,风趣地称他和同来的人为"天兵天将"。在12月的中央政治局会议上,陈云成为中央书记处领导集体成员,并担任中央组织部部长。从此以后,陈云主持党的组织工作长达7年时间,此间,他和毛泽东有了更多的交往。

陈云到延安后不久,毛泽东先后三次找他谈话,每次谈话都是谈学习马克思主义哲学问题。陈云通过这三次谈话,深受启发。随后他认真学习了毛泽东的《矛盾论》《实践论》《论持久战》《中国革命战争的战略问题》等。他认为毛泽东的哲学著作是马克思主义哲学和中国革命具体实际

1937年12月,陈云在延安

相结合的典范,是中国的马列主义理论。他不仅自己努力学习,还要求所有干部要利用延安相对安定的环境,坐下来认真学习马列和毛泽东的著作。他经常为党校的学员讲课,要求学员不仅在课堂上学习毛泽东的哲学著作,还要结合实际

工作去学习。他多次对大家说:毛泽东同志讲他长征到延安后,有了比较安定的时间,读了不少书,写了一些著作。我们也要向毛泽东同志学习。

为提高全党的马列主义水平,促进中国革命事业的发展,陈云积极响应六中全会号召,在组织部成立了一个学习小组。学习小组请毛泽东的秘书、哲学水平较高的和培元当辅导教师。尽管陈云非常忙,但他从不以此为借口耽误学习。毛泽东说:陈云有"挤"的经验,能够在繁忙的工作中挤出时间看书、学习。陈云领导的学习小组当时在延安很有名气,后来被评为"模范学习小组"。

"可称之为能"

1944 年 3 月,中央派陈云到西北财经办事处,主持陕甘宁边区财政经济工作。从这时起,陈云的经济才干得以发挥。1948 年,时任东北中央局副书记,分管财经工作的陈云,在接管工业城市沈阳的工作中,创造了许多好经验。他写出了《关于接收沈阳经验简报》报送中央,引起了毛泽东的高度重视。毛泽东对简报中关于"各按系统,自上而下,原封不动,先接后分"的具体办法很赞赏,指示全党要学习沈阳接收经验。

中共七届二中全会前,毛泽东决定调陈云回中央主持全国财政经济工作。这是 1949 年 5 月,周恩来催陈云速来中央工作的电报

1949 年,随着辽沈、平津、淮海三大战役的相继告捷,夺取全国胜利已是指日可待。毛泽东等主要领导人齐聚西柏坡,为即将诞生的新中国描绘蓝图。一个迫在眉睫的问题是如何收拾国民党在经济上留下的烂摊子,尽快恢复经济。周恩来向毛泽东提议:调陈云回中央主持财经工作。这个建议一经提出就得到了毛泽东和其他中央领导人的赞同。1949 年 2 月 6 日,毛泽东致电东北:请陈云来中央一叙。几天后,陈云赶到西柏坡,与毛泽东、周恩来、刘少奇、朱德等进行彻夜长谈。最后,陈云责无旁贷地承担了此项重任。

7 月 2 日,中央财政经济委员会正式宣布成立,陈云任主任。他深入调查研究,把上海作为统一全国财政金融、稳定物价的突破口。他用政治和经济两种手段同不法资本家进行斗争。在近 10 个月的时间内,他夜以继日,亲自布置和指挥了“银元大战”和“米棉大战”,采取统一掌握货币发行,统一管理财政收支,统一调度粮食进出,同时,加强征收公粮以掌握大量粮食,集中物资以控制煤炭、纱布及食盐供应等一系列有力措施,给投机资本以歼灭性打击,稳定了全国市场物价,制止了恶性通货膨胀。毛泽东高度评价这一胜利的意义“不下于淮海战役”。他对于陈云的理财能力极为称道,曾对薄一波说:陈云同志有这样的能力,我在延安时期还没有看得出来,可称之为能。毛泽东还顺手在纸上写下一个“能”字。他是借用诸葛亮在《出师表》里叙述刘备夸奖向宠的用语,来赞赏陈云的理财之能。

“我看陈云同志行”

为了适应社会主义建设的需要,加强党的集体领导,1953 年下半年,毛泽东提出中央领导班子分成一线、二线。根据这一意见,刘少奇考虑试行中央各部部长集体办公制度。高岗、饶漱石认为这是实现他们权力野心的好机会,因此急于向党发难。高岗让陈云向毛泽东转达他主张让林彪担任部长会议主席的意见,遭到陈云拒绝;他又找陈云谈判,说:要搞副主席就多搞几个,你一个,我一个。陈云感到问题很严重,他再次拒绝高岗后找到邓小平,一起向毛泽东反映高岗的问题。

1954 年 2 月,中共召开了七届四中全会,揭露和解决高、饶篡党夺权问题。陈云在会上严肃批评高、饶的反党分裂活动,希望他们改正错误。在总结高、饶事件的教训时,陈云指出:要防止出现野心人物,防止闹乱子,最为关键的是“高级干部要提高革命警惕,提高革命嗅觉”。以后,毛泽东在七届七中全会第三次会议上谈到关于设中央副主席和总书记的问题时说:“至于陈云同志,他也无非是说不行、不顺(指让陈云当副主席而言)。我看他这个人是好人,他比较公道、能干,比较稳当,他看问题有眼光。我过去还有些不了解他,进北京以后这几年,我跟他共事,我更加了解他了。不要看他和平得很,但他看问题尖锐,能抓住要点。所以,我看陈云同志行。”

"有时真理是在少数人手里"

　　1955 年夏季,毛泽东提出要加快农业合作化的发展速度,批评中央农村工作部的计划是"小脚女人""右倾机会主义"。在这样的政治气氛下,农业合作化运动的进程形成了超高速发展的猛烈浪潮,同时整个国民经济建设都出现了层层抬高数量指标,忽视综合平衡发展的冒进势头,这一现象很快引起了周恩来和陈云的重视。为了避免出现重大失误,从 1956 年开始,陈云在周恩来领导下,主张建设规模要和国力相适应,以及国民经济在既反保守又反冒进中稳步发展的方针。毛泽东对周恩来、陈云反冒进主张有意见。从 1957 年 9 月党的八届三中全会开始,毛泽东开始了反"反冒进",在多次会议和谈话中批评陈云。为了顾全大局,为了维护毛泽东的威信,维护党内团结,陈云不止一次地作检讨。虽然批评陈云反冒进,但毛泽东仍然让陈云主持财经工作。

　　1958 年 11 月至 12 月,毛泽东主持中共八届六中全会,纠正"大跃进"和人民公社化运动中已经觉察到的"左"倾错误。右起:邓小平、陈云、周恩来、毛泽东、刘少奇、朱德、林彪

　　由于批评"反冒进",全国出现了比 1955 年年底的冒进势头更为严重的冒进局面。1958 年 8 月,中央政治局北戴河会议公报号召:"为生产 1070 万吨钢而奋斗!"头脑清醒的陈云深知这个指标难以完成,他还向胡乔木建议:不要把具体数字写入公报。此后,陈云也多次向毛泽东提出许多正确建议,但毛泽东听

不进去。

1958年秋冬之间,毛泽东开始对"大跃进"出现的问题引起注意。这年11月间,他在郑州会议上带头提出并要求纠正他已察觉到的"左"倾错误。1959年4月,他在党的八届七中全会上说:"不能每天高潮,要波浪式前进。"当陈云看了八届七中全会公报仍把不切实际的钢、煤、粮、棉高指标写进了公报时,他对毛泽东说:"不应该把这些指标写进公报,这样会很被动。"毛泽东听了认为这个建议有道理,对陈云说:"有时真理是在少数人手里。"

18."谁敢横刀立马？唯我彭大将军"

——毛泽东与彭德怀

山高路远坑深，大军纵横驰奔。

谁敢横刀立马？唯我彭大将军！

这首诗是毛泽东对能征善战、战功卓著的彭德怀的高度赞扬。毛泽东和彭德怀在漫长的革命斗争岁月里，结下了深厚的友谊。转战陕北时，全党早已叫惯了"毛主席"，唯独彭德怀偶尔还要直呼一声"老毛"。他大概是党内改口最晚的一位。在中央核心领导人中，唯有彭德怀敢于与毛泽东正面争论，一辩是非，虽不免有时使毛泽东不快，但毛泽东对他仍然委以重任，而彭德怀也是"真诚地、发自内心地"尊崇毛泽东的领袖地位。彭德怀曾说自己对毛泽东的认识是由革命队伍里的大哥，进而看作自己的老师，最后尊之为崇敬的领袖。彭德怀对毛泽东的敬仰一直到生命的最后一刻也没有改变。

1945 年，毛泽东和彭德怀在延安

君子协定

抗日战争时期，为打破敌人在华北的"囚笼"政策，任八路军副总司令的彭德怀指挥了百团大战，历时 3 个月，给日军以重创。毛泽东为之叫好，打电报给彭德怀说："百团大战真是令人兴奋，像这样的战斗是否还可组织一两次？"

然而，延安整风和党的第七次代表大会期间，彭德怀受到了过火的批评，感到很恼火，委屈很大，特别是他指挥的百团大战被一些人指责为"不听中央命令""没有组织纪律""为蒋介石出力"等。经周恩来安排，彭德怀到毛泽东的窑洞里和毛泽东谈心。

于是，毛泽东、周恩来、彭德怀三人坐在一起，互相交谈。毛泽东平静地说："咱们定下个君子协定：第一，把话讲透；第二，可以骂娘；第三，各自检讨，不准记仇，不得影响工作。"彭德怀点了点头。周恩来笑着接过话头，说："君子协定的第一条是把话讲透，不要错过这个机会哟。"

"那好，言不透，意不明，话不说完心不静。"彭德怀耿直地说，"说我老彭有错误我都能听下去，说我老彭有个人野心，反对你，是帮助蒋介石，杀了老子的头，我也不认账！"

毛泽东说："我先给你作检讨。造成这样的后果，责任全在我，事先没向你通气，事后也没向你作解释，这也是老同乡我的不对。百团大战是无可非议的。从组织手续上讲，你战前对军委有报告，当时军委和我个人也同意了。如果讲到缺点的话，那就是军委回电未到，你就提前行动了。但这也是可以理解的嘛。若说有错，首先错误在我，我不但同意了，给你发了电报，还向你提出过这样的大战役是否可以多搞几次。"

听了毛泽东的这番话，彭德怀积郁在心里的不解及埋怨顿时消失了。他感激地说："同志间的了解、信任胜过最高奖赏，有主席这席话，就是现在叫我去死，也是死而无憾了。你还是了解我的，倒是我对你有误会，甚至有埋怨情绪，还要请你原谅，我是个粗人呀！"

"不！你是一个有勇有谋、智勇双全的将领，在革命处在危难关头，你都是站在正确路线一边，这不仅是对我个人的支持，也是帮助了革命。好吧，请你多给我提点意见吧。"

彭德怀耿直地毛泽东说："那好，对你，我只有一条意见，会前应该给我老彭打个招呼，叫我也有点思想准备。"

彭德怀最后说了一段意味深长的话："你毛泽东，我彭德怀，他周恩来，我们在党内都要自觉地接受党的监督和约束,办任何事都要从党和人民的利益出发,我们谁也不能头脑发热、独断专行、随心所欲。否则的话,势必给党和人民造成无可挽回的损失。如果发生了这种反常的事,那么对我们来说,就是欠了党和人民的债,是有罪的啊。"

毛泽东被彭德怀的话深深地打动了,他握住彭德怀的手,说:"你讲得太好了,我建议将你的这个观点,写到我们的党章里去,恩来同志,你不反对吧?"

周恩来立即回答道:"我举双手赞成!"

"我替岸英求个情"

彭德怀在朝鲜前线

1950 年 6 月,朝鲜战争爆发,鸭绿江边起烽火。为确定抗美援朝大军统帅的人选问题,毛泽东曾颇费脑筋,从对援朝部队的熟悉情况讲,林彪无疑是最佳人选,毛泽东最早也是愿意林彪挂帅出征的,林彪却称病拒绝。对此,毛泽东很失望:"总不能让他没生病吧? 不过,我看他的病是这里——害怕打不赢麦克阿瑟,失了他'林总'的威信,他的脑袋里有病……"在这种情况下,毛泽东急电尚在西北的彭德怀回京受命。几十年的征战，毛泽东对彭德怀的脾气摸透了，知道此人只要觉得有理，天王老子也不怕，也深知他无私无畏，作战勇猛，敢于临危受命。

"山高路远坑深，大军纵横驰奔。谁敢横刀立马？唯我彭大将军！"现在，朝鲜的山不可谓不高，路不可谓不远，沟不可谓不深，美国的坦克正纵横驰骋——那么谁敢横刀立马呢？林彪不行，"谨慎有余，胆力不足"！毛泽东把目光投向了彭德怀，果然不出毛泽东所料，彭德怀慨然承召，临危受命，就任中国人民志愿军司令兼政委，率领大军"雄赳赳、气昂昂"地跨过鸭绿江……

就在彭德怀离京准备入朝的前一天，毛泽东设宴招待彭德怀，为他出国送行，江青因事外出，作陪的只有一个人——毛泽东的长子毛岸英。

1950年，毛泽东在中南海寓所与儿子毛岸英亲切交谈

席间，毛泽东指着毛岸英对彭德怀说："我这个儿子不想在工厂干，他想跟你去打仗，他要我批准，我没有这个权力，你是司令员，你看要不要收他这个兵？"

彭德怀当时一愣，说："去朝鲜有危险哟，美国飞机到处轰炸，你还是在后方嘛，搞好建设也是抗美援朝嘛！"

毛岸英一见彭德怀这样说，有些着急："彭叔叔，你让我去吧！我在苏联时候当过兵，参加过跟德国鬼子作战，大反攻，一直攻到柏林！"

彭德怀转向毛泽东,用询问的目光看着他,毛泽东明白了彭德怀的意思,笑着说:"我替岸英求个情……"

"那好嘛!"彭德怀爽朗地说,"我收下你……不过,你要听从我的安排。"

"行,干什么都行,只要能上前线!"毛岸英高兴地回答。

"你不是会俄语吗？你就留在我司令部当翻译吧!"彭德怀说。

头一次和美国人作战,国内崇美、恐美的人不少,而毛泽东决定把爱子送上前线,这本身就是一种大无畏的姿态,是对彭德怀最大的信任和支持。

20 世纪 50 年代中国人民志愿军总部人员在毛岸英墓前默哀

"那么,我这酒——"毛泽东举起酒杯说,"是为你们两个人饯行喽! 还是用一句老话吧,祝你们旗开得胜,马到成功!"

彭德怀喝下了那杯酒……

然而不幸的是,毛岸英在 1950 年 11 月 25 日一次敌机空袭中遇难。彭德怀异常悲痛,几天几夜吃不下饭、睡不好觉。后来,彭德怀回国向毛泽东汇报完工作时,他心情沉重地说:"主席,我没有保护好岸英,我有责任,我请求处分!"

毛岸英的牺牲,沉重地震撼着毛泽东的心灵。他既是一位领袖,也是一位感情极丰富的父亲。当彭德怀内疚地对他谈起没有照料好岸英时,毛泽东久久地沉默着,一支支地抽着烟,抬头凝望着窗外那已经肃杀的柳枝,轻轻地念叨着

《枯树赋》：

　　昔年种柳，依依汉南。今看摇落，凄怆江潭。树犹如此，人何以堪！

　　毛泽东长长地叹口气，深沉地回忆着岸英短暂的一生。稍停，毛泽东昂起头，轻轻地走了几步，激昂地说：

　　革命战争，总是要付出代价的。岸英是一位普通的战士，为国际共产主义事业献出了年轻的生命，他尽了一个共产党员应尽的责任。为了反抗侵略者，中国人民志愿军前仆后继，牺牲了成千上万的优秀战士。岸英就是属于牺牲了的成千上万革命烈士中的一员。不要因为是我的儿子就当成大事。不能因为他是党的主席的儿子，就不应该为中朝两国人民共同的事业而牺牲。世上哪有这样的道理呀！哪个战士的血肉之躯不是父母所生？

　　毛泽东的理解和安慰使彭德怀深为感动。关于毛岸英遗体安置问题，彭德怀向周恩来提出，可否如毛泽东一贯所强调的那样：岸英是中国人民志愿军中的一位普通战士，把毛岸英的遗体安葬在朝鲜？这一想法，得到了周恩来的赞同，毛泽东也称赞彭德怀做得对，做得好。

19."刘伯承是条龙,能把红军渡过江"

——毛泽东与刘伯承

刘伯承骁勇善战、足智多谋,在军事理论上造诣精深,建树颇多。然而刘伯承从不自傲,尤其是对毛泽东,他更是诚心佩服、虚怀若谷。他在50寿辰的"自铭"中说:"我自己的一生,如果有一点点成就,那是党和毛主席的领导所给我的。离开党,像我们这些人,都不会搞出什么名堂来的。因此,我愿意在党的领导下,做毛主席的小学生,为中国人民尽力。"从这质朴的语言中,不仅显示出刘伯承不夸功、不骄矜的伟大人格,更流露出他对毛泽东的敬重之情。实际上,他也一直把"做毛泽东式的军人"当作自己的追求目标。

"派刘伯承和恽代英来指挥红军"

刘伯承最先受到毛泽东的影响,是在他因领导和参加南昌起义失败到了苏联之后,当刘伯承在莫斯科得知毛泽东率领着秋收起义的部队上了井冈山,在中国开创了革命根据地时,十分兴奋,感到革命有了新希望。1929年春,刘伯承在别人手里得到了毛泽东的《中国的红色政权为什么能够存在?》和《井冈山的斗争》这两篇文章,如获珍宝。读罢,他曾无限感慨地对同志屈武说:"《中国的红色政权为什么能够存在?》这篇文章,打开了我的眼界,增强了我的信心。看来,中国革命的前途是光明的。而从《井冈山的斗争》这篇文章中又可以看出,国内的斗争还是非常困难的。我很想现在就回国,上井冈山,和朱德、毛泽东一起去战斗!"

摄于 1915 年的刘伯承照片

1930 年的初夏,刘伯承结束了在苏联伏龙芝军事学院的学习深造,秘密回国。在上海,刘伯承向周恩来提出想尽快回到苏区,去和毛泽东并肩战斗的愿望。1931年11月初,刘伯承受党中央和中央军委的委派,到了江西中央革命根据地。对于刘伯承的到来,毛泽东非常高兴和欢迎。刚到根据地不久,毛泽东就让刘伯承担任了中央红军学校的校长兼政治委员。办好红军学校,是当时红军军队建设紧急而有着长远意义的重要任务。毛泽东把这项任务交由刘伯承负责,表明了他对刘伯承的极大信任。而这种信任,毛泽东早些时候就曾经表露过。1929年,当中央想调毛泽东和朱德离开红军去上海工作时,毛泽东就向中央讲道:“根据地和红军建设之重要,不应忽视。如果非要毛泽东、朱德离开根据地,应速派刘伯承和恽代英来指挥红军。”

“刘伯承是条龙,能把红军渡过江”

长征开始后,红军被动挨打,损失惨重。人们开始逐渐认识到毛泽东战略的正确,并最终接受了毛泽东提出的向敌人力量薄弱的贵州前进的建议。为实现这一计划,刘伯承被重新任命为中央军委总参谋长兼军委纵队司令,参加长征的指挥工作。在这期间,毛泽东多次委托刘伯承指挥关键战斗,也非常赞赏他的组织指挥能力。突破乌江、智取遵义、四渡赤水、巧渡金沙江、强渡大渡河等战役,就是毛泽东和刘伯承亲自组织和指挥的。

1935年5月,刘伯承、聂荣臻遵照毛泽东、朱德的命令,率领中央红军先遣队通过彝民区,夺取渡口过河。26日中午,刘伯承正为这大渡河架不起桥来犯愁时,参谋报告:“毛主席、朱总司令、周副主席来了。”刘伯承听到毛泽东等人亲自到来,为最高统帅亲临指挥十分高兴,立即亲自到村头迎接,陪同他们到先遣司令部休息。午饭时,刘伯承特意用缴获的米酒进行招待。其间,毛泽东端起大碗米酒高兴地说:“祝贺先遣司令和干部战士们!”接着幽默地问起刘伯承:“诸葛亮七擒七纵使孟获心服,你怎么一下子就说服了小叶丹呢?”刘伯承谦虚地说:“主要是我们严格执行了党的民族政策。”毛泽东又问:“你跟小叶丹结拜真的跪在地上起誓吗?”刘伯承说:“那当然,彝人最讲义气,他看我诚心诚意,才信任我们。”毛泽东又问:“那彝人下跪是先跪左腿呢,还是先跪右腿呢?”这下把刘伯承给问住了。周恩来岔开话题说:“后续部队通过彝族区时,小叶丹举旗出来欢迎,伯承、荣臻他们简直把彝区赤化了。”朱德说:“先遣队逢山开路、遇水搭桥,功劳不小。”听到这里,刘伯承答话:“总司令先别论功行赏,我正为这大渡河架不起桥来犯愁呢。”接着他详细汇报了渡河和架桥的情况。经过研究,毛泽东归纳大家的意见说:“那好,我们兵分两路。一师和干部团在这里渡河,为右纵队,归刘、聂指挥,循大渡河左岸前进;林彪率一军团二师和五军团为左纵队,循大渡河右岸前进。两岸部队互相策应,溯河而上,夺取泸定桥。假如两路不能会合,被分割了,刘、聂就率部队单独走,到四川去搞个局面。"在毛泽东的言语中充满了对刘伯承的信任。难怪毛泽东在渡过金沙江后,曾风趣地对周恩来和朱德说:"前几天,我们一些同志还担心,怕我们渡不过江去,被人家挤上绝路,当时我就对恩来、朱德同志讲,没关系,四川人说刘伯承是条龙下凡,江水怎么挡得住龙呢? 他会把我们带过去的。"

长征路上的大渡河

"希望你速来京主持筹建陆大"

新中国刚刚成立不久,毛泽东、朱德和周恩来就都考虑到:在现代战争条件下,部队军政素质的高低和战斗力的强弱,在很大程度上取决于对部队军官培训质量的好坏,所以,办军事院校,应该选拔卓越的军事将领去主持。毛泽东、朱德和周恩来几乎同时想到了刘伯承。1950 年,毛泽东给远在西南的刘伯承写了一封亲笔信,让他把西南的行政工作移交给邓小平、贺龙负责,尽快到北京领导筹建陆大。刘伯承看了毛泽东的信,遂立即到京复命。

按毛泽东的设想,陆军大学的校址选在北京,但刘伯承考虑到国家正值经济恢复时期,新建一所正规大学会给国家带来负担,况且,等校舍竣工,又要拖延一定的时间。于是,刘伯承向中央建议,以南京华东军政大学的校址为陆军大学的校址,刘伯承的建议得到了毛泽东的批准。在筹备陆军大学的时候,刘伯承认真研究了毛泽东的指示及意见,对创建陆军大学有了比较成熟系统的设想和计划。11月13日,刘伯承向毛泽东呈送了《关于创办军事学院的意见书》的报告,建议将中国人民解放军陆军大学改名为中国人民解放军军事学院,毛泽东批准了这个建议。

1951年1月中国人民解放军军事学院院长刘伯承在学院成立大会上致辞

刘伯承任中国人民解放军军事学院院长兼政委,历时7年。毛泽东高度评价了刘伯承所做的这一开创性工作,认为他对正规化、现代化的军队建设作出了重要贡献。1952年春天,毛泽东到南方视察,听了刘伯承军事学院的汇报,说了两句意味深长的话:"延安有个清凉山,南京有个紫金山。"毛泽东以南京比延安,以学院比抗大,是对刘伯承创建的军事学院的极高赞誉和勉励。

1956年1月,毛泽东视察军事学院,前排左五刘伯承、左六陈毅、左七毛泽东

20. "我当你的保皇派"

——毛泽东与贺龙

贺龙是杰出的军事家,在战场上奇功迭建。毛泽东欣赏贺龙如火似铁的性格,爱憎分明,坦荡直爽,即使在"文化大革命"的动荡年代,毛泽东也曾力保"二方面军的旗帜"。对于贺龙晚年的不幸结局,毛泽东自认为"要负责的",一再表示要"翻案",并亲自出面为贺龙平反。

"我是你的老板,你是我的前哨"

毛泽东认为贺龙是一位传奇式的人物,一位农民起义军的领袖和英雄。毛泽东领导秋收起义,在进行"三湾改编"时,还用贺龙两把菜刀闹革命的故事鼓舞士气。1937 年洛川会议根据国共谈判协定,红军改名为国民革命军第八路军,辖一一五师、一二九师、一二〇师。贺龙被任命为一二〇师师长,政委是关向应。

1938 年,在山西岚县的贺龙

此时华北局势危急。日寇侵占平津后,分三路向华北进攻,企图夺太原,威胁平汉线和山东,完成对全华北的占领。深入华北敌后游击战,必须寻求战略支点——晋西北、晋东北、晋东南。毛泽东的目光凝视着晋西北。

贺龙被毛泽东的秘书叫来了。毛泽东的食指在晋西北处来回地画着弧线。贺龙俯身看地图,不解地望着毛泽东。毛泽东说:“晋西北的西边是陕甘宁边区,既是屏障,又是通往华北各地的要道。”贺龙茅塞顿开:“主席,您的意思是……”毛泽东燃起一支烟,摆手制止了贺龙:“我就晓得你鬼精哩。我在陕北,中央在陕北,我是你的老板,你是我的前哨。”“主席,我一定守好中央的门户。您这个老板也不轻松呀!”

1941 年和 1942 年,日寇疯狂地一次次“扫荡”“清乡”“蚕食”,晋绥根据地在缩小,情况日益恶化。毛泽东对贺龙说:“要想些法子,把敌人挤出去。”贺龙领会了“挤”的含义,只用一年时间,“挤”掉敌伪据点 138 个,摧毁敌伪政权 881 个,收复村庄 3108 个,解放人口 36 万,建立民主政权 555 个。消息传到延安,毛泽东喜出望外,当即给贺龙发出一纸电报:“挤得好!打出威风八面来。”

“毛主席下令,我干!”

1952 年,毛泽东物色体委负责人,周恩来、邓小平马上想到了贺龙,旋即向

1959 年 5 月,贺龙(右四)与毛泽东(右三)、刘少奇(右一)等在中南海观看乒乓球运动员的表演

毛泽东推荐。毛泽东征求贺龙的意见,贺龙满口答应说:"周总理、邓小平点将,毛主席下令,我干!"11月,贺龙被任命为中华人民共和国体育运动委员会主任。由贺龙管体育在当时是最合适不过的,是众望所归。

为庆祝中华人民共和国建国十周年,检阅我国体育运动的成绩,进一步推动群众体育运动的发展,1959年9月,在北京举行了第一届全运会。在全运会开幕前夕,贺龙知道毛泽东要出席开幕式,就一遍遍地亲自检查由休息室到主席台的通道,仔细观察通道和台阶的情况,直到他认为安全了才放心。就在贺龙审查试走通道时,不慎从台阶上摔下来,跌伤了腿。医生让已60岁的贺龙卧床养伤,贺龙说:"全运会就要开幕了。党分工让我管体育,到时候我给主席当向导,带路。按摩好得快,痛点怕什么?"全运会开幕那天,贺龙的腿伤还没好,但他忍着伤痛一跛一拐地紧跟在毛泽东身边,小心地护卫着毛泽东安全地走上了主席台。事后,贺龙风趣地说:"我是毛主席的老战士,任务就是保卫毛主席嘛!"贺龙对毛泽东的一片赤心,令人感动。

"我当你的保皇派"

毛泽东和贺龙(1960年)

"文化大革命"期间,林彪一伙炮制了一个所谓"8·25"反革命事件,要追"后台",把矛头指向了贺龙。由林彪在空军的死党吴法宪出面,诬蔑贺龙是"黑线人物","要篡党夺权"。毛泽东收到诬告信后把贺龙找去,把信交给他看。毛泽东见贺龙没戴眼镜,关心地说:"不要急,慢慢地看。"等贺龙看完了,他笑着说:"不要紧张,我对你是了解的。我对你还是过去的三条:忠于党、忠于人民,对敌斗争狠,能联系群众。"贺龙很坦然,他向毛泽东请示:"是不是找他们谈谈?"毛泽东摇摇头,指着信说:"有什么好谈的!"他还风趣地说:"我当你的保皇派。"1966 年 9 月 10 日,按照毛泽东的指示,贺龙与林彪谈话。贺龙明确坚定地告诉林彪:"谁反对毛主席,我就反对谁。"9 月 19 日,毛泽东告诉贺龙,问题解决了,没事了。12 月 28 日,政治局开会,毛泽东亲切地和贺龙打招呼,叫他到前面坐。贺龙坐在毛泽东的身边了。

在贺龙受迫害的日子里,他经常想起毛泽东。一天,他终于对妻子薛明说出了他反复想过却不想说的话:"他们硬是想把我拖死。杀人不见血。我不死,我要活下去,和他们斗一斗!"他说:"我相信党,党和人民是了解我的,毛主席总有一天会说话的!"

1971 年林彪叛国出逃自取灭亡后,中央对贺龙的问题进行复查。毛泽东、周恩来、朱德等老一辈无产阶级革命家,都非常关心贺龙的平反昭雪。一次会议上,当谈到贺龙时,毛泽东连声说:"翻案,翻案,翻案!"1974 年中共中央发出为贺龙恢复名誉的通知,推倒了林彪一伙强加在贺龙身上的一切诬蔑!1975 年 6 月 9 日,周恩来带病参加了中央举行的"贺龙同志骨灰安放仪式"。周恩来在悼词中说:"在毛主席、党中央的领导下,贺龙同志几十年来为党、为人民的革命事业曾作出重大贡献。在他的一生中,无论在战争年代或是解放后,他是忠于党,忠于毛主席革命路线,忠于社会主义事业的。"

21."陈毅是个好同志"

——毛泽东与陈毅

陈毅豁达大度、为人豪爽,是毛泽东能够与之敞开胸怀的不多的几个人之一,也是在毛泽东面前最无拘无束的几个人之一。他们一起共事45年,有巨手相握时激动人心的相会,也有互道珍重的分别,无论相会还是分别,他们在内心深处都时时刻刻想着对方。他们性格不同,脾气相左,一个沉稳,一个豪放,然而却相处得十分融洽。

"做一个政治家,必须锻炼忍耐"

1943年10月,由于饶漱石给毛泽东、刘少奇发电报,诬陷陈毅召集会议,公开批评政治部、华中局和他个人,并挑拨毛泽东、刘少奇和陈毅的关系。

陈毅一贯富于自我批评精神,他向中共中央负责人发报,检讨了自己说话随便等错误和缺点,电报结尾力求团结。陈毅的报告,很快得到了毛泽东的回复,要求陈毅参加七大,七大后回华中。

陈毅到达延安,受到毛泽东等中共中央领导人的热情欢迎。一见到毛泽东,除要系统汇报工作外,还有满腹委屈急需倾诉。

然而,毛泽东却给陈毅浇了冷水:"如果你谈三年游击战争的经验,谈华中抗战的经验,那很好,我可以召集一个会议,请你谈三天三夜。至于与小饶的问题,我看还是不要提,一句话也不要提。关于这件事,华中曾经有个电报发到中央来。这电报在,如你要看,我可以给你看,但是我看还是暂时不要看为好。"

陈毅说:"那我就不看,华中的事也就不谈。"

毛泽东说:"我欢迎你这个态度。"

虽然如此,陈毅心中仍然有着一个疙瘩。毛泽东自然心中有数。他对陈毅说:"经过一个礼拜的考虑,我以为你的基本态度是好的。你现在可以给华中发一个电报,向他们作一个自我批评。我也同时发一个电报去讲一讲,这个问题就打一个结,你看如何?"

陈毅诚恳地说:"这样好,我照办。"

陈毅马上向饶漱石和华中局、军分委各同志发了电报。毛泽东阅后,也起草了一份电稿,一同发往华中。

饶漱石收到电报后,第二天上午以他个人名义给毛泽东回电,电文主要一段内容如下:

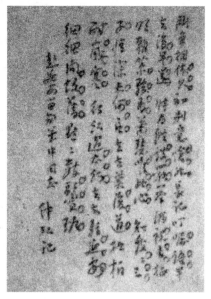

1943 年 11 月,陈毅作《赴延安告别华中诸同志》诗稿

"陈和我的争论,既非属于重大路线,也非简单属于工作关系性质,而是由于陈同志在思想意识、组织观念仍有个别毛病。他对统一战线,对文化干部,对某些组织原则,仍存有个别右的观点。对过去历史问题,存若干成见,且有时运用很坏的旧作风,这些陈同志来电有隐约说到,所以我去电欢迎。但似乎尚欠清明,帮详告与你,以便你给他帮助。"

他还告诉毛泽东,他另外给陈毅复电了。饶漱石对毛泽东的电报尚且如此,对陈毅电报的复电就可想而知了。

陈毅正患感冒,看到饶回复他的电文,十分气愤,提起笔来就给毛泽东写了封信。毛泽东看过陈毅的信,决定给他降降温,让他通通气,便回信开导:

"……来信已悉,并送少奇同志阅看。凡事忍耐,多想自己缺点,增益其所不能,照顾大局,只要不妨大的原则,多多原谅人家。忍耐最难,但做一个政治家,必须练习忍耐,这点意见,请你考虑。"

之后,毛泽东又约陈毅面谈。陈毅表示:"本来我的气很大,你这样一讲,我也没有什么意见了。"毛泽东听后高兴地笑了。

在与毛泽东频繁的接触中,陈毅思想上发生了很大的变化。12 月 1 日,他写了封信给毛泽东。毛泽东看完信后立即回信陈毅,鼓励与希望的感情跃然纸上:

"你的思想一通百通,无挂无碍,从此到处是坦途了。随时准备坚持真理,又随时准备修正错误,没有什么行不通的。每一个根据地及他处只要有几十个领导骨干打通了这个关节,一切问题就可迎刃而解。整个党在政治上现在是日见成熟了,看各地电报就可以明了。"

"陈毅是个好人"

西行

万里西行急,乘风御太空。

不因鹏翼展,哪得鸟途通?

海酿千钟酒,山栽万仞葱。

风雷驱大地,是处有亲朋。

《西行》是毛泽东为陈毅修改的诗,基本立意属于陈毅,经毛泽东改后,从形式到内容都有很大提高。

毛泽东对陈毅的诗非常赞赏。陈毅也非常珍爱毛泽东的诗词,经常把毛泽东诗词手稿拿给孩子们学习。1960年春,他利用休假时间,把毛泽东诗词37首工工整整地抄录下来。1971年年初,陈毅身患重病,多次住院都把毛泽东写给他的信带在身边。夫人张茜整理他的诗稿时,陈毅曾嘱咐,要按主席的指示精神去办。

1971年11月,毛泽东身患重病,经全力抢救脱离危险,身体一直没复原,双脚浮肿,已经长久足不出户了。1972年1月6日,陈毅因病溘然长逝。1月8日,毛泽东签发了中央送审的有关陈毅追悼会的文件。1月10日下午3时,陈毅追悼会在八宝山革命公墓举行。1月10日午饭后,照例要小睡一会儿的毛泽东显得有些烦躁,过了一阵,他问现在是什么时间。工作人员告诉他:"现在是一点半。"他马上说:"调车,我要去参加陈毅同志的追悼会。"

这时,毛泽东还穿着睡衣,下身是一条薄毛裤。身边的工作人员拿了他平时见客时的那套灰色的"毛式"服装要给他换。他说:"不要换了。我套在睡袍外面就行了。"再穿制服裤时,他便不让穿了,只穿着薄毛裤出门。

毛泽东下车后没看到张茜及其子女,他边走边对身边工作人员说:"去问问张茜同志和她的孩子来了没有,来了就请他们来。"当张茜到大厅,毛泽东这里已经围坐了许多领导同志了。毛泽东看到张茜欠身并站起来相迎,却被张茜阻止了。张茜满脸泪痕哽咽着:"主席,您怎么来了?"毛泽东看到张茜悲咽,也凄然泪下。他握着张茜的手,请她坐在自己身边,说:"我是来悼念陈毅同志!陈毅同志是个好人,是一个好同志,陈毅同志是立了功劳的,他为中国革命、世界革命做出了贡献,这已经做了结论嘛!陈毅同志是执行中央路线的。陈毅同志是能团结人的。"

张茜看到毛主席能来参加陈毅的追悼会,心情特别激动。"陈毅不懂事,过去反对过主席。"毛泽东打断张茜,不让她讲下去,说:"不能这么说,也不全怪他,他是个好人。"说完之后,毛泽东又问及孩子们的近况。

谈话快结束时,张茜关心主席:"主席,您坐一下就回去吧。"毛泽东摇头说:"不,我也要参加追悼会,给我一个黑纱。"于是有人把一块宽宽的黑纱戴在毛泽东的大衣袖子上。

追悼会开始,周恩来站在陈毅遗像前致悼词。毛泽东站在队伍的前列,静静地听着。最后,毛泽向鲜红的党旗覆盖下的陈毅的骨灰盒深深地三鞠躬。

追悼会结束后,毛泽东再次握着张茜的手告别,久久没有松开。张茜还有许多老同志一直把毛泽东送到汽车前。

这也是毛泽东最后一次参加他的同志、战友和朋友的追悼会。

1972 年 1 月 10 日,毛泽东抱病前往八宝山,参加陈毅追悼会。图为毛泽东在同陈毅夫人张茜谈话

22. "国有疑难可问谁?"

——毛泽东与罗荣桓

罗荣桓被毛泽东称为一辈子共事的人。在十大元帅中,随毛泽东参加九月秋收起义,一起上井冈山的战友,唯罗荣桓一位。罗荣桓在与毛泽东36年共同的革命生涯中,结下了深厚的情谊,在他辞世前的最后一句话还在说:"我革命这么多年,选定了一条路,就是要跟着毛主席走。"

"他非常老实"

抗日战争初期,八路军准备开赴抗日前线,党中央、毛泽东规定,家属不准随队前往。为此,毛泽东曾专门把罗荣桓的夫人林月琴召去谈过一次话,向林月琴介绍了罗荣桓参加革命的历史,对罗荣桓给予了高度评价。毛泽东说,罗荣桓老实,原则性强。说到井冈山时期罗荣桓任连党代表时,毛泽东说:"为什么让荣桓去当党代表呢? 就是因为他老实。"而且毛泽东还认为:他非常老实,又很善于总结经验,对是非、对错鉴别得特别分明。毛泽东还说:在与王明"左"倾冒险主义错误的斗争中,罗荣桓表现了坚定的原则性,遭到撤职。虽蒙受冤屈,但他始终坚持共产主义信念,仍旧老老实实地为党工作。毛泽东又说,罗荣桓能顾全大局,一向对己严,待人宽,政治工作就需要这样的干部。当然,老实人也免不了受人欺负,这也没什么,历史总会

1938 年春,罗荣桓与林月琴在山西孝义

正确评定一个人。在世界上要办成几件事,没有老老实实的态度是不行的。我

们共产党人都要做老实人。毛泽东还问林月琴:荣桓爱吃辣椒,你们一起生活是否习惯? 并夸奖林月琴:"长征路上你是宣传员,提着石灰桶刷标语,动员人家送郎参军,今天你自己要送郎上前线!"不难看出,毛泽东和罗荣桓这一对战友,彼此是多么熟悉、知心。

林月琴从毛泽东处回到家后,向罗荣桓说起了同毛泽东见面的情景,罗荣桓听后十分感动。但他不善于流露感情,只是把毛泽东的关怀和褒誉深深埋进心底,加紧了开赴抗日前线的准备工作。临分别那天,罗荣桓才对林月琴说:"我走了,你留在延安好好学习、工作。我们都是共产党员,记住毛主席的话,永远做老实人,忠诚于党的事业。"

无微不至的关怀

在紧张的战斗生活中,由于操劳过度,1942年冬罗荣桓的身体垮了下来。一连十几天没有得到很好的休息,罗荣桓觉得腰酸腿疼,他以为是疲劳缘故,并未注意。一天晚上,罗荣桓从屋里出来解手,尿出许多血。医生劝罗荣桓卧床休息,停吃辣椒,服用消炎药。

当毛泽东得知罗荣桓的病情后,十分惦念,很快发来电报,指示:身体重要,能否到新四军检查治疗。1943年4月,由原第一一五师卫生部长谷广善和夫人林月琴陪同,去新四军军部治疗。虽说新四军条件比鲁南强,但要查出病因仍很困难。于是有同志建议罗荣桓化装成商人,到上海去做彻底检查,并当即向中央请求,中央回复同意。到第二天,突然接到毛泽东的一个急电,指出:罗荣桓身上有枪疤,易被敌人发现,不宜去上海。当时,罗荣桓、林月琴及在场的工作人员心情都十分激动,他们没有想到毛泽东对同志会关怀得这样无微不至。

对于罗荣桓的病,毛泽东始终念念不忘。1944年2月,毛泽东写信给罗荣桓,对他的病情予以关心:

荣桓同志:

你的病况,中央同志大家关心。因来电所述病情甚为严重,故我们复电在山东医治,如不可能则去上海,实含若干冒险性质。究竟近情如何,是否完全不可能在山东医治,又是否完全不可能来延安而非去上海不可。如果去上海又如何去法,均望详告。

辽沈战役前夕,罗荣桓率部进军大连,刚一进城,毛泽东的电报就来了,催促罗荣桓到医院检查。当毛泽东知道检查结果是肾癌,需要手术时,又担心大连医院不可靠,亲自布置如何手术。

罗荣桓与林月琴、孩子及工作人员合影

1946 年 7 月下旬,罗荣桓因肾病赴苏联莫斯科治疗,被切除了右肾。苏联医生建议他休养 3 年,罗荣桓予以谢绝,于 1947 年 5 月下旬回国。

1949 年罗荣桓在天津视察时病倒了。他这时已经切除了右肾,又有高血压、心脏病、动脉硬化,经过辽沈、天津两大战役的紧张工作,身体再也支持不住,一次在同人谈话时,突然晕倒。中共中央和毛泽东很快就知道了罗荣桓的病情,决定派中央书记处的保健医生黄树则赴天津为罗荣桓治疗。临行前,毛泽东专门给罗荣桓写了一封亲笔信,托黄树则带交。在信中,毛泽东要罗荣桓在天津安心养病,暂时不要随军南下,可回北京治疗。毛泽东用"留得青山在,不愁没柴烧"来安慰罗荣桓。黄树则到天津后,将毛泽东的亲笔信转交罗荣桓,罗荣桓立即拆阅,深为毛泽东的关怀所感动。

1963 年年初,罗荣桓病重住进了医院。12 月 5 日,他的病情恶化,到了中旬罗荣桓经常处于昏迷状态。有一次他从昏迷中苏醒过来,看着床前的夫人林月琴和孩子们,他拉着林月琴的手,只是说:"我死以后,分给我的房子不要再住了,搬到一般的房子去,不要特殊。"他又对身边的孩子们说:"爸爸留给你们一句话:坚信共产主义这一伟大真理,永远干革命。"随即又昏迷过去。在昏迷中,他还在不断地重复地说:"我革命这么多年,选定了一条,就是跟着毛主席走。"

1963 年 12 月 16 日,罗荣桓的心脏停止跳动。这天晚上,毛泽东在中南海召集会议听取聂荣臻汇报十年科学技术规划。开会前,毛泽东提议大家起立默哀。默哀毕,毛泽东说道:"罗荣桓同志是 1902 年生的。这个同志有一个优点,很有原则性,对敌人狠,对同志有意见,背后少说,当面多说,不背地议论人,一生始终如一。一个人几十年如一日不容易,原则性强,对党忠诚。对党的团结起了很大作用。"

1963 年的罗荣桓

毛泽东为失去一位一辈子共事的亲密战友而十分悲痛,几天内夜不成寐,写成七律《吊罗荣桓同志》:

记得当年草上飞,红军队里每相违。

长征不是难堪日,战锦方为大问题。

斥鷃每闻欺大鸟,昆鸡长笑老鹰非。

君今不幸离人世,国有疑难可问谁?

23. "留得青山在,不怕没柴烧"

——毛泽东与徐向前

毛泽东与徐向前从1935年长征途中首次谋面,风雨同舟40余载。徐向前一直维护毛泽东的领导,对毛泽东充满了崇敬之情。毛泽东欣赏并器重徐向前在军事上的卓越才华,同时更倚重他在政治上的质朴与忠诚。"好人""老实人",这是毛泽东对他的高度赞誉。

"哪有红军打红军的道理"

徐向前同毛泽东的接触还是在长征途中。1935年6月,徐向前率领红四方面军与毛泽东率领的红一方面军在懋功会师,徐向前见到了毛泽东。但不久发生了毛泽东与张国焘关于红军是北上还是南下的激烈争论。徐向前作为红四方面军的总指挥,处境艰难。他支持毛泽东北上方针,但为了较好地开展工作又不能公开反对张国焘。徐向前的斗争策略是力劝张国焘接受北上方针,或者只管在前方打仗,尽量避免出席张国焘主持的会议。

在黄埔军校就读时的徐向前

9月9日,张国焘密电陈昌浩,示意"彻底开展党内斗争"。没料到,此电让叶剑英获悉,随即迅速转告了毛泽东。党中央、毛泽东为了安全起见,连夜带中央红军一部急速北进。此时一些受蒙蔽的红四方面军的同志急忙打电话请示陈昌浩,陈昌浩发现毛泽东的人已先期北上,心里非常着急,转而对身边的徐向前说:"红一军的人今天早上走了,我们是不是派人追他们回来,或是派一个团的兵力进行截击。"徐向前火了,斩钉截铁地说:"天下哪有红军打红军的道理!怎么说也不能打!"徐向前的一句话化解了一场迫在眉睫的血战,使毛泽东安全脱险,继续北上。然而,"文化大革命"

期间,林彪、江青以此为题,对徐向前进行诬陷和迫害。毛泽东出面制止,他为徐向前辩护说:"徐老总过去的事情不能再搞了,那是过去的事,那是张国焘的事情。"毛泽东的话,使徐向前免受了一场更大的冲击。

"留得青山在,不怕没柴烧"

1936年10月,三大主力红军在甘肃胜利会师,然而徐向前率领的西路军三万人马血洒河西走廊,几乎全军覆灭。当徐向前冲出重重包围,终于回到延安时,当时延安的议论很大,有些人埋怨徐向前把几万人马搞光了,一个光杆司令还回来干什么。这使得徐向前的精神压力很大。

在这关键时刻,毛泽东接见了徐向前。带着忐忑不安心情的徐向前来到了毛泽东的住地。毛泽东把手伸了过去,紧紧握住徐向前的手。此时的徐向前握着毛泽东那双温暖而有力的手,顿时一股暖流流进了心田,刚才在路上的疑虑与担忧也消解了一半。毛泽东招呼徐向前坐下谈。徐向前把西路军的情况仔细地向毛泽东作了汇报,并诚恳地检讨了自己的失误,请求中央处理。徐向前汇报完之后,毛泽东与徐向前一道认真分析了西路军失败的原因。毛泽东爽朗地对徐向前说:"留得青山在,不怕没柴烧。你能回来就好,有了鸡何愁没有蛋呢!"接着毛泽东热情地鼓励徐向前说:"作为一个杰出的军事家,将来不只是率领两万人马,而是率领二十万、上百万人马。

1937年的徐向前

只要有革命干部,部队还会发展起来的。"毛泽东的一席话,使徐向前感动得热泪盈眶。

毛泽东连声说:"好人! 好人!"

让谁去领导全军的"文化大革命"呢? 这确实是个问题,弄不好就会造成真正的内战,后果是不堪设想的。毛泽东思前想后,决定派徐向前担此重任。

1967 年 1 月 6 日,杨成武奉命向徐向前传达了毛泽东的指示:由徐向前任全军"文革"小组组长。徐向前人很老实,但此时没有答应,因为他知道这事实在难以胜任。杨成武说:"这是江青提议,毛主席批准的。"没办法,既然是毛主席决定的,只好硬着头皮干了。后来,徐向前见到毛泽东,当面陈述自己确实干不了,要毛泽东另选贤能。毛泽东说:"天塌不下来,你就干吧!"

上海"一月风暴"以后,全国上下迅速掀起夺权运动高潮。地方一片混乱,军队也未能幸免,军队领导同志被揪的现象越来越严重。作为全军"文革"小组组长的徐向前不能坐视不管,他采取了种种措施保护军队的一些老干部,竭力保护军队内部的稳定。徐向前找到林彪,要求搞一个规定制止混乱的军队局面,林彪当即同意。1967 年 1 月 28 日徐向前随着林彪,将自己和几位老帅一起研究制订的"八条"送去中南海给毛泽东审批。毛泽东完全同意,当场批示:"所有八条,很好,照发。"显然,毛泽东对徐向前的工作是满意的。

1967 年 2 月 8 日,周恩来在怀仁堂召开了中央政治局碰头会议,会上,以徐向前等军队老同志为一方,"中央文革"陈伯达、康生等人为一方,展开了激烈的斗争。事后,毛泽东听信江青等人之言,对事件进行了错误表态。于是,徐向前等人的正义抗争被诬蔑为"二月逆流"。八一建军节前夕,毛泽东点名要徐向前出席招待会。这对徐向前来说,多少是一些安慰。

徐向前考虑到自己早已脱离全军"文化大革命"工作,却仍挂着组长之名,名不副实。于是向毛泽东呈送了辞职报告。毛泽东批示:"我意不宜免除,请考虑酌定。"这样徐向前只好"继续挂名"。

在党的九大即将召开前夕,林彪、江青一伙为阻止徐向前等老帅出席,在社会上再度掀起反击"二月逆流"的邪风。1963 年 1 月 3 日,毛泽东亲自批示:"所有与'二月逆流'有关的老同志及家属都不要批判,要和他们搞好关系。"然而,林彪一伙在九大前夕起草政治报告时,仍坚持塞进批判"二月逆流"的内容。毛泽东说:"我对'二月逆流'的人不一定恨得起来","报告上不要讲'二月逆流'了。"

1969 年 1 月底,徐向前接到汪东兴电话通知:毛泽东让他去工厂看一看。这实际上是把徐向前下放去工厂,接受工人阶级的"再教育"。10 月,徐向前被林彪所谓的"第一个号令"疏散到开封,在那里过着半囚禁的生活。

"九·一三"事件后,林彪"折戟沉沙",毛泽东才真正地公开为"二月逆流"平反。1973 年 12 月,毛泽东把邓小平请回来,在接见八大军区司令员时,毛泽东看到了站在远处沉默少言的徐向前。他快步走上前去,紧握着徐向前的手连声说:"好人,好人!"毛泽东对徐向前这句简单质朴的评价,其实真正表达了毛

68 岁高龄的徐向前被指定到北京二七机车车辆厂（现为二七机车厂）接受工人阶级"再教育"

泽东丰富的内心世界和对徐向前的深厚情谊。

1976 年 9 月上旬，毛泽东病重期间，徐向前多次到毛泽东病床前探望。

9 月 9 日，毛泽东与世长辞。在向毛泽东的遗体告别时，徐向前泪流满面……

24. "没有你,我就没有了这个(脑壳)"

——毛泽东与聂荣臻

聂荣臻长期在毛泽东的直接领导下工作,个人之间的接触也比较多,从而彼此建立了深厚的情谊。毛泽东看重聂荣臻"老实、厚道"的性格,而聂荣臻也敬重、信服毛泽东,对毛泽东的军事思想和战略意图理解得全面、透彻,贯彻得准确、彻底。

"聂荣臻比当时的鲁智深强多了"

1937年,聂荣臻在毛泽东"目前应以全力布置恒山、五台、管涔三大山脉之游击战争,而重点于五台山脉"的战略思想的启发下,与林彪一起给毛泽东发电,建议在阜平地区创建抗日根据地。党中央、毛泽东批准了这个建议。毛泽东还指示聂荣臻:"要坚持独立自主的山地游击战争,创建抗日根据地!"

1937年年底,美国驻华武官卡尔逊率先到晋察冀边区考察
(图为聂荣臻正在向卡尔逊介绍情况)

1937年11月7日,晋察冀军区正式成立,聂荣臻担任司令员兼政治委员。他带领一班人,按党中央、毛泽东的指示,首先从军事上进行了部署。经过一年

多的征战，根据地发展到了 72 个县，面积达到 10 万平方公里，人口 1200 万，武装部队达 10 万人，另有民兵 10 多万人，成为当时敌后抗战的坚强堡垒之一。

此时，在陕北的毛泽东，很关心聂荣臻创建的晋察冀根据地，他把国际共产主义战士，加拿大共产党员，世界著名的胸外科医生白求恩派到晋察冀军区，临行前，毛泽东专门同白求恩谈话说："中国有一部很著名的小说，叫做《水浒传》。《水浒传》写了鲁智深大闹五台山的事，五台山就在晋察冀。""五台山，前有鲁智深，今有聂荣臻，聂荣臻就是新的鲁智深。"

1938 年 9 月至 11 月，聂荣臻领导晋察冀边区军民粉碎了 5 万多日军对根据地的围攻，毙伤日军旅团长以下 5200 多人，取得重大胜利。日军的"名将之花"阿部规秀被炸死。毛泽东在 10 月 5 日向聂荣臻发电报说："依靠全党全军的努力，已经创造晋察冀边区成为敌后模范的抗日根据地及统一战线的模范区。"

1938 年 9 月 25 日，聂荣臻与白求恩一起接受广州《救亡日报》记者叶文津的采访

1939 年 1 月，聂荣臻向毛泽东、党中央写了晋察冀初创时期的情况报告，内容包括发动、依靠群众，开展游击战争，建立抗日政权等内容，约 10 万字。毛泽东看后，十分赞赏。他高兴地说："我曾说过，五台山'前有鲁智深，今有聂荣臻'，不过今天的聂荣臻比当时的鲁智深强多了，有勇有谋！"毛泽东决定把聂荣臻写的报告单独编成小册子出版，还亲笔题写书名：《抗日模范根据地晋察冀边区》，并为该书作了序。他给聂荣臻写信说："你著的书及送我的一本照片，还有

你的信,均收到。这些都是十分宝贵的东西。书准备在延安重庆两处出版。"

"没有你,我就没有了这个(脑壳)"

1948 年 4 月,毛泽东等中央同志由晋西北来到了晋察冀。聂荣臻听说后很高兴。11 日傍晚,聂荣臻亲自带人将毛泽东一行接到阜平城南庄,并把两间大点的房子腾出来让毛泽东住。

毛泽东和聂荣臻住在一起,两人每天都有接触,他们经常谈一些问题。有时,毛泽东越谈兴致越浓,甚至同聂荣臻进行彻夜长谈。

一次谈完工作,已经过了午夜时分,但毛泽东却毫无倦意。他让聂荣臻搞来了一点酒,一点菜,两人边饮边谈。从土地改革问题谈到了王明路线、党内斗争、遵义会议和《关于若干历史问题的决议》,最后,毛泽东谈了对解放战争的想法。当结束谈话时,已是村里鸡鸣报晓时分了。

毛泽东对聂荣臻非常信任,把他当作自己的知心朋友。因为身体不太好,斯大林要毛泽东去苏联休养,他问聂荣臻,是去好还是不去好。聂荣臻如实地谈了自己的看法:"斯大林邀请你去莫斯科,固然是一番好意,如果主席要去的话,我们可以护送到东北。但是,如果主席征求我的意见,我觉得还是不去为好。因为根据现在的情况,护送主席去东北,一般说没有问题。不过处在战争环境,难以有绝对把握。其次是你现在的健康状况已经相当差,再长途跋涉,就更不利,请主席三思。"毛泽东听了聂荣臻的意见后,考虑了一下,便决定不去苏联了。

1948 年 5 月初的一天早晨,聂荣臻收听完广播,正在吃早饭,听到有机群的轰鸣声,这时他思想上特别警惕,因为毛泽东住在这里,他必须对主席的安全负责。

聂荣臻急忙走出院子,敌机的隆隆声越来越大,已看清有 3 架 B－25 轰炸机在城南庄上空盘旋着,于是他快步走进了毛泽东的房间。

此时,毛泽东身穿蓝条毛巾睡衣,正躺在床上休息。聂荣臻以很轻而急切的声音说:"主席,敌机要来轰炸,请你快到防空洞去!"毛泽东却非常镇静,坐起来风趣地说:"不要紧,没什么了不起的! 无非是投下一点钢铁,正好打几把锄头开荒。"

参谋长赵尔陆也来了,劝毛泽东进防空洞。可是毛泽东坐在床上,还是不愿走。聂荣臻认为时间紧急,不能迟延了,就当机立断派人取来了担架,"强行"把主席抬进了房后的防空洞。

聂荣臻和毛泽东刚进防空洞,敌人的飞机就投下了炸弹,只听轰轰几声巨响,他们驻地小院附近升起了一团团浓烟。

敌机飞走后,聂荣臻出来看到,敌机投下的是杀伤弹,小院里别的房子完好无损,只有毛泽东住的那两间房子,门窗的玻璃被震碎了,房里的暖水瓶和一些鸡蛋,都被弹片炸碎了。看到这些,他心里未免后怕起来,如果不是刚才当机立断,那么后果是不堪设想的。

1948 年 4 月 30 日至 5 月 7 日,毛泽东在城南庄主持召开中共中央书记处扩大会议。图为出席会议的部分同志的合影。右起:聂荣臻、陈毅、朱德、彭真、粟裕、李先念、蔡树藩、薄一波

此事发生后,聂荣臻进行了反复思考,怀疑内部有奸细。为了保证毛泽东的安全,他把毛泽东安排到了城南庄以北不远的一个小村子花山。毛泽东在那儿住了几天后,就转到了西柏坡。

事后,毛泽东见到聂荣臻,常指着自己的脑袋开玩笑说:"没有你,我就没有了这个。"

"荣臻是个厚道人"

"文化大革命"爆发后,1967 年 2 月前后,聂荣臻等政治局和军委的领导同志,在不同的会议上对"文化大革命"的错误做法提出了强烈的批评,因此被诬陷为"二月逆流"成员而受到压制和打击。1968 年 3 月 22 日,林彪集团制造了

"杨余傅事件",聂荣臻被指为杨成武的"黑后台"。4月7日,聂荣臻给毛泽东写了一封信,说明他对杨成武的看法和历史上同杨成武在一起工作的情况。他要求同毛泽东面谈一次。三天后,毛泽东在他写的信上批了16个字:"荣臻同志,信已收到,安心养病,勿听谣言。"聂荣臻已经明白,林彪搞这一套,并不是毛泽东的意思,同时对毛泽东一直关心他的身体也十分感激。不久后,聂荣臻见到了毛泽东,毛泽东告诉聂荣臻:如果讲杨成武的后台,第一个是我,第二个才轮到你。毛泽东的信及谈话减轻了聂荣臻对杨成武的担心,同时也使聂荣臻免去了一场灾难。

毛泽东委任聂荣臻等负责国防尖端科技的领导工作。图为聂荣臻、贺龙、罗荣桓等在陪同毛泽东观看飞机表演

1970年2月,聂荣臻因病经周恩来同意回北京治疗。五一劳动节,毛泽东在城楼上见到了聂荣臻,并询问了他的身体状况。当聂荣臻告诉毛泽东他的病情以后,毛泽东说:你不要出去了,就在北京吧,北京好治病,出去干什么。毛泽东的这番话,对身处逆境的聂荣臻来说,是一种莫大的安慰。

在整个"文化大革命"期间,聂荣臻尽管被强加了许多莫须有的罪名,受到许多不公正的待遇,但总的说来,毛泽东还是信任聂荣臻的。毛泽东不止一次地对人说:荣臻是个厚道人。

25. "诸葛一生唯谨慎,吕端大事不糊涂"

——毛泽东与叶剑英

开国十大元帅中,叶剑英素以"儒将"之名闻知于世。毛泽东对他的文韬武略颇为欣赏和器重,习惯称呼他为"我们的叶参座",更常用"诸葛一生唯谨慎,吕端大事不糊涂"相赞。叶剑英为人忠厚、和善,一切听党的安排,跟着毛泽东走,几次重大的历史转折关头,使毛泽东"化险为夷"。

"他救了党,救了红军"

叶剑英从 1931 年进入中央革命根据地,便与毛泽东相识。然而,真正使毛泽东对叶剑英有深刻认识是在长征途中。

1935 年 6 月,中央红军和张国焘率领的红四方面军在懋功胜利会师。会师后,张国焘自恃优势明显,傲气逼人,逐渐滋生了取代毛泽东和中央委员会的野心。于是,张国焘借红军是南下还是北上这一问题,与党中央之间产生了越来越大的分歧。8 月 1 日,中央决定一、四方面军混编为左、右路军。朱德、张国焘率领左路军经阿坝北进;徐向前、陈昌浩率右路军经班佑北上;中共中央和中革军委随右路军行动。

右路军到达班佑后,为了打开通往陕甘的门户,发起了包座战役,给胡宗南以有力打击,如果左路军能迅速北上,必能开创一个新的大好局面。

然而,张国焘率领左路军到达阿坝之后,不仅不北上,反而致电中央,提出要中央红军南下川康。中央复电张国焘,但张国焘拒绝执行中央的北上方针,竟然背着中央搞分裂。9 月 9 日,张国焘密电陈昌浩:"南下、彻底开展党内斗争。"企图以武力危害中央、控制党和红军的最高领导权。

密电到来的那一天,正值右路军前敌总指挥部召开干部会议,陈昌浩正在讲话,他接过电报,直接把它交给了坐在身旁的叶剑英。叶剑英看了一遍电报,不禁心头一震,顿感事态严重。他借机离开会场,带着电令跑向党中央驻地,把它交给了毛泽东。毛泽东看了,感到情况紧急,立即用铅笔把它抄下来,并告诉叶

1935 年 9 月 9 日,叶剑英在红军前敌总指挥部获取张国焘企图分裂和危害中共中央的密电,立即向毛泽东报告。图为当时红军前敌总指挥部驻地——四川潘州

剑英处境危险,要赶快回去,提高警惕,以防万一。

毛泽东、张闻天、博古、周恩来、王稼祥等中央领导召开紧急会议,一致确定党中央和一、三军团立即北上的方针。

与此同时,叶剑英到前敌总指挥部作战科,找到副科长吕继熙(吕黎平),要了一份当时唯一的十万分之一的甘肃省地图,以备党中央和一、三军团北上时急用。

党中央、毛泽东在北上之前,考虑到叶剑英的安全,通知他迅速离开前敌指挥部。但想到军委纵队同志的安危,叶剑英毅然决然地留了下来。

究竟怎样把军委纵队的同志带走?叶剑英急中生智,决定利用张国焘要求南下的电报,以"打粮"准备南下为由,把大家带走。

9 月 10 日凌晨,军委纵队出发"打粮"了。叶剑英巧妙地安排军委纵队的直属队撤回三军团,将全军唯一的一张甘肃省地图交给了军委秘书长萧向荣,并嘱咐他千万要保管好。

最后,叶剑英与约好的杨尚昆会合,趁夜黑动身前往三军团。毛泽东见到叶剑英高兴地说:"哎呀!剑英同志,你出来了,好!好!现在情况,我们不能在此停留,应立即向俄界前进,与一军团会合。"

9 月 12 日中午,中共中央在甘肃俄界召开政治局会议,严厉谴责张国焘违背党中央指令、分裂红军的罪恶行为。叶剑英在同张国焘的斗争中,及时地揭露了张国焘妄图危害党中央和分裂红军的阴谋,巧妙地率领军委纵队北上,使党中央和中央红军脱离了险境。新中国成立以后,毛泽东仍念念不忘,多次提到此事,并且赞扬叶剑英是:"诸葛一生唯谨慎,吕端大事不糊涂。""叶剑英同志在关键的时候是立了大功的。""剑英这一功,永不忘记。"

1967年夏天,毛泽东视察大江南北,曾与杨成武谈及此事,他摸着自己的脑袋风趣地说:"叶剑英同志在关键时刻是立了大功的。如果没有他,就没有这个了。他救了党,救了红军,救了我们这些人。"

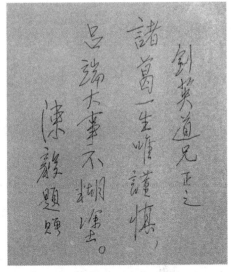

毛泽东对叶剑英获取张国焘密电一事,曾赞扬叶剑英"诸葛一生唯谨慎,吕端大事不糊涂。"图为1964年12月18日陈毅将毛泽东的这句话题赠在叶剑英笔记上的手迹

"此人有些文化"

毛泽东与叶剑英既是战友,也是诗友,他们之间对对方的诗词互相倾慕、互相推崇。毛泽东很欣赏叶剑英的诗词和诗才。1965年夏天,叶剑英曾写了一首七律《望远》,内容是:

> 忧患元元忆逝翁,红旗飘渺没遥空。
> 昏鸦三匝迷枯树,回雁兼程溯旧踪。
> 赤道雕弓能射虎,椰林匕首敢屠龙。
> 景升父子皆豚犬,旋转还凭革命功。

诗成后,叶剑英将诗呈送毛泽东批改。毛泽东阅后大为赞赏,除了将题目改为《远望》外,其余只字未动,随即推荐给《光明日报》的副刊《东风》发表。毛泽东72岁寿辰之际,毛岸青和邵华前去祝寿,毛泽东当即挥毫,一字不错地背抄此诗,并将该诗一字一句地讲给他们听。其中毛泽东非常欣赏"景升父子皆豚犬,旋转还凭革命功"两句。

后来,毛岸青和邵华特将毛泽东录写的《远望》原件送给叶剑英,并附信写道:"叶伯伯,记得1966年元旦前我们去看望父亲,父亲挥毫录写了《远望》诗一首,以教育、鼓励我们革命。"叶剑英十分高兴,将原件送到荣宝斋裱糊起来,以留纪念。

1975年5月,毛泽东同在京的中央政治局委员谈话,谈到"长沙水""武昌鱼"以及"孙权搬家南京"的典故,突然要叶剑英背诵辛弃疾的《南乡子》。叶剑英未假思索,脱口而出。毛泽东听后十分满意,指着叶剑英说:"此人有些文化。"

叶剑英对毛泽东的诗词也十分喜爱。早在延安时代,他就将毛泽东的诗奉为上品,经常吟诵传抄。新中国成立后,1957年1月,《诗刊》第一次公开发表了毛泽东的18首诗词,叶剑英读后兴奋至极。虽然许多篇他早已熟悉,但仍反复吟诵,爱不释手。在一次人民代表大会上,作家刘白羽取出经毛泽东修改过的胡乔木诗词的校样来看,叶剑英看见后提出借看。刘白羽向他推荐毛泽东修改的原稿,告诉他凡是改过的地方特别气度不凡,高出一筹。叶剑英听了,急切地说:"你把那原稿送给我看一下,一定!"刘白羽连夜送给他,他连夜看完又送回去,感叹地说:"一字千金呀!"

1976年9月8日,毛泽东处于弥留之际,全体中央政治局委员守候在毛泽东的病房,依次看望他,准备作最后的诀

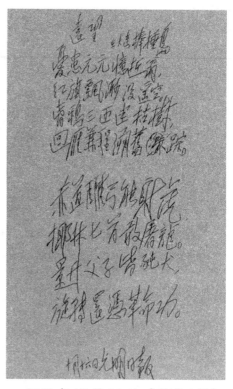

1965年10月16日,《光明日报》发表叶剑英诗《远望》。图为毛泽东录这首诗的手迹

1968年,毛泽东和叶剑英在北京

别。当时,毛泽东意识尚清醒,双目微睁,看到了站在他面前的“叶参座”。他的眼睛突然亮了起来,并且活动手臂,轻轻招呼。可当时叶剑英心情沉痛,泪眼模糊,并未察觉毛泽东的轻微动作。走出病房后,护士跑出来说:“首长,主席招呼你去。”叶剑英立即返回病床前。毛泽东睁大眼睛注视着叶剑英,握住叶剑英的手,努力想说什么,但已说不出话了。

9月9日,毛泽东与世长辞。悲痛中的叶剑英陷入深深的思索:毛泽东为什么第二次招呼我呢? 他还有什么嘱托? 答案不得而知。

1977年5月,叶剑英在《八十书怀》一首七律中饱蘸深情地写道:“八十毋劳论废兴,长征接力有来人。导师创业垂千古,侪辈跟随愧望尘。亿万愚公齐破立,五洲权霸共沉沦。老夫喜作黄昏颂,满目青山夕照明。”对毛泽的崇敬之情跃然纸上,溢于言表。

26."洛甫这个同志是不争权的"

——毛泽东与张闻天

张闻天与毛泽东既有事业上的密切合作,也有私人间的交往,彼此间还有些恩恩怨怨。他一生光明磊落,胸怀宽广,从不文过饰非,曾赢得毛泽东的赞誉:"洛甫这个同志是不争权的。"

"在遵义会议上是和我合作的"

1934年,博古将张闻天派到中央政府工作,任中华苏维埃共和国人民委员会主席,企图以此来排斥毛泽东、架空毛泽东。然而,博古对张闻天的这种组织安排,却促进了张闻天与毛泽东的交往和联系,他们共同在政府工作,相互间从不熟悉到熟悉,从不了解到了解,许多看法和做法上也逐渐趋于一致。

在中央苏区,张闻天和毛泽东住处仅一墙之隔。当毛泽东受到不公正的批判和处理后,他毫不气馁,而是利用一切可以利用的机会做工作,影响和争取周围的同志。逐渐地,张闻天感到毛泽东不仅知识渊博,经验丰富,而且善于从实际出发解决问题,其意见总是高人一筹。于是,张闻天主持人民委员会开会时,总要邀请毛泽东出席,并认真听取他的意见和建议,做结论时也总是尊重毛泽东的意见。在工作实践中,张闻天还认真学习毛泽东的工作方法,他对毛泽东关心群众,联系群众,深入基层调查研究的工作方法最为欣赏。

1934年9月,毛泽东因过度疲劳,高烧不止。张闻天得知后,立刻通知医生从瑞金来给毛泽东治病,使毛泽东的病情很快好转。毛泽东养病期间,张闻天还多次前往探望。每次毛泽东见到他都格外高兴,话也特别多。张闻天与毛泽东接触越多,思想观点就越接近,而与"左"倾错误领导的分歧也越大。

长征途中,毛泽东同王稼祥、张闻天经常在一起分析形势,议论第五次反"围剿"中博古、李德在军事领导上所犯的错误,说服他们支持自己的正确主张。

长征出发时,经毛泽东提议,他和张闻天、王稼祥三人在一起行动。经常互相谈心,毛泽东从理论与实践上科学地分析"左"倾军事路线的错误及危害。张

闻天为人正派,是真理就坚持,是谬误
就坚决反对,一切以党的利益为重。
就这样,张闻天在毛泽东的启发下,在
政治局内开始了反对博古、李德的
斗争。

1935年1月遵义会议上,张闻天
所作的报告是他和毛泽东、王稼祥合
作的成果。报告严厉地批判了党和红
军的领导人在第五次反"围剿"战争
中,在军事指挥上的一系列错误,彻底
否定了"左"倾军事路线。张闻天的
报告为毛泽东的发言奠定了基础。

毛泽东在发言中,对张闻天的报
告给予了充分肯定和高度评价。他

毛泽东和张闻天(左一)在一起

说:"洛甫说出了红军指战员长久以来没有说出的心里话。"他批评博古在向大
会报告中谈到的第五次反"围剿"失败的主要原因是敌强我弱等观点,认为第五
次反"围剿"失败的主要原因是军事指挥上和战略战术上的错误。

毛泽东的发言与张闻天的报告相互配合,与博古的报告形成了鲜明的对照,
使会场形成两种军事战略、两条军事路线斗争的局面。在这历史性的重要时刻,
王稼祥第一个发言支持毛泽东。张闻天表态赞同毛泽东的发言,并极力主张改
变军事指挥者。他认为,用马列主义解决中国革命问题,还是毛泽东行。因此,
他旗帜鲜明地提出,现在必须由毛泽东出来领导。会议根据毛泽东的发言,委托
张闻天起草《中央关于反对敌人五次"围剿"的总结决议》,并于2月8日经政治
局会议通过后印发。决议着重总结了第五次反"围剿"失败的经验教训,重新肯
定了毛泽东根据战争实践经验总结出来的一系列正确的战略战术的基本原则。

当时张闻天身居中央政治局常委和书记处书记的要职,在中央政治局的地
位是举足轻重的,他站在毛泽东的一边,对会议的胜利召开起到了重大影响。
1969年,在中共九大上,毛泽东仍然念念不忘此事,他说:"张闻天在遵义会议上
是和我合作的。"

遵义会议后,中央没有一个统一的领导,群龙无首,新的战略方针无法实施,
必定会给革命造成损失。为此,毛泽东、周恩来、张闻天等政治局的一些领导同
志开始酝酿更换博古职务的问题,但由谁来接替博古的职务?据周恩来后来回
忆,当时大家的意见是毛泽东。但是,毛泽东本人坚决不同意。他认为最合适的

人选是张闻天。他有两点考虑：一是张闻天对错误的军事路线进行了尖锐的批评，他有头脑、有水平、有能力，在党内有地位，又能团结人，党的总负责人应当由他担任；二是张闻天是从莫斯科回来的，第三国际那里也好交代。此后，张闻天代替博古在党内负总责，任总书记。

"完全站在一条战线上"

1935年10月，红军到达陕北后，毛泽东、周恩来、彭德怀在前线布置粉碎蒋介石对陕北根据地的"围剿"，张闻天则在瓦窑堡继续主持中央日常工作。他审时度势，根据当时民族矛盾上升，阶级关系发生变化的情况，及时地把从内战到抗战的转变问题提到了议事日程。为此，他亲自起草或主持制定了大量宣言、决议、决定和撰写发表了许多文章，阐述建立党的抗日民族统一战线问题。张闻天还随时写信或发电报给毛泽东，详告情况并征求意见。

12月12日，中央政治局召开瓦窑堡会议。会议在讨论统一战线中是否联合民族资产阶级问题时发生了激烈的争论。博古不同意毛泽东关于民族资产阶级的分析。他引用斯大林的话，中间势力是最危险的。毛泽东论证了民族资产阶级参与统一战线的可能性，并尖锐地质问博古：难道这样做（指联合民族资产

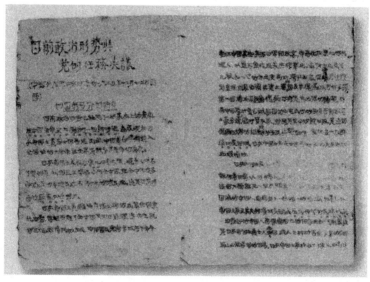

瓦窑堡会议通过的《目前政治形势与党的任务决议》

阶级)就是对祖宗不忠,对祖先不孝吗? 在争论激烈的情况下,张闻天支持了毛泽东,坚定地站在了毛泽东一边,他以党中央总负责人的身份在总结中充分肯定了毛泽东的正确意见,并综合毛泽东的战略思想、党的历史教训和与会同志的意见,起草了《中央关于目前政治形势与党的任务的决议》。

会后,毛泽东在党的活动分子会议上,作了《论反对日本帝国主义的策略》报告。张闻天起草的瓦窑堡会议决议和毛泽东的报告充分体现了党关于建立抗日统一战线的策略思想,标志着党的民族统一战线思想的形成。党的抗日民族统一战线的形成同样也包含着毛泽东、张闻天之间的革命友情。张闻天在1943年的《整风笔记》中回忆说,在1935年召开的瓦窑堡会议上,他与毛泽东是"完全站在一条战线上"。

"洛甫这个同志是不争权的"

1938年9月14日,中共中央政治局召开会议,王稼祥传达了共产国际指示的季米特洛夫的意见,认为:中共中央领导机关要以毛泽东为首解决统一领导问题,领导机关要有亲密团结的空气。张闻天根据上述精神,在六届六中全会期间,曾十分诚恳地向毛泽东提出,推举毛泽东为党中央总书记。

1938年9月至11月,张闻天出席在延安举行的党的扩大的六届六中全会。图为全会主席团成员合影,前排左起:康生、毛泽东、王稼祥、朱德、项英、王明;后排左起:陈云、博古、彭德怀、刘少奇、周恩来、张闻天

对于张闻天的要求，毛泽东经过全面的考虑，认为当时还不是提出这个问题的时候，他要张闻天继续担任下去。他曾几次对张闻天说："洛甫，你是'明君'——开明之君，党中央总书记继续由你担任吧。"张闻天向来尊重毛泽东的意见，所以没有坚持己见。不过虽然没有把书记一职让掉，但在会后"主动让贤"，将工作逐渐转移给毛泽东，并且将中央政治局会议地点也移到杨家岭毛泽东住处，一切重大问题都由毛泽东作结论。中央政治局会议虽由张闻天主持，但一般都是毛泽东作结论。中央签发的文件、电报等，署名顺序也由原来的"洛、毛"改为"毛、洛"。为此，曾招来一些人的讥讽，张闻天却坦然地说："真理在谁手里，就跟谁走。"毛泽东在同王震谈话时曾说："洛甫这个同志是不争权的。"张闻天知道此事后，高兴地说："这是对我的最好评价。"1943年3月20日，中共中央政治局会议通过《中共中央关于中央机构调整及精减的决定》，推举毛泽东为政治局主席，负责主持中央日常工作，张闻天正式离开了中央总负责的职位。

1945年5月2日，在中国共产党第七次全体代表大会上，张闻天诚恳地检讨自己在相当长的时期内，尤其是从六届四中全会到遵义会议前的时间内执行"左"倾路线以及存在脱离实际、脱离群众、缺乏自我批评的错误。最后，张闻天说："我以后必须以虚心的态度，以郑重与谨慎的态度来在实际行动中学习毛泽东同志的思想作风，以达到真正为人民服务的目的。"大会全体代表对张闻天的发言给以热烈的掌声。5月24日，毛泽东在全体会议上说："有些犯过路线错误的同志作了很好的自我批评，这些自我批评，我们大会代表都一致地欢迎！"6月10日，他就选举问题作大会发言，当讲到遵义会议时，他大声地说："同志们，遵义会议是一个关键，对于中国革命影响非常之大。但是，大家要知道，如果没有洛甫、王稼祥两个同志从第三次'左'倾路线分化出来，就不可能开好遵义会议。同志们把好的账放在我的名下，但绝不能忘记他们两人。"随后在七大上，张闻天当选为中央委员，在七届一中全会上，又当选为中央政治局委员。

27. "天塌下来，有他顶着"

——毛泽东与罗瑞卿

从1949年到1959年，罗瑞卿担任了共和国首任公安部部长。在罗瑞卿十年的公安工作生涯中，有一项十分重要的内容，那就是保卫中央领导同志，首先是毛泽东的安全。罗瑞卿也因此被称为毛泽东的"大警卫员"。

"罗长子"的由来

1929年3月，中央军委派罗瑞卿从上海到闽西，参加当地游击队的武装斗争。不久，这支游击队与朱德、毛泽东率领的红四军会合。在一次干部会上，毛泽东注意到了罗瑞卿，看到这位同自己差不多高的长人，便问道："你是北方人吧？""我是四川南充人。"罗瑞卿回答。毛泽东略微惊讶："哦，川湘子弟身材大

1943年冬，毛泽东到南泥湾视察。右一为罗瑞卿

都不高,可你我都是长子。"从此以后,罗瑞卿便得了"罗长子"的外号。

新中国成立后,每个五一劳动节和十一国庆节,在天安门广场,白天要组织游行,晚上有焰火晚会。毛泽东到场后,罗瑞卿就站在毛泽东的身后,负责保卫毛泽东的安全。毛泽东常常风趣地说:"罗长子在我身边,天塌下来,有他顶着。""罗长子往我身边一站,我就感到十分放心。"这些话充分表现了毛泽东对罗瑞卿的信任。

首任公安部部长

1949年4月,时任华北军区政治部主任兼第十九兵团政委、太原前线总前委第一副书记的罗瑞卿,与周士第一起,代理病中的徐向前指挥部队解放了太原。5月中旬,当部队正准备挥师继续前进时,毛泽东致电罗瑞卿"请来中央一叙"。6月初,罗瑞卿向继任政委李志民交代了工作,与司令员杨得志等话别,与赴青岛休养的徐向前同乘火车到达北平。

几天后,周恩来找他谈话,要他出任即将成立的中央人民政府的公安部部长(政府建立之前归军委建制)。罗瑞卿提出,希望随军作战,认为由中共中央社会部部长李克农出任更合适。周恩来对他说:"各人有各人的事,李克农有李克农的事。"并告诉他,此事中央已经决定,"今晚毛主席还要接见你,你就不要再提上前线的事了。"

随后,毛泽东在香山双清别墅接见了罗瑞卿,一见面毛泽东就说:"听说你不愿意干公安部部长,还要去打仗?现在要建立新的国家政权了,我们都不干,都还去打仗,那行吗?"就这样,罗瑞卿就正式地辞去了军队的职务,成为共和国首任公安部部长。

把一位高级将领从解放战争的战场上召回来,委以组建中华人民共和国公安部和公安部队的任务,可见当时保卫新生政权安全的任务是多么急迫,全国社会治安状况是多么严重。党中央决定让罗瑞卿担任新中国首任公安部部长,不仅因为他既能征善战,又懂政治工作,而且他早在红军时期就担任红一军团和红一方面军保卫局局长,长征中一路保卫党中央,任八路军野战政治部主任时曾领导开展锄奸侦察工作,显示了卓越的保卫工作才干。

新中国成立前在很长的一段时期里,党习惯使用军队来完成实质性的任务。但是新中国成立后要想建立一个初步稳定和平的社会环境不得不倚重于公安这个准军事的力量。公安变成了一支举足轻重的重要队伍。在这种情况下,毛泽东对公安工作的方针、政策、队伍建设等亲自过问,非常关心。对于毛泽东指出的在工作中的失误和疏忽,罗瑞卿都铭记在心,立即改正。

　　1950 年八九月间,毛泽东向李克农表示,对公安部不向他写报告很不满意。罗瑞卿知道后立即去见毛泽东接受批评。毛泽东问他:“为什么不给我写报告?”罗瑞卿答:“写了报告了。”毛泽东严厉地说:“既然写了,拿我的收条来。”罗瑞卿立即说明:已经报总理转呈主席了。周恩来知道后,马上向毛泽东报告:“公安部的一些报告压在我那里,没有及时向主席报告。”为罗瑞卿承担了责任。

20 世纪 50 年代初,罗瑞卿在北京

　　毛泽东又对罗瑞卿说:“报告今后要直接送给我。你那里有些什么文件,可以送给我看看。”罗瑞卿立即把当时即将召开的经济保卫工作会议文件送给毛泽东。毛泽东在这一文件上批示:“保卫工作必须置于各级党委的绝对领导下,否则是危险的。”这一批示从此就成为公安工作的指导方针。

　　罗瑞卿领导下的公安部还很快完备了直接向中央,尤其直接向毛主席本人请示报告的制度。从 1950 年到 1956 年,罗瑞卿亲自向毛泽东和党中央写的工作报告就有二百八十多件。周恩来对于公安部的请示报告观点明确,材料充分而又简明扼要十分称赞,并曾要求其他部门向公安部学习。

五十岁学游泳

　　罗瑞卿不会游泳,也一直没有下决心学游泳,后来发生了一件事深深触动了他,使他下决心非学会游泳不可

　　毛泽东有一个愿望,就是要游遍祖国的大江大河。1956 年初夏,毛泽东突然生出想到长江游泳的念头,当时,在毛泽东身边的罗瑞卿、王任重、汪东兴听了都坚决反对。他们认为长江水流急有旋涡,游泳太危险。特别是当其他的人见毛泽东态度执拗,语气有所缓和时,罗瑞卿偏偏还较真儿地反复申明不能冒这个险。游泳的好兴致遭到了破坏,毛泽东不免烦燥,对罗瑞卿说:“你不让我游泳,

1953 年 2 月 18 日,毛泽东(左五)与罗瑞卿(左四)等在武汉东湖

无非就是怕我死在那个地方嘛！你怎么知道我会淹死？"这一问,使罗瑞卿十分不安地解释说:"保证您的安全是党和人民交给我的任务,所以我不能让您冒一点风险。"但毛泽东还是坚持要游,罗瑞卿没辙了,亮出最后一招:"这事得向中央请示汇报后,才能决定!"毛泽东脾气也上来了:"你向谁汇报请示,中央主席就是我!"那次闹到谁也挡不住了,罗瑞卿只好同意毛泽东的意见,先派人去探探水的情况。罗瑞卿本想在报告水情上做点文章,但在毛泽东面前还是通不过。毛泽东终于尽兴游了长江。

但是游泳之后,毛泽东的气还没消。他对罗瑞卿说了几句一般人难以承受的话:"你不是说有危险吗？有什么危险？还不是你自己不懂水性！所以你不敢游！连泳都不会游的人,还能指挥军队？"毛泽东这一激,使罗瑞卿发奋学会了游泳。

这时罗瑞卿已年过五十,要学会游泳也不是轻而易举的事。他回到北京,立即开始。天冷时在室内游泳池练,夏天在北戴河海滨浴场练。经过艰苦努力,终于学会了游泳。1959 年罗瑞卿陪毛泽东到韶山,毛泽东在韶山水库游泳,罗瑞卿也敢下水了,毛泽东高兴地说:"你也会游泳了。"

　　1960 年毛泽东在过生日前夕,对他的部分亲属和身边工作人员说:“今天在座的,受过我批评最厉害的是汪东兴同志,除他之外,还有罗瑞卿同志。我骂过他们,要他们从房子里滚出去。”“我狠狠地批评了他们。但是他们从来不恨我。听罗瑞卿说,这些批评对他来说是有好处的,这样能使他谨慎小心一些。罗瑞卿说,就是因为受过我的严厉批评,他就谨慎些嘛。他和汪东兴都是部长、副部长一级的干部,批评后没有什么嘛。而有的同志,我还没有那么批评他,只是稍微批评他一下,他就怀恨在心,大概要恨我几十年、一辈子吧!”

　　由此可见,罗瑞卿一直是把毛泽东看成老师和长辈,忠心耿耿,心悦诚服,恭恭敬敬。而毛泽东对罗瑞卿虽然有过许多严格甚至严厉的批评,但口气就像家长对自己的子弟或者老师对自己最亲近的学生,反而显示出对罗瑞卿的信任。

28. "你要做拉不断、扯不折的'牛皮糖'"

——毛泽东与杨尚昆

抗战胜利后不久,杨尚昆被任命为中央书记处办公厅主任,而这一干就是 20 年。新中国成立后,杨尚昆身为中央办公厅主任,就是中南海的大总管,负责六处三室,联系着东西南北中、党政军民学,工作千头万绪。在中办主任这一特殊而重要的岗位上工作如此长时间,足见杨尚昆的工作能力和毛泽东对他的信任。

采访毛泽东

1933 年年初,杨尚昆在临时中央宣传部工作,给临时中央宣传部部长张闻天当助手。当时,宣传部最重要的工作就是办好党的一刊一报:一刊是《斗争》,一报是《红色中华》。1933 年 4 月下旬,身为《红色中华》报编辑的杨尚昆采访了毛泽东。

毛泽东和颜悦色地问杨尚昆:"你是什么地方人呢?"

"四川潼南。"

毛泽东点点头,然后又若有所思地问:"你们四川有一位杨闇公,你知道吗?"

杨尚昆有些激动:"他是我的四哥。"

毛泽东所说的杨闇公,是中国共产党四川地方委员会的首任书记,1927 年 4月不幸被捕,英勇就义,牺牲时年仅 29 岁。他的慷慨就义给毛泽东留下了十分深刻的印象,也让毛泽东对他的革命英雄主义气概赞赏不已,更对他崇敬有加。

毛泽东欣慰地对杨尚昆说,革命先烈还有这么一个年轻有为、革命不懈的胞弟,他的事业后继有人。通过这番对话,杨尚昆和毛泽东彼此之间的感情在无形中拉近了许多。

杨尚昆也进一步说明了此次访问毛泽东的目的。他向毛泽东汇报说:"《红色中华》要发表一篇关于夏耕运动的社论,这篇文章应该怎么写才好?"毛泽东的兴致很高,侃侃而谈。他告诉杨尚昆应该怎么写,写些什么内容。谈得很详细,也很具体。杨尚昆聚精会神地聆听着,心领神会。杨尚昆后来在他的回忆录里写道:那篇文章的思想内容实际上是毛主席的。杨尚昆和毛泽东就这样结识了。

要做"牛皮糖",不要当"玻璃"

1935年6月,中央红军与红四方面军在懋功、两河口一带胜利会师。两军会师的热烈气氛还没有消散,就产生了战略方针上的分歧:中央主张北上,张国焘则坚持西进。这一分歧在6月26日召开的政治局两河口会议上明朗化。此后的两个月内,在政治局芦花会议、沙窝会议上,张国焘以"提拔新干部"和解决统一指挥的"组织问题"为借口,步步紧逼,向党要权,酿成严重的党内危机。

沙窝会议后,杨尚昆被调到陈昌浩为主任的总政治部当副主任。临走前,杨尚昆去毛泽东的住处看望他。毛泽东对杨尚昆说:"你本来就是总政治部的副主任,调你去,顺理成章,你和陈昌浩又是中山大学的同学,有点老关系。"毛泽东还语重心长地叮嘱杨尚昆说:"你到那里,要强调一个'韧'字。你要做拉不断、扯不折的'牛皮糖',软不拉几地富有韧性;切记不要当'玻璃',一敲就碎,一碰就破裂,那样就不好工作啦!"毛泽东比喻恰当、妙趣横生的几句话,使杨尚昆豁然开朗,明白了此次新任工作的重要性并掌握了其中的要领。

杨尚昆在向接替他职务的李富春同志交代了工作后,带着100多名干部到陈昌浩那里去报到。杨尚昆这个"牛皮糖"天天到陈昌浩那里去坐坐,随时了解陈昌浩的动向。

1935年9月8日,张国焘突然致电给陈昌浩和徐向前,要他们立刻带着所有右路军部队南下,来电由张国焘单独署名。这是要改变中央三令五申的北上方针,并且要挟持中央一起南下。这一举动令人感到空气里弥漫着浓重的火药味。这天下午,杨尚昆正好到三军团的医院里去探视病中的周恩来和王稼祥。在返回驻地的路上,碰到了毛泽东、张闻天和博古三人。他们下马后,毛泽东简要地向杨尚昆交代说:"张国焘不安好心,要右路军南下,我们决定单独北上,你快回去找叶剑英和罗迈,走时把总政治部的干部带出来。"毛泽东还特别叮咛道:"你要小心又小心啊!"

当晚10点,杨尚昆派警卫员去通知李伯钊(杨尚昆的夫人)等人。谁知警卫员走错了路,等警卫员把信送到时,陈昌浩已经发觉杨尚昆一行人的动向,便当即将李伯钊和送信的警卫员连同宣传部的人员全部扣留,裹胁南下,并把他们当作奸细进行了审查。

毛泽东在中共七大会议休息时同杨尚昆(前排左二)等交谈

后来,毛泽东知道了杨尚昆的警卫员和夫人李伯钊在那天晚上被陈昌浩扣留的事情后,担忧之余不免风趣地说道:"尚昆,你是赔了夫人又折兵啊!"一年后红四方面军再次和中央红军会合时,李伯钊才回到杨尚昆身边。

"毛主席撤了我的职,还允许我革命"

1965 年 4 月,康生诬陷杨尚昆"背着中央私设窃听器","把大量机密文件和档案擅自提供给别人抄录,严重泄密",对杨尚昆进行"莫须有"的陷害。这样,毛泽东对包括杨尚昆在内的一部分人产生了一些怀疑。11 月,杨尚昆接到中央通知,他被免去了中央办公厅主任职务,到下面去工作两三年。到地方去工作,是杨尚昆早有的愿望。但如此突然,不免令他困惑和忧虑。3 天后,杨尚昆移交完工作,上书毛泽东,请求谈一次话。11 月 10 日,毛泽东约见了杨尚昆。

毛泽东说:"你下去,我给你个任务:第一,看中央和国务院下达的政策措施,有没有不适于当地实际情况的,如果有,你给我写个报告,提出你的意见;第二,中央各部门下达了些什么东西,有没有同中央、国务院相矛盾的,如果有,你给我理一下。就这么两个调查研究的任务。"

杨尚昆实事求是地回答说:"这是一个很大的任务,我可能完不成,我努力

　　1964 年 6 月 15 日至 16 日,毛泽东在北京十三陵水库观看北京部队和济南部队"大比武"军事表演。图为毛泽东与杨尚昆(前排左二)亲切握手

去做就是了……"毛泽东接着说:"这次主要是了解地方党政机关是不是按照中央精神结合本地实际来进行工作的,更主要的是条条下达的任务有没有互相打架的情况。我知道有些地方打架打得很厉害。"杨尚昆带着毛泽东的嘱托,登上了京广列车。在杨尚昆走后不久,中央发出通知,任命杨尚昆为中共广东省委书记处书记。

　　半年后,中共中央下达《五一六通知》,决定对所谓"彭真、罗瑞卿、陆定一、杨尚昆反党集团"进行"专案审查",杨尚昆竟成了子虚乌有的"彭罗陆杨反党集团"的主要成员。1966 年 5 月,杨尚昆接到中央通知:停止其中央书记处候补书记职务,免去广东省委书记处书记职务,改任肇庆地委副书记。在所谓的"彭罗陆杨反党集团"中,杨尚昆是唯一被任命新职务的成员。接到降职通知的第二天,杨尚昆发电报给中央:"因气候潮湿,身体不适,恳请中央考虑,调换一个工作地区,无论东北、西北、华北的基层都可以。"28 日,中央同意杨尚昆改去山西,任临汾地委书记。

　　杨尚昆后来回忆说:"'文化大革命'是逐步升温的,毛主席撤了我的职,还允许我革命,11 月 10 日那次谈话,给我布置调研任务也是诚恳的,和以后'怀疑一切''打倒一切'的做法是不同的。"

　　后来,"怀疑一切"、"打倒一切"的运动以排山倒海之势席卷全国。7 月 3

日,杨尚昆被宣布"监护审查",随即从山西被"揪"回了北京。从此杨尚昆与外界包括家属失去了一切联系。就这样,在"文化大革命"的动乱岁月里,杨尚昆受到林彪、江青一伙的残酷迫害,被监禁达 12 年之久。

尽管如此,杨尚昆对毛泽东和毛泽东思想的信仰始终没有动摇。在杨尚昆心中,毛泽东的功绩是伟大的、不可动摇的。在逆境中,杨尚昆仍然坚持学习马列主义和毛泽东思想,始终关注党和社会主义建设事业的前途和命运,忠诚于党和人民的事业,最终迎来了平反的一天。

29. "世界之友"

——毛泽东与许世友

许世友是我军历史上一位颇具传奇色彩的著名将领，他不仅骁勇善战，而且至情至性。许世友一生崇拜毛泽东，他常挂在嘴边的话是："我活着尽忠，忠于毛主席；死了尽孝，为母亲守坟。"足见其对毛泽东的感情之深。

"世界之友"

1935年6月，红一方面军同红四方面军在懋功地区胜利会师。当时红军分为左右两路军。左路军为一方面军的第一、三军团和四方面军的第四、三十军，由毛泽东、周恩来等中央政治局的大多数同志率领，以毛儿盖为中心集结，向班佑、巴西开进。许世友任第四军军长，率部担任右路军的后卫。这是许世友第一次在毛泽东等的指挥下率部作战。

不久，在红军召开的一次指挥员会议休息时，毛主席特意派人把他叫到面前，他恭恭敬敬地向毛主席敬礼后，毛主席紧紧地握着他的手，笑吟吟地说："我经常听到你的名字，没看到你这个人。你的名字是哪几个字呀？"

许世友告诉毛泽东，他在家谱上是"仕"字辈，父母便给他起名许仕友，参加红军后，学了文化，知道"仕"是做官的意思，他不愿意与那些欺压百姓的"狗官们"为友，便把仕字的单人旁去掉，改成了"士友"，他要做士兵的朋友。

许世友问毛泽东："主席，您看我这个名字改得可好？"

毛泽东爽朗地笑了："好是好，不过，咱们再商量一下，再改个字，把'士'字改成世界的'世'好不好？叫世友，世界之友哇。我们这次是北上抗日，眼光要往远看，放眼世界嘛！"

从此以后，许世友就照毛泽东说的把"士"改为"世"，许世友的名字才真正定了下来。

毛泽东为许世友松绑

红军长征胜利到达延安后,党中央决定彻底批判张国焘的错误路线。许世友痛恨张国焘的分裂主义行为,但有人要全盘否定红四方面军的历史功绩,他接受不了。有人说他"同情、包庇张国焘","反对党中央,组织反革命集团",等等,许世友因此被关押起来。但是被囚后的许世友并不承认自己反对党中央。他向人诉说:"俺许世友是个苦命伢子,是共产党挽救了俺,教育了俺,培养了俺。俺是跟着党为穷人打天下的呀!俺只是一时思想想不通罢了,怎么就说俺是组织反革命集团呢?"对许世友的问题,毛主席非常关心,亲自派人调查核实,并派周恩来、朱德等领导同志和他谈心,做他的思想工作。

一天上午,阳光格外灿烂,被关在土窑洞里的许世友忽然看到毛主席健步向他走来。毛主席亲手打开了门,又亲自为他松了绑,然后亲切地和他一起坐在炕上。许世友激动得一时分不清这是梦境还是现实。在土炕上,毛主席拉着他的手说:"世友同志,你打了很多仗,吃了很多苦,够辛苦了!我对你表示敬意。"许世友差点掉下眼泪来,他还有什么苛求呢?只求别人的理解。毛主席又说:"张国焘是党中央派到四方面军去的,他的错误应该由他自己负责,与你们这些同志没有关系。"

毛主席给许世友松绑的历史插曲,在许世友的心间打下了深深的烙印,直到毛主席逝世之前他还对身边的工作人员说:"毛泽东同志的博大胸怀,挽救了许多人,教育了一代人,使许许多多志士仁人紧密团结在党中央周围。干革命就要做到胸怀开阔,宰相肚里能撑船嘛。"

在毛泽东逝世后,许世友在纪念文章中再次饱含深情地回忆此事:"毛主席这几句话,一下子解开了我的思想疙瘩,使我感到非常舒畅,非常温暖。毛主席多么了解我们这些工农干部啊!我郁结在内心深处的苦闷情绪,给毛主席温暖的话语一扫而空。毛主席还吩咐我,要好好学习,我表示坚决执行毛主席的指示,从这一天开始,毛主席给了我新的政治生命。"

"许世友同志没有反对过我嘛"

1967 年 8 月,全国出现了"全面内战"的局面,华东地区"打倒许世友"的大字报铺天盖地。

一次,毛泽东在杭州住下后,一位当地负责人同毛泽东谈到社会上打倒许世

1958 年,毛泽东与许世友等在南京

友的事,毛泽东问:"为什么要打倒许世友呢?""大字报上说许世友一贯反对毛主席。"这位负责人的话音刚落,毛泽东的态度陡然严肃起来,说:"许世友同志没有反对过我嘛。"毛泽东主席这一公开表态,使一时不明是非的年轻人恍然大悟,许世友的处境大为改善。

1967 年 9 月下旬,中央准备召开工作会议。毛泽东看会议名单时发觉没有许世友。当了解到许世友的下落后,很快派专机把他接到中南海。许世友见到日思夜念的毛泽东,竟然泪水沾衣,第一句话就说:"毛主席啊,你快下命令吧,我许世友不要这个乌纱帽了,还是让我回家戴起草帽放牛吧。"

毛泽东看看眼前的许世友比以前瘦了许多,并且还得随行人员搀扶着,沉默片刻才说:"世友同志,你是打不倒的,怎么能丢乌纱帽呢? 你还是南京军区司令员嘛。"

毛泽东的话使许世友心头涌起阵阵暖流。于是他把心里话竹筒倒豆子似的倒了出来。最后,毛泽东又一次问他还有什么话要说,他认真思索之后说:"主席啊,现在全国的粮食并不宽裕,农村千万不能搞乱,农村一乱,老百姓就没有饭吃了,我建议农村不要搞'文化大革命'。"毛泽东听了点点头说:农村还是那句老话"抓革命,促生产",没有粮食,大家都要饿肚子。不久,毛泽东亲自签发了中共中央、国务院关于农村暂时不搞"文化大革命"的通知。毛泽东事后说:"许世友是个代表,打倒了许世友,其他大军区、杨得志、韩先楚、陈锡联、皮定均都得倒。"

后来,许世友北上进京,受到毛泽东、周恩来的特别保护,住进了中南海。许世友对此刻骨铭心。正像他常说的:"没有毛主席,就没有我许世友。"

革命情

30. "在他帮助下我才成了一个马克思主义者"

——毛泽东与李大钊

1949年3月,毛泽东和中共中央机关一起从河北西柏坡迁往北平城内。行至北平城外时,毛泽东望着北平城青灰色的城墙,又一次想起了年轻时的往事。他十分感慨地对身边的工作人员说:

三十年了!三十年前我为了寻求救国救民的真理而奔波。还不错,吃了不少苦头,在北平遇到了一个大好人,就是李大钊同志。在他帮助下我才成了一个马列主义者。可惜呀,他已经为革命献出了宝贵的生命。他是我真正的好老师,没有他的指点和教导,我今天还不知道在哪里呢!

李大钊(1889—1927年),字守常,河北乐亭人。五四运动主要领导人之一。中国最早传播马克思主义的先驱者,中国共产党创始人之一。

仰慕已久

毛泽东最早接触到李大钊的名字,是在1916年。

这时李大钊已经结束了三年留学日本的生活,回国在北京大学任职,同时正式担任了《新青年》杂志的撰述人,他积极投身于正在兴起的新文化运动,成了新文化运动的一员主将。

此时的毛泽东正就读于湖南第一师范学校,他的老师杨昌济是《新青年》的积极支持者。从1915

李大钊

年《新青年》创刊以来,杨昌济为《新青年》投稿,订阅《新青年》并在学生中间广泛传阅。毛泽东就是最热爱《新青年》的读者之一。他完全同意《新青年》提倡新文化,反对旧礼教;提倡白话文,反对文言文;提倡劳工神圣,反对剥削生活;提倡民主与科学,反对封建与专制等主张。

1916 年 9 月,毛泽东在《新青年》上读到了李大钊在日本所写的《青春》一文:

……青年之自觉,一在冲决过去历史之网罗,破坏陈腐学说之囹圄……青年循蹈乎此,本其理性,加以努力,进前而勿顾后,背黑暗而向光明,为世界进文明,为人类造幸福,以青春之我,创建青春之家庭,青春之国家,青春之民族,青春之人类,青春之地球,青春之宇宙,资以乐其无涯之生。

李大钊犀利的文笔和敏锐的思想深深地吸引了毛泽东。他对李大钊的文章尤其喜欢,经常反复阅读,并摘抄某些精辟段落,深为李大钊的革命斗争精神和进步思想所折服。李大钊也成了毛泽东所关注、仰慕、学习的对象。

马克思主义道路上的前行者

李大钊担任北京大学图书馆主任期间,花费了很大精力搜集了许多有关马克思主义学说的书籍,除自己潜心研究外,还经常指导北大的学生们。1918 年 8 月,经留法勤工俭学学会会长、北大校长蔡元培介绍,来北京组织湖南青年赴法勤工俭学的毛泽东到北大图书馆当助理员。

就是在这里,毛泽东第一次见到了仰慕已久的李大钊,并在李大钊的影响下开始接触马克思主义学说:他聆听了李大钊在北大讲演大会上发表的《庶民的胜利》的著名演说;在李大钊的文章《布尔什维主义的胜利》中,他初步接触了俄国十月革命的消息;图书馆里李大钊搜集来的马克思学说的书籍更是为他打开了一扇新的大门。毛泽东的战友李维汉后来回忆,在新民学会会员中,“毛泽东、蔡和森接受马克思主义和十月革命道路最早。他们在五四前夕,就在李大钊的影响下,开始学习和研究十月革命和马克思主义书刊”。可以说,李大钊是毛泽东接触马克思主义的领路人。

由于在图书馆工作的便利,毛泽东常向李大钊请教马克思主义学说的有关问题。尽管当时李大钊已经很有名气,但他并没有任何架子,与毛泽东聊得很投机,经常在一起谈天说地。毛泽东的不凡抱负和才干赢得了李大钊的尊重和表扬,认为他是“湖南学生青年的杰出的领袖”。在李大钊的帮助与指导下,毛泽

北京大学红楼。毛泽东在北京大学图书馆工作了半年。在这里,他见到了仰慕已久的李大钊,接触到马克思主义等各种新思潮

东先后加入了少年中国学会、新闻学研究会、北大哲学研究会等进步组织,他的思想也有了一定的变化。

十多年后,毛泽东在回顾这一段时间的经历时曾经说:"我对于政治的兴趣越来越大,思想也越来越激进。""我在李大钊手下担任国立北京大学图书馆助理员的时候,曾经迅速地朝着马克思主义的方向发展。"

1919年12月底,为了推动湖南的"驱张"运动,毛泽东代表新民学会第二次来到北平。他到北京大学看望了他的老师李大钊,向他介绍离别以后组织赴法勤工俭学以及湖南"驱张"运动的简要情况。李大钊对毛泽东的来访非常高兴,告诉了他正在筹备成立马克思学说研究会的情况,并向他介绍了一批有关共产主义和俄国十月革命的中文书籍,其中包括《共产党宣言》《社会主义史》以及考茨基的《阶级斗争》等。毛泽东后来回忆:

我第二次到北京期间,读了许多关于俄国所发生的事情的文章。我热切地搜寻当时所能找到的极少数共产主义文献的中文本。有三本书特别深刻地铭记在我的心中,使我树立起对马克思主义的信仰。我接受马克思主义,认为它是对历史的正确解释,以后就一直没有动摇过。……到了1920年夏天,我已经在理论上和在某种程度的行动上,成为一个马克思主义者,而且从此我也自认为是一个马克思主义者了。

志同道合的革命战友

李大钊对毛泽东的杰出抱负和才干十分欣赏,在毛泽东从事革命活动时,他总是尽可能地从各个方面给毛泽东以热忱的帮助和支持。

1919 年 7 月,毛泽东主编的《湘江评论》在湖南正式创刊。它的创办受到李大钊等主编的《新青年》《每周评论》的热切关注。毛泽东在《湘江评论》上发表的《民众的大联合》一文,在国内进步青年中引起了强烈的反响。文中深刻地指出劳动人民是人类社会每次变革的真正动力,人民群众联合起来的力量是世界上最强大的力量。

我们中华民族原有伟大的能力,压迫愈深,反抗愈大;蓄之既久,其发必速。我敢说一句怪话,他日中华民族的改革,将较任何民族更为彻底;中华民族的社会,将较任何民族为光明。……中国人民的大联合必告成功。我们必须努力,我们必须拼命向前。我们黄金的世界,光辉灿烂的世界,就在前面!

李大钊对这篇文章尤为重视,他发表题为《大联合》的短论,采用毛泽东民众大联合的主张,对毛泽东的观点进行了有力的肯定和支持:

我很期盼全国各种职业各种团体,都有大小组织,都有大联合,立下真正民众大联合的基础。

1920 年,毛泽东与易礼容等人发起成立了长沙文化书社,在湖南传播新文化和马克思主义。李大钊对这个团体也给予了充分的支持,主动承担该社信用介绍,使得在书社的业务往来中有关书局、杂志社能够"免去押金",解决了书社开办之初资金周转不开的燃眉之急。

更多的时候,毛泽东与李大钊在同一问题上持有相同的正确立场,他们站在一起,互为支持和呼应。

1923 年的中共三大上,与会代表就国共两党实行合作的问题展开了热烈的讨论。会上,毛泽东多次发言,提出主张国共合作的种种理由。李大钊在汇报了北京的工作情况后,表示完全拥护共产国际的决议,与毛泽东等一道站在多数代表的正确立场上。李大钊还提出尽快建立革命的统一战线,同时一定要注意共产党在统一战线中的独立性。大会采纳了李大钊、毛泽东等人的正确意见,通过了《国民运动与国民党问题的决议案》。会后,李大钊和毛泽东还一起到国民党左派廖仲恺先生家中商讨两党合作的有关问题。

1924 年在广州召开的国民党第一次全国代表大会上,李大钊和毛泽东分别作为北京和湖南的代表出席会议,李大钊同时还是大会主席团五成员之一。大会进

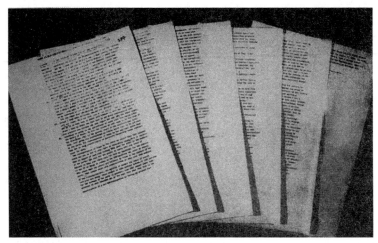

马林记录的瞿秋白、李大钊、毛泽东、邓中夏等在中共三大上就国共合作问题的发言

行过程中,两人都提出了不少好的意见。最后,李大钊和毛泽东分别当选为国民党中央执委会委员和候补委员,共同为国共合作的建立和发展做出了重要贡献。

大革命时期,李大钊和毛泽东都十分重视农民问题。在中共三大上,正是由于毛泽东的坚持和李大钊等同志的支持,农民问题决议案才最终得以通过。李大钊1925年在中共北方区委机关刊物《政治生活》上发表的《土地与农民》一文中指出:"中国浩大的农民群众,如果能够组织起来,参加国民革命,中国国民革命的成功就不远了。"这一观点与毛泽东非常一致。1926年毛泽东任第六届农民运动讲习所所长时,就将李大钊的这篇文章编入了他主编的《农民问题丛刊》中。同时,他还写信给李大钊请他帮助农讲所选派学员。李大钊在天津和北京选派了李波涛、马致远等同志赴广州农讲所学习,作为对毛泽东的支持。他还托李波涛给毛泽东带去他的信函,并希望毛泽东常来信。农讲所结业后,毛泽东也托李波涛给李大钊带了一封信,叙述对老师离别后的思念之情,希望能有再见的一天。

没想到,1927年李大钊在北京被军阀张作霖逮捕,于4月28日英勇就义,此后师生二人天人永隔,再也没能见面。

从1918年秋天毛泽东与李大钊结识之后,毛泽东就在李大钊的影响和帮助下逐步接受了马克思主义。他们两人作为中国共产党的创始人和重要领导者,共同为第一次国共合作的建立与发展、为中国革命做出了卓越的贡献。对于李大钊对自己的影响和帮助,毛泽东始终感念在心。1945年,他在《七大工作方针》的报告中指出,五四运动中,李大钊是代表左翼的,"我们是他们那一代人的学生"。

31. "他是有过功劳的"

——毛泽东与陈独秀

毛泽东和陈独秀都是中国共产党创始人,他们相互交往的几十年里,曾经是师生,是同志,有过亲密的友谊,也有过争执和分歧,后因政见不同而分道扬镳。

"我祝陈君万岁!"

1915 年陈独秀在上海创办《新青年》,他高举民主与科学两面大旗,向以孔子学说为代表的封建文化思想和封建理教展开猛烈攻势,吹响了新文化运动的号角。陈独秀成为五四新文化运动的首创者和核心人物。

陈独秀及《青年杂志》。毛泽东受陈独秀主编的《青年杂志》影响很大

陈独秀在《新青年》上连续发表文章,以其新颖的思想和饱满的热情,赢得了广大青年的尊重和喝彩,毛泽东看后说:"现在的国民思想狭隘,安得国人有大哲学革命家,大伦理革命家,如俄人托尔斯泰其人,以洗涤国民之思想,开发新

思想……前之谭嗣同,今之陈独秀,其人者魄力雄大,诚非今日俗学可比。"

1918 年 12 月,陈独秀与李大钊等人创办《每周评论》。他以《新青年》《每周评论》和北京大学为阵地,提倡民主,反对专制;提倡科学,反对迷信;提倡新文学,反对旧文学,介绍西方资产阶级文化思想,成为当时的激进民主主义者和新文化运动的主将,对中国人民思想解放起了启蒙作用。

青年毛泽东在未识陈独秀之前,心中的楷模是梁启超和康有为,在他阅读《新青年》,看到陈独秀的文章后,把最大的崇敬移到了陈独秀身上。他说:"《新青年》是有名的新文化运动的杂志,由陈独秀主编,我在师范学校学习的时候,就开始读这个杂志了。""我非常喜好陈独秀和胡适的文章,他们替代了已经被我抛弃的梁启超和康有为,一时成了我的楷模。"

1918 年秋,毛泽东送赴法勤工俭学的湖南青年,首次来到北京,经李大钊介绍,认识了大名鼎鼎的陈独秀,并拜访了他。

当时,陈独秀正伏案写作,见到毛泽东,立即放下笔,站起来请他坐下。他们就国家的前途,人民的命运,以及各自的信念交换了意见,谈得十分融洽。临别时,陈独秀握着毛泽东的手,愉快地说:湖南人我接触少,你的那篇写体育的文章写得很好,以后和我多讲讲湖南的情况。

毛泽东对这次拜访,在思想上产生的强烈感受一直记忆犹新。几十年后,他对斯诺讲起当时的情景,仍然感触很深,说:"陈独秀对我的影响超过了任何人。"

通过短暂接触,陈独秀对社会问题的精辟见解,深刻地影响着年轻的毛泽东。从此,陈独秀成了毛泽东心中崇拜的人物。

1919 年,五四运动爆发。6 月 11 日,陈独秀在北京被捕,消息传开,各界立即掀起了营救运动,远在湖南的毛泽东毅然加入了营救的行列。他在《湘江评论》创刊号上发表《陈独秀之被捕及营救》一义,声援各地的营救运动。

1920 年 1 月初的一天,毛泽东到北京箭杆胡同 20 号拜访陈独秀。"啊,是润之呀!快请进。"开门的陈独秀一眼就认出了毛泽东。陈独秀五四被捕,直到9 月才放出来,现在保释在家养病。毛泽东微笑着看着陈独秀,他发现,狱中生活使陈独秀憔悴了许多,头发又落下不少,前额更加突出,但两眼还是很有神气,乌黑发亮。

"什么时候回来的?"陈独秀示意毛泽东坐在写字桌旁的木椅上。陈独秀的卧室不大,一张床、一张写字桌、两架书就把房间挤得满满的。

"家里都还好吧?"

"母亲几个月前去世了。"毛泽东的母亲文素勤于 1919 年 10 月 5 日患淋巴腺癌病逝。“呜呼吾母,遽然而死。寿五十三,生有七子……”家奠时,毛泽东含泪写下《奠母文》。听说毛泽东的母亲53岁就去世了,陈独秀沉默了半晌。

“先生关在监狱时,我在湖南办了《湘江评论》,这次带一班湖南人进京请愿,要求驱走张敬尧。”毛泽东欠身将《湘江评论》创刊号递给陈独秀。“哦!”陈独秀接过来翻了翻,抬头想了一下,说:“适之在《每周评论》上夸奖你的文字写得好,就是讲这个吧?”

“那是胡先生客气。”胡适在《每周评论》8月24日第36号上推荐毛泽东的《民众大联合》长文,说这篇文章“眼光很远大,议论也很痛快,确是现今的重要文字”。作为新文化运动的举旗人之一,胡适能这样评价一个外地年轻人,确是不多。

趁毛泽东品茶时,陈独秀低头看《湘江评论》的目录。创刊号上有一篇《陈独秀之被捕及营救》的文章,引起了陈独秀的注意。快速浏览这篇文章时,他的两眼闪现出愉悦的光芒。毛泽东在文章中称赞陈独秀是思想界的明星:“陈君曾自说过,出试验室,即入监狱。出监狱,即入试验室。又说,死是不怕的。陈君可以实验其言了。我祝陈君万岁!我祝陈君至坚至高的精神万岁!”

文章很短,约有两三千字。陈独秀很认真地读了一遍,有几处,他还停下来多看了几眼。

“啊,谢谢你。”他抬起头时满面笑容,“适之讲你们出这个刊物不容易,我也这样看。”因为提到自己,陈独秀不好说什么,便换了一个话题。

“这次驱张,先生认为前景如何?”现在毛泽东和陈独秀同命相连了,他在湖南就是被张敬尧撵出来的。到京后,毛泽东到处活动“驱张”,前日在前门外湖南馆发起旅京各界公民大会,有千余人参加。

两人又探讨了毛泽东“改造湖南联盟”的计划,见天色不早,毛泽东起身告辞。陈独秀问有什么事要他办。毛泽东犹豫一下说:“这次驱张,本来希望能得到先生的支持,但现在已不敢难为先生了。”

陈独秀知道毛泽东指保释的事,沉吟了一下说:“我很赞赏你们驱张,也赞成你们打算组织‘改造湖南联盟’的计划,我作一篇《欢迎湖南人的精神》的文章如何?”“那太好了!”毛泽东喜出望外,脸上放出了红光。

毛泽东的到来,像雪后初晴的阳光,给陈独秀沉闷的生活带来了生机。这次见面使他增添了对湖南青年人的极好的印象,对毛泽东的非凡革命精神、领导才华和组织能力,他也十分赞赏。

密切合作

　　1920年春末夏初,驱张运动取得胜利后,毛泽东取道上海回长沙。在上海,毛泽东去拜访了陈独秀,这是他们的第三次见面。这时的毛泽东和陈独秀已是真诚相见,无话不说了。

　　1920年5月,陈独秀等在上海成立了马克思主义研究会。这是马克思主义研究会部分成员合影

　　陈独秀除对毛泽东的"改造湖南联盟"计划除了提出详细的意见外,还向毛泽东谈了自己的建党计划。此时的陈独秀,经历了五四运动的洗礼和对马克思主义的学习,经过近一年的深入思索,他终于抛弃了资产阶级民主主义,转变成为一个马克思主义者。这次上海交谈,对毛泽东的一生具有重大的历史意义。正是这一接触,给年轻的毛泽东从一个激进的民主主义者转变为马克思主义者以深刻影响。

　　后来,毛泽东回忆说:"在上海,我和陈独秀讨论了我们组织'改造湖南联盟'的计划。"又说:"我第二次去上海的时候,曾经和陈独秀讨论过我读过马克思主义书籍。陈独秀谈他自己的信仰的那些话,在我一生中可能是关键性的一个时期,对我产生了深刻的印象。"

　　这次谈话后,陈独秀向毛泽东推荐了一批宣传马克思列宁主义的书籍。后来毛泽东对斯诺说:"到了1920年夏天,在理论上,而且在某种程度和行动上,我已成为一个马克思主义者了,而且从此我也认为自己是一个马克思主义者了。"还说:"有三本书特别深地铭刻在我的心中,建立起我对马克思主义的信仰。我一旦接受了马克思主义是对历史的正确解释后,我对马克思主义的信仰就没有动摇过。"

1921 年 11 月,陈独秀起草了第一个《中央通告》,布置 1922 年 7 月以前党在发展组织、青年团、工人运动和出版马克主义著作四个方面的任务,正式拉开了中国共产党领导中国革命的序幕。

毛泽东接到《中央通告》后,积极响应。由于毛泽东在湖南的工作杰出,引起了中央的注意,陈独秀决定调毛泽东到中央工作。1923 年 5 月,毛泽东调到上海。毛泽东来到中央以后,与陈独秀接触的机会多了。他们经常就一些建党的问题及党的方针政策交换意见,制定政策,指导全党的工作。

陈独秀十分欣赏毛泽东的才华,在党的三大,陈独秀极力推崇,大家一致推选毛泽东为中央执行委员会委员。在分工时,毛泽东被推荐为秘书,其主要任务就是协助中央局书记陈独秀做党中央的工作。

在毛泽东协助陈独秀主持党中央工作期间,根据党的三大制定的路线、方针和政策,以及形势的要求,他们把主要精力放在了国共合作上。一个是中共中央的总书记,一个是中共中央的秘书,在党的工作上配合得十分默契。

这个时期,陈独秀对毛泽东很信任,曾让毛泽东经常代表中央独立签发文件,指导地方党的工作,从他们签发的通告和各自发表的文章来看,两个人的思想,总的来说是一致的,彼此尚无大的思想分歧。毛泽东与陈独秀的密切合作,促进了国共第一次合作,使以国民党和共产党合作为基础的人民革命统一战线很快形成,从而大大推动了中国革命运动的发展。

"他是有过功劳的"

毛泽东与陈独秀之间的分歧,始于 1925 年年底,问题集中在对中国社会的不同分析,以及由此而产生的对革命两种不同的思想路线和指导方针上。大革命失败后,陈独秀远离革命斗争的实践,只凭主观想象或书本上的教条来理解革命,结果一错再错,最终毛泽东与陈独秀彻底分道扬镳。

陈独秀被开除出党,直到 1942 年去世,他一直戴着"反共产国际""反党""反革命""叛徒"等一系列帽子。

1945 年通过的《关于党的若干历史问题的决议》,肯定了陈独秀领导中国共产党在大革命前期和中期是正确的。

这年 4 月 21 日,毛泽东在党的七大预备会议上作《七大工作方针》报告,其中这样说："关于陈独秀这个人，我们今天是可以讲一讲，他是有过功劳的。他是五四运动时期总司令，整个运动实际上是他领导的，他与周围的一群人，如李大钊同志等，是起了大作用的。我们那个时候学习做白话文，听他说什么文章要加标点符号，这是一大发明，又听他说世界上有马克思主义。我们是他们那一代人的学生。五四运动替中国共产党准备了干部。那时候有《新青年》杂志，是陈独秀主编的，被这个杂志和五四运动警醒起来的人，后来有一部分进了共产党。这些人受陈独秀和他周围一群人的影响很大，可以说是由他集合起来，这

1928 年 6 月 18 日至 7 月 11 日，中共六大在莫斯科举行，批判陈独秀的右倾错误，批判"左"倾盲动错误。图为中共六大旧址——莫斯科近郊维尼果罗德镇塞列布若耶别墅

才成立了党。我说陈独秀在某几点上，好像俄国的普列汉诺夫，做了启蒙运动的工作，创造了党，但他在思想上不如普列汉诺夫。普列汉诺夫在俄国做过很好的马克思主义宣传。陈独秀而不然，甚至有些很不正确的言论，但是他创造了党，有功劳。普列汉诺夫以后变成孟什维克，陈独秀是中国的孟什维克。……关于陈独秀，将来修党史的时候，还是要讲到他。"这既体现了毛泽东对待历史人物的实事求是的态度，又说明毛泽东对于曾经对自己有过深刻影响的人是没有忘记的。

　　1944 年春天，抗日战争已经胜利在望，毛泽东在总结国共两党关系的教训上多次谈到陈独秀，他们毕竟有过一段非常密切的交往，有着一定的个人友谊。随着战争形势的好转，毛泽东回首往事，也曾意识到，如果我们在斗争方法上有所改变，陈独秀本可以不是这样的结局。

　　1953 年 2 月，毛泽东南下视察，来到安庆，他知道陈独秀是安庆人，他先不听安庆地委书记的汇报，而是先问陈独秀的家在安庆什么地方。

　　地委书记回答说："在独秀山下。"

　　毛泽东没听说过安庆还有个独秀山，便问："是独秀山以陈独秀得名，还是陈独秀因山而得名？"

地委书记说:"是先有独秀山,后有陈独秀。"

毛泽东点点头,又问:"陈独秀家里还有什么人?"

当得知陈独秀的儿子陈松年生活有困难时,毛泽东说:"陈独秀的后人生活有困难,可以照顾嘛!"从此,地委每月给陈松年补助,一直到他1990年去世。

毛泽东还饶有兴趣地谈起陈独秀的功过,说:"陈独秀早期对传播马克思主义是有贡献的,后期犯了错误,类似俄国的普列汉诺夫。陈独秀出狱以后,中央派人做他的工作,希望他发表个声明承认错误,但陈独秀拒绝了。"话语中不免流露出惋惜。

在中共领导人中,毛泽东对陈独秀的评价是很高的,同时也是对陈独秀的右倾机会主义错误批评最多的。毛泽东十分珍视陈独秀提供的正、反两方面的经验。

32."心永远是相通的"

——毛泽东与瞿秋白

瞿秋白是中国共产党早期的领袖之一,他和毛泽东在中国革命的许多重大问题上有共同的认识,在艰苦的岁月里,彼此结下了深厚的革命情谊。

"英雄"所见略同

1923 年 6 月,毛泽东和瞿秋白在广州召开的中国共产党第三次全国代表大会上相识,由于在大会上共同主张国共合作的意见相同,彼此留下了良好的印象。会后,毛泽东和瞿秋白一同回到上海,参加党中央的领导工作。

1925 年孙中山逝世以后,统一战线中无产阶级和资产阶级争夺革命领导权的斗争日趋尖锐和激烈。5 月,国民党的资产阶级右派反动理论家戴季陶在国民党第一届三中全会上公开提出,要"建立纯正的三民主义",攻击无产阶级革命和中国共产党。为了坚决反对戴季陶的反动观点,瞿秋白、毛泽东等在《向导》《中国青年》《政治周报》上纷纷著文予以强有力的批驳,在全国引起了很大反响。1926 年 1 月,瞿秋白、林伯渠、毛泽东、吴玉章等代表中国共产党出席了在广州召开的国民党第二次全国代表大会。会议期间,国民党右派集团抵制联俄、联共、扶助农工的三大政策。毛泽东、瞿秋白等人则团结国民党左派,同西山会议派人物进行了针锋相对的斗争。斗争的结果,终于迫使大会通过"承认先总理容纳共产党员加入本党共同努力"的条文。

1926 年夏,瞿秋白在上海同他的好友、中共中央宣传部干部羊牧之谈了一段趣事。瞿秋白说:"在国民党第二次全国代表大会讨论决议的休息时间,我和毛泽东等几位共产党代表正在凭栏远眺,刚好戴季陶等几个顽固派人物也上楼来,我出于礼仪,主动上前和他们握了手,毛泽东当然也去逐个握了手。但与戴季陶握手时,毛爽朗地笑着说:'台上握了手,可不能在台下踢脚啊!'弄得戴季陶十分尴尬。"瞿秋白接着又说:"我与毛泽东接触不多,但就在几次不多的接触中,我确认他是一位既有原则又讲策略的党的优秀工作者。"

毛泽东、瞿秋白不仅在国共合作问题上意见一致,而且都很重视农民问题。他们认为,农民问题是革命的基本问题。瞿秋白早在 1922 年 11 月就著文《劳农政府之"农民政策"》,介绍了苏俄的情况,给中国人民传来了第一个无产阶级专政的国家解决农民问题的消息。在 1923 年召开的中共第三次全国代表大会上,瞿秋白提出了"不得农民参加,革命便不能成功"的论断。1925 年 9 月,他又首先赞成"耕地农有"的主张。

1925 年,毛泽东在他的家乡亲自组织和领导了农民运动,并于 1925 年 12 月 1 日发表了《中国社会各阶级的分析》一文,认为农村中的半无产阶级,即农民,"是我们最接近的朋友"。

中共三大期间,瞿秋白和陈独秀、李大钊、毛泽东等住广州新河浦 22 号"春园"

在这一时期,毛泽东和瞿秋白都各自对陈独秀的右倾机会主义错误表示强烈不满。

1926 年 5 月至 9 月,毛泽东任广州第六届农民运动讲习所主任,他亲自给学员讲授中国农民问题,还特聘瞿秋白前往授课。为此,瞿秋白带病为学员讲授了《国民革命中之农民问题》。

1926 年 7 月,在中共四届三中扩大的执委会上,通过了陈独秀起草的《决议案》。其中指责农民运动"过左",限定农民协会"不能带有阶级色彩",农民的武装"不要超出自卫的范围","不可有常备的组织"。当时,党内党外对该《决议案》反映强烈,一致认为太右。瞿秋白在听取中宣部羊牧之汇报的这一情况后,他随即拿出毛泽东为《农民问题丛刊》第一辑写的一篇序言《国民革命与农民运动》给羊牧之看,并明确指出:"要依据毛泽东的意见来增添你们宣传的内容。"

1927 年 2 月,毛泽东经过 32 天的实地考察写出了《湖南农民运动考察报告》。报告严厉批驳了党内外各种指斥农运的谬论,深刻总结了湖南农民运动的丰富经验,明确提出解决中国民主革命的中心问题即农民问题的理论和政策。当时担任中央常委兼任宣传部长的瞿秋白看到《湖南农民运动考察报告》以后,极为赞赏。他说:"这是一部好书,是如何搞农民运动的兵法。"瞿秋白决定立即将这个报告以《湖南农民革命》为题出版单行本,并于4月11日连夜为这篇报告撰写序言。他在序言中说:"中国革命家都要代表三万万九千农民说话做事,到前线去奋斗,毛泽东不过开始罢了。中国的革命者个个都应当读一读毛泽东这本书,和读彭湃的《海丰农民运动》一样。"

毛泽东的《湖南农民运动考察报告》及瞿秋白撰写的《湖南农民革命序》

在受排挤的日子里

1931年1月7日,中国共产党六届四中全会在上海召开。共产国际代表米夫和王明,使用不正常的手段控制了会议,以所谓的三中全会对李立三问题处理犯了"调和路线错误"为由,打击了瞿秋白等一些同志。瞿秋白受到了排挤,于1932年到上海同鲁迅一道从事文化运动。

1934年2月,瞿秋白被调离上海到江西中央苏区工作,直至撤离中央革命根据地,他一直和毛泽东在一起。瞿秋白的秘书在回忆中说道,瞿秋白和毛泽东两人当时是"最接近的战友",他们在党的路线、方针政策问题上"经常观点一致,又同遭排挤,惺惺相惜,见面时总很愉快,还常在一起谈笑咏诗"。一个外国研究者把瞿秋白和毛泽东称为"一个具有革命精神的真正文学家和一个具有文学气质的真正革命家",相当贴切地点出了他们交往的内涵。

瞿秋白身体孱弱,经常咳嗽,还拼命工作。毛泽东害怕瞿秋白身体会拖垮,他交代医生和瞿秋白的秘书要尽力关照好瞿秋白。他曾吩咐贺子珍亲自给瞿秋白送点新鲜蔬菜和白糖,或者送一包土制硝盐等。有时特地叫贺子珍做几张糖饼给他吃。毛泽东还经常到瞿秋白开办的图书馆里读书。

1934年10月,第五次反"围剿"节节失利,中央决定主力红军突围长征。当时党中央高级干部的走留,一律由博古决定。如果不是周恩来等许多同志力争,中华苏维埃共和国主席毛泽东也险些被博古以身体不好为借口留下来。毛泽东知道了这一消息后,首先问到了瞿秋白的走留情况。周恩来面有难色地说:"秋白同志被留下来担任中共中央分局宣传部长兼中央政府后方办事处教育人民委员。"毛泽东听后激动地说:"我请求组织上把秋白同志带走,秋白同志担任过党的最高领导,目标太大,身体又不好,怎能上山打游击呢!"

毛泽东预料到了主力红军退出后苏区斗争的残酷性,预感到将可能发生的一切。他在于都谢家祠安排完工作,就匆匆前往下肖村,去看他常记挂在心的瞿秋白。

毛泽东一进屋,看到瞿秋白还在伏案工作。看到毛泽东,瞿秋白直起腰身说:

1932年,瞿秋白在上海

瞿秋白就义前在长汀中山公园凉亭留影

"'灯花开,贵人来'。今晚的灯花结得这么大,原来是你这位贵人临门啦。"

毛泽东坐到小屋的床上关切问道:"我还没有进屋就听到你咳嗽得那么厉害,近来病情是不是又加重了? 还这么忙碌,也不早些休息?"

"唉,我这倒霉的身子,越到节骨眼上,越不争气。"秋白无可奈何地说,"润之,近些日子我心口总觉得一阵阵作痛,这是老毛病,倒不太要紧,但是这次分别,实在是比我身体上的病痛还痛心。他们好像划阶级那样来定走留,有过不同意见的人就等于领取了一张留守票,什么都不交代。再这样下去,非得把我们红军的本钱搞光不可。这次你能随主力转移出去也是不幸中的万幸,希望能迟早出现转机才是。"

毛泽东看着瞿秋白那消瘦的身体,心痛地说:"秋白,我那边的事情你就少操点心。这里的形势会很恶劣,你们留下的同志,势单力薄,你身体又差,一定要多注意,多保重啊!"

临别之际,毛泽东怀着一种特殊的心情,邀了部分战友、同事又一起到瑞金的沙洲坝观看了瞿秋白创办的图书馆和阅览室。瞿秋白尽量调节自己的情绪,压抑着满腹的伤感、惆怅、激奋和埋怨,一一地和毛泽东、蔡畅、徐特立等相处共事的同志话别。他明白,这次与战友知己的别离也许是短暂的,也许将成为诀别。

深深的怀念

1935 年 6 月 18 日,受尽磨难与严刑考打的瞿秋白被国民党杀害。毛泽东经过二万五千里长征到达陕北后,得知瞿秋白壮烈牺牲的消息,心情悲痛极了。他深情地追忆怀念与瞿秋白相识到相知的件件往事。

1939 年 5 月,毛泽东在延安同一个同志谈到瞿秋白时,他以无限惋惜的口气说:"是啊! 假如他还活着,现在领导边区的文化运动该有多好啊!"1942 年的一天,毛泽东在窑洞里又动情地说:"怎么没有一个人,又懂政治,又懂文艺! 要是瞿秋白同志还在就好了!"1945 年 4 月,毛泽东主持召开的中共六届七中全会通过了《关于若干历史问题的决议》。决议中对瞿秋白的一生作出了全面正确的评价,决议指出:"瞿秋白同志是当时党内有威信的领导者之一,他在被打击以后仍继续做了许多有益的工作(主要是文化方面),在 1935 年 6 月他英勇地牺牲在敌人的屠刀之下。所有这些同志的无产阶级英雄气概,乃是永远值得我们纪念的。"

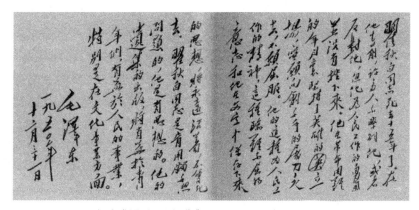

毛泽东为《瞿秋白文集》题词(1950 年 12 月 31 日)

1950 年 12 月 31 日,毛泽东为出版瞿秋白的遗著题词。题词中说:“瞿秋白同志死去十五年了。在他生前,许多人不了解他,或者反对他,但他为人民工作的勇气并没有挫下来。他在革命困难的年月里坚持了英雄的立场,宁愿向刽子手的屠刀走去,不愿屈服。他的这种为人民工作的精神,这种临难不屈的意志和他在文字中保存下来的思想,将永远活着,不会死去。瞿秋白同志是肯用脑子想问题的,他是有思想的。他的遗集的出版,将有益于青年们,有益于人民的事业,特别是在文化事业方面。”

33. 真挚的友谊

——毛泽东与蔡和森

毛泽东和蔡和森同是我国最早的马克思主义者、中国共产党的创始人。他们在早期革命活动中，心心相印、志同道合，始终保持了无比的纯洁、深厚的战斗友谊。

志同道合

毛泽东和蔡和森在湖南省立第一师范学校相识，两人都以思想进步，知识渊博，文章出众而闻名于校。他们常常谈论国家大事和人民的疾苦，他们的宏论见解在同学中有广泛影响，并受到进步教员们的赞赏。据李立三回忆："还在'五四'运动以前，在湖南一般先进青年中就盛称毛蔡之名，而奉为表率。"

毛泽东和蔡和森都特别重视接触社会，接触实际。他们把向书本学习叫读"有字之书"，把向社会学习叫读"无字之书"。1918年春，毛泽东的母亲寓居蔡和森家治病时，他俩各带一把雨伞，脚穿一双草鞋，徒步在洞庭湖南岸附近的农村作了一次为时半月的"游学"，先后到湘阴、岳阳、浏阳等县，调查农村的风俗习惯，考察生活、交租情况及地主和佃农的关系等。当时被誉为"身无半文，心忧天下"。通过这次读"无字书"，使他们学到了许多从书本上学不到的东西，而且也使身体和意志都得到了锻炼。

在共同探求真理的同时，求学时代的毛泽东和蔡和森，还顽强地进行身体和意志方面的锻

蔡和森（1895—1931 年）

炼。他们认为，在改造国家和社会的道路上，必定会遇到许多困难的折磨，必须在身体和意志上做好准备。为此，他们不分春夏秋冬，都坚持用冷水洗脸、洗澡。

他们还实行了一种常人难以做到的锻炼方法,即当雷电风雨之时,冒风雨而行。他们最喜欢的一项运动是游泳。另外,他们也经常爬山、野营、露宿以锻炼身体。但毛泽东和蔡和森对自己的生活问题却很不在意。当时就有人说他俩是"怪人",思想、生活与众不同。当时在一师任教的杨昌济在"弟子著录以千百计"的学生中尤其欣赏毛泽东和蔡和森。1920年,杨昌济在病逝前夕,写信给他的友人章士钊说:"吾郑重语君,二子海内人才,前程远大,君不言救国则已,救国必先重二子。"

　　1917年6月,蔡和森以优异的学习成绩毕业于湖南第一师范学校。为了继续与在省城求学的毛泽东等共同探讨人生、救国的道理,他把全家都搬进省城,先居岳麓山下的饮马堂,不久又迁居刘家台子。毛泽东、张昆弟等进步同学经常到蔡和森家聚会、交流学习心得和讨论国家大事。"如何使个人及全人类的生活向上"是他们集中讨论的一个问题。当"讨论的次数大概在一百次以上"时,得到一个结论,认为要"集合同志,创造新环境,为共同的活动",于是大家推举毛泽东起草了一个学会章程,蔡和森等人给学会取了"新民"的名字。于是,一个以"革新技术,砥砺品行,改良人心风格"为宗旨的新民学会,在毛泽东与蔡和森的发起下,于1918年4月14日在刘家台子蔡和森家里正式宣告成立。学会的纪律为:不虚伪、不懒惰、不浪费、不赌博、不狎妓。

毛泽东、蔡和森、萧子升发起成立的新民学会旧址(刘家台子)

　　新民学会建立后,毛泽东与蔡和森这两位会友,在寻求"改造中国与世界"的道路上,相互切磋、取长补短,共同完成世界观的改造。

心心相印

　　毛泽东和蔡和森在一起的时候,几乎在一切重大问题上都是完全一致,当他们分处异地的时候,也是友声和鸣,心心相印。

　　1920年7月,赴法勤工俭学运动的新民学会会员在法国蒙达尔尼召开会议,讨论确定了新民学会的宗旨"改造中国与世界"。这是与会会员的合影

　　1920年元月底,蔡和森赴法勤工俭学到了法国首都巴黎。7月,新民学会留法的会友,在蒙达尼中学举行了为期5天的会议。蔡和森在会上提出以"改造中国与世界"为新民学会方针,得到与会者赞同。但在讨论改造方法和道路时,蔡和森提出的"组织共产党,使无产阶级专政,其主旨与方法多倾向于现在之俄"的主张,与萧子升"不认俄式(马克思式)革命为正当"及"温和的革命——以教育为工具的革命"的主张,展开了激烈的辩论。蔡和森在会上义正词严地批驳了无政府主义、国家主义,得到了与会的大多数会员的拥护。

　　会后,蔡和森和萧子升,分别将各自的主张写信给国内的毛泽东。毛泽东在信中了解到了蒙达尼会议的争议后,于 1920 年 12 月 1 日给萧子升、蔡和森的信中说:"以'改造中国与世界'为学会方针,正与我平日的主张相合,并且我料到是与多数会友的主张相合的。"至于用什么方法达到改造的目的呢? 毛泽东说,他不赞成萧子升等人的主张,而对蔡和森提出的实行无产阶级专政、组织共产党的主张,"表示深切的赞同"。

1921 年元旦,毛泽东与何叔衡约集了留在长沙的新民学会会员 18 人召开了新年大会,对巴黎会友和蔡和森所提议的问题进行了 3 天的热烈讨论,从而直接为湖南创建党组织做了思想准备。1921 年 1 月 21 日,毛泽东在给蔡和森的信中,热烈地赞扬蔡和森关于组建共产党和实行无产阶级专政的主张。他在信中说:"你这一封信见地极当,我没有一个字不赞同。"

亲密如兄弟

毛泽东和蔡和森不仅在学校里相互关爱,相互提高,而且当毕业走向社会后更是亲密如兄弟。按照中国的传统习俗,若非知己,带病之身是不入家门的。1918 年春,毛泽东的母亲生病,为在城里看病方便,曾寄住在蔡和森家几个月。蔡和森的母亲和姐姐都对毛母热情照顾。毛泽东也常来服侍,并向蔡母及家人致谢。1927 年 6 月下旬,蔡和森旧病复发,曾寄住在武昌都府堤 41 号毛家,毛泽东和杨开慧热情照顾,并在生活拮据的情况下,设法购买补品,以帮助蔡和森身体恢复健康。蔡和森告诉毛泽东:"我与警予有一种恋爱上的结合。另印有小册子,过日奉寄。""家母甚好。""他诚挚的希望你,致意你。""警予忙课,未另写信,也致意你。"毛泽东也很高兴,在给罗学瓒的信中说:"我听得'向蔡同盟'的事,为之一喜,向蔡已经打破了'怕'实行不要婚姻,我想我们正好奉向蔡做首领。"

1923 年三大以后,毛泽东、蔡和森两家曾同住上海闸北中兴路的三曾里。蔡和森一家住后厢房,毛泽东一家住楼下前厢房,罗章龙住楼上。楼下堂屋是来往人休息的地方,楼上堂屋是中央局开会的地方。三户人家对外称王家兄弟,因三户人家都是古楚国地区之人,取"楚虽三户,亡秦必楚"之意,这座楼便称"三户楼"。

亲手创办一种传播马克思主义的报纸,是蔡和森多年来的愿望。他曾在同毛泽东通信中谈到建党的部署时,还特别强调要"公布一种有力的出版物"。党的二大决定由蔡和森创办党的机关报,他满腔热忱地接受了任务。根据当时政治斗争的形势和环境,蔡和森拟定为《向导》周报,得到党中央一致通过。作为蔡和森的好友,毛泽东大力支持,他曾经任《向导》的编辑委员。1923年到1924年的一段时间里,毛泽东和蔡和森在"三户楼"的前厢房编辑党报,毛泽东不仅撰写稿件,还参加编稿的工作。然而毛泽东和蔡和森的战斗友谊并没有延续到革命胜利之日。1931年3月,蔡和森以中央代表身份到香港领导南方局工作,同年6月不幸在香港被捕并惨遭杀害。

1938年,毛泽东通过周恩来派人到湘乡把蔡和森全家接到重庆,之后又设法送到苏联。1939年5月,毛泽东在和一位老朋友谈话,当谈到蔡和森的牺牲时,他沉默了许久后说:"一个共产党应该做的,和森同志都做到了。"

34. "往者不可咎,来者犹可追"

——毛泽东与李达

　　毛泽东与李达以兄弟相称或直呼其字、号。李达称赞毛泽东是"最知中国国情的革命领袖"和"马克思主义辩证大师",毛泽东则称李达是中国共产党的马克思主义理论家和有骨气的"真正的人"。他们之间结下的真诚友谊,是同志情、兄弟亲、朋友爱的完美组合,经四十年的风风雨雨而恒久不变。

"真正的人"

　　毛泽东和李达是同乡、挚友,交往很深。毛泽东,字润之;李达,字鹤鸣。二人见面,李达称毛泽东润之,毛泽东叫李达鹤鸣兄,足见他们的挚友关系。1921年7月23日,毛泽东和李达一同参加了中国共产党在上海召开的第一次全国代表大会,他们在会上相识。

浙江嘉兴南湖游船(仿制)。大会选举了党的最高领导机构——中央局,由陈独秀担任书记,李达、张国焘分管组织和宣传工作

1922 年,李达应毛泽东的邀请到湖南任自修大学校长,并主编该校的机关刊物《新时代》。李达给学员和受培训的一些先进分子们讲授唯物史观、剩余价值学说和科学社会主义等马克思主义的基本理论。在这一时期,李达和毛泽东朝夕相处,一起研究马列主义和中国的革命问题。为了实现党的二大宣言中提出的最低纲领,为了阐明二大宣言的基本精神,毛泽东、李达利用《新时代》这个阵地撰写发表了许多文章。毛泽东在《新时代》创刊号上发表了《外力、军阀与革命》;李达在《新时代》上陆续发表《何为帝国主义》《为收回旅大敬告国人》《马克思学说与中国》《旧国会不死,大盗不止》等论文,批判了陈独秀在国共合作问题上的右倾观点,批驳了胡适等人散布的所谓马克思主义在中国"几乎全无事实上的根据"的谬论。然而,由于同陈独秀在国共合作问题上的分歧,1923年秋,气愤中的李达脱离了共产党组织,这也是他一生中在政治上的最大失误。

1932 年 8 月至 1937 年 6 月,李达一直在北平北京大学法商学院任教,同时潜心研究马克思主义经济学和马克思主义哲学。在经济学方面,李达先后撰写了《经济学大纲》《货币学概论》两本专著以及有关文章。特别是《经济学大纲》是他这段时间里研究马克思主义政治经济学的重要成果。此书于 1935 年由北平法商学院出版。李达在该书的结论中说:"我们不是为了研究经济学才研究经济学,而是为要促进中国经济的发展才研究经济学","在这种特殊的经济状态下挣扎着的中国国民,究竟应该怎样寻求自己的生路呢? 这不仅是一个经济问题,而是整个中国自求生存、自求解放的问题。"毛泽东很喜欢这本书,并曾向延安理论界作了推荐。他说,李达"寄我一本《经济学大纲》,我现已读了三遍半,也准备读它十遍"。

1937 年 5 月,李达新著《社会学大纲》出版后,第一个想到就是他的老朋友毛泽东。他不顾友人的劝阻,冒着被抓的危险,一拿到还散发着油墨清香的样书,就立即用牛皮纸包了一本,恭恭敬敬地写上了"延安:毛泽东收",将此书寄请毛泽东指正。

1937 年年底,毛泽东收到李达从北平寄来的《社会学大纲》后立即给李达写了封长信,感谢李达的赠书,要求李达再寄 10 本,并称李达是"真正的人"。毛泽东还向延安哲学研究会的抗日军政大学推荐了这本书,说这是中国人自己写的第一部马列主义的哲学教科书。1948 年,根据毛泽东的意见,重新出版过此书。1961 年 8 月,毛泽东又建议将此书修改再版。

"往者不可咎,来者犹可追"

1939 年年初,李达应冯玉祥将军之邀,为冯玉祥及其研究室人员讲授马克思主义哲学。毛泽东和周恩来托李达的学生吕振羽去看望李达,并请吕振羽征求其意见,问询李达愿不愿去延安。李达听后当即表示:"去延安只要有一碗饭吃,我就愿意去。"他还对吕振羽说:"不管形势怎样变化,环境怎样恶劣,我这个'老寡妇'是不会失节的。"可是后来,因周恩来出国治病,董必武也不在,吕振羽便将李达的话告诉了南方局负责人博古。博古说:"去延安干革命,还讲什么条件?"很明显,意思就是不欢迎李达去。后来知道此事的毛泽东和周恩来都为李达未能去延安而深感惋惜。

1948 年年初,毛泽东曾经三次电示华南局护送李达去解放区,还通过党的地下组织带信给李达。这封信写得很巧妙:"吾兄系本公司发起人之一,现公司生意兴隆,望速前来参与经营。"实际上就是请李达速去解放区参加重要工作。李达收到党中央和毛泽东的密信后喜出望外。可是,当时李达患有严重的胃溃疡,吃饭很少,体力虚弱,不能长途跋涉,未能成行。

1949 年 5 月 14 日,李达经中共华南分局的安排辗转抵达北平。到北平后,毛泽东亲自派人驱车到车站迎接,并被作为毛泽东的特殊客人安排到北京饭店下榻。

5 月 18 日,对李达来说是个不寻常的日子。这天,李达受毛泽东之邀到香山毛泽东的家里叙谈。见面后,李达首先向毛泽东检讨了他早年离开党组织的错误决定。此后,分别 20 多年的一对友人进行了彻夜长谈。

这年 12 月,李达又接到毛泽东的邀请去中南海叙谈。到了毛泽东在中南海的住所菊香书屋后,刘少奇、林伯渠、李维汉等领导人也在。闲叙一阵后,李达便开口提出重新入党的要求。对于李达的这一请求,毛泽东并不意外,在听了李达的请求后,他稍稍停了一会儿,严肃地说:"鹤鸣兄,你早年离开了党,不管是什么原因,都是不对的,这是在政治上摔了一跤,是个很大的损失。当时我也劝了你,但由于年轻气盛,无济于事。往者不可咎,来者犹可追。你现在能认识自己在这个问题上的错误也是很好的。"

毛泽东接着以老朋友的口吻鼓励李达:"鹤鸣兄,你的为人我是了解的,认准了的事是九头牛也拉不回的。你坚信马克思主义和布尔什维克主义,我们是知道的。你在早期传播马克思主义,是起了很大作用的;创建中国共产党,也是作出了贡献的;即使是与陈独秀赌气,作出离开共产党的决定后,你还是坚持宣传、研究马克思主义；大革命失败后到今天的 20 多年里，你在国民党统治区教书，还是一直坚持了马克思主义这块理论阵地的，写了很多书，作出了应有的贡献。我在延安时，就向许多同志推荐过你翻译的《辩证法唯物论教程》和你的专著《社会学大纲》；你为了坚持宣传马克思主义，甚至遭到国民党特务的毒打。你在湖南大学教书时，还积极配合湖南的地下党，推进了湖南的和平解放，做了一件功德无量的大好事。对此，党是了解你的，人民也是不会忘记你的。"

毛泽东的这一席话，实际是对李达的一生作出了简单而正确的评价，李达激动得热泪盈眶，说："润之，你对我的评价太高了，我没有和你们一起到井冈山、到延安奋斗过，这是我一生最大的遗憾！现在，只要党能让我重新加入，我就心满意足了。"

毛泽东当即答应："鹤鸣兄，我了解你的过去，同意你重新加入中国共产党。而且我将向党中央建议，你的入党问题直接由中央办理，不要候补期。当然，还是要正式办个手续。这样吧，今天在座的几位，都是你的湖南老乡，与你都很熟悉，大家都为你回到党的怀抱来，尽一份力。由少奇做你的入党介绍人，我，还有李维汉做你的历史见证人，因为我 1923 年离开长沙后，维汉是中共湖南省委书记，对你当时的情况最了解，由我们俩来做你的历史见证人，当然是最合适不过的了。你们说行不行？"

刘少奇、林伯渠、李维汉等都点头表示同意。

不久，李达正式履行了手续，由毛泽东、李维汉、张庆孚三人为历史见证人，党中央特别批准李达重新加入中国共产党。

每当李达谈及他重新入党的事情，总是很激动地说："这么多年了，毛主席还没有忘记我。"他还意味深长地说："从此我'守寡'的日子终于结束了，我决心为共产主义事业奋斗到底，鞠躬尽瘁，死而后已！"1952 年 11 月，李达被任命为武汉大学校长。

"我和李达的争论，我是错误的"

20 世纪 50 年代末 60 年代初，毛泽东去湖北，曾多次与李达晤谈。毛泽东第一次在东湖宾馆下榻时，对当时任湖北省委副秘书长（毛泽东在湖北期间，被指定为毛泽东的秘书）的梅白说："有一个人要见我，你们谁也不能挡驾。""哪个？"梅白问。"你猜。"毛泽东莞尔一笑。梅白想了想说："是不是李达同志？""我叫他鹤鸣兄，他叫我润之。只要他来，随来随见。"毛泽东说。

1958 年 4 月,毛泽东在武汉接见马克思主义哲学家李达

李达刚见到毛泽东时,他想改口喊"主席",但因不习惯,便一连"毛主"了好几次,"席"字仍未喊出来。毛泽东说:"你'主'、'主'什么? 我从前叫你李主任(指中共一届中央局宣传主任)吗? 现在我叫你李校长好不好? 你过去不是叫我润之,我叫你鹤鸣兄吗?"

二人入座谈话时,李达说:"我很遗憾,没有同你上井冈山,没有参加二万五千里长征。"

毛泽东说:"你遗憾什么? 你是黑旋风李逵,你比他厉害,他只有两板斧,你有三板斧。你既有李逵之大忠、大义、大勇,还比他多一个大智。你从'五四'时期,直到全国解放,都是理论界的'黑旋风',胡适、梁启超、张东荪、江亢虎这些'大人物'都挨过你的'板斧'。你在理论界跟鲁迅一样。"

送走李达后,在场的梅白乘兴问毛泽东:"你能否公开评价一下李达,把你刚才的话发表出去?"毛泽东说:"他是理论界的鲁迅,还要我评价什么? 历史自有公论!"

李达坚持原则,敢于说实话,他对新中国成立后"左"倾错误思潮的危害发觉较早,并加以抵制。1958 年,湖北省委主要领导人写了篇《学习马克思,超越马克思》的文章,准备在《七一》杂志上刊登。清样送给李达看,李达提出了意见。李达说:"马克思死了怎么超越? 恩格斯也没有说要超越马克思! 比如屈原的《离骚》,你怎么超越? 我们应当是学习马克思主义,发展马克思主义。最初是学习(包括读书和使用),发展是学习的必然结果。目前我们党内的情况,一是普及不够,二是头脑发热。"

同一年,有人把鄂州县委门口"人有多大胆,地有多高产"的标语告诉李达。李达听后很不满,他向梅白提出要见毛泽东。见到毛泽东后,李达开口就说:"润之,我要单刀直入!"毛泽东不知来由,愣了一下,随后诙谐地问:"噢,是不是鸿门宴呀?""人有多大胆,地有多高产是不是马克思主义的?"李达颇认真地问。

毛泽东知道来由以后,便说:"凡事都有两重性嘛!人有多大胆,地有多高产,是讲人有主观能动性,人要发挥主观能动性。"随后毛泽东用红军长征等历史加以说明。

李达很激动地问:"润之,主观能动性是不是无限大?"毛泽东说:"一定条件下无限大。"

李达说:"一个人要拼命,可以'以一当十'。但一夫当关,万夫莫开,总是要有地形作条件,人的主观能动性不是无限大的。现在人的胆子太大了,润之,现在不是胆子太小,你不要火上加油,否则可能是一场灾难。"

两人都很激动,在争吵中,梅白赶紧插话说:"口号由省委取消。"

李达说:"口号取消,思想上不取消是不解决问题的。"又说:"你这时候温度很高,39 度。一党之主,一国之首,可不能发高烧呀!否则中国人民要遭大灾难。"

毛泽东让梅白送李达回家,并说:"今天他火气很大,我火气也不小。"事后,毛泽东说:"今天我和李达的争论,我是错误的","孔子说过,六十而耳顺,我今年六十三,但不耳顺。听了鹤鸣兄的话很逆耳,这是我的过错。"毛泽东还叫梅白通知李达再谈,并让梅白转告李达"六十耳顺",感激他的帮助。李达听了梅白转达的毛泽东的话,感慨地说:"还是润之的气量大。"

35."代英是个好同志"

——毛泽东与恽代英

1936年10月,毛泽东曾对来访的美国记者斯诺说道:"有三本书特别深地铭刻在我的心中,建立起我对马克思主义的信仰。"这三本书就是《共产党宣言》《阶级斗争》《社会主义史》。这本帮助毛泽东树立了马克思主义信仰的《阶级斗争》,其译者正是曾和毛泽东并肩战斗并结下深厚情谊的恽代英。

一见如故

1919年12月,北上宣传"驱张运动"的毛泽东途经武汉,立即便赶往互助社拜访神交已久的恽代英,这虽是两人第一次相见,但在革旧鼎新的激荡岁月里,共同的理想抱负早已使他们心气相通,建立起紧密的联系。

1917年10月,恽代英在武昌创建了"重自治不重他治,重利人不重利己"的进步青年团体——互助社;不久,毛泽东也在长沙集合了一批志同道合的进步青年,创建了"集合同志,创造新环境,为共同活动"的新民学会。恽代英提出互助社社员戒约八则,定期开会,自我反省,严于律己,以身作则。而毛泽东起草的新民学会会章则规定了不虚伪、不懒惰、不浪费、不赌博、不押妓等五项守则,与互助社八项戒约不谋而合,即都十分注重砥砺人品。共同的改造社会救国救民的伟大志向和积极向上的人生态度,成为毛泽东和恽代英真挚情谊的思想基础,而这两个宗旨

恽代英

和思想观念十分接近的青年进步团体开始在爱国运动中相互鼓励、相互学习、相互支持。

1919年7月,《湘江评论》创刊号刚印出来,毛泽东便将刊物寄给恽代英请

为代售,恽代英则通过互助社兴办的书报贩卖部在武昌、汉口等地区极力宣传售卖,使毛泽东所写的《创刊宣言》和《民众的大联合》等文章在武汉进步青年中广为流传,影响很大。当湖北督军王占元血腥镇压武汉爱国学生运动时,恽代英奋笔写下《武汉学生被官厅解散最后留言》一文,将惨案真相公之于世,并怒斥王占元残酷镇压爱国运动,大肆捕杀爱国学生的罪行。该文油印好后,恽代英立即派人连夜赴长沙交给毛泽东。毛泽东随即在《湘江评论》全文刊登,并附声明坚决支持武汉学生的爱国运动。在爱国运动中的相互支持,使两人在斗争中逐渐加深了了解。

正因为如此,毛泽东和恽代英初次见面便一见如故,促膝长谈至深夜,共同筹划武汉地区的驱张运动。在恽代英和互助社成员的组织联络下,武昌第二天便召开了声援驱张大会,并举行了声势浩大的游行活动。恽代英还告诉毛泽东,他正酝酿筹建一个传播新思想、新文化,宗旨为"利群助人,服务群众"的利群书社,毛泽东对此十分赞同。武昌这次相见虽然短暂,却使毛泽东与恽代英从此结下了深挚的友谊。

再逢武昌

1920 年 7 月,在取得驱张斗争胜利后,毛泽东返回长沙途中再次经过武昌。此时恽代英以互助社为基础创建的利群书社已开张营业半年,吸引了大批青年学子,规模不断扩大,成为长江中游马克思主义传播的重要阵地。恽代英同时创办了利群毛巾厂,以书社为基地进行工读主义性质的实验。毛泽东与恽代英敞开心扉,畅谈近期研究宣传马克思主义的体会,还就如何组织半工半读、自修学习等问题进行了研究。毛泽东在详细了解了书社经营状况、所购书籍刊物种类以及阅读对象后,连声称赞利群书社是进步青年探索真理的桥梁,认为办书社是宣传马克思主义的好办法,并明确表示回湘后,也要开办一个像利群书社这样的宣传阵地,这立即得到恽代英的热诚支持。

毛泽东回到长沙不久,便发起成立了文化书社,恽代英等为书社提供了信用担保,帮助文化书社购进了大量进步书籍刊物,使上海、北京等地各种马克思主义书籍和新文化书刊得以及时源源不断地传入湖南。多年后毛泽东谈及此事,还深有感触地说:"恽代英同志是一个极重感情的人。在他身上有一股豪气,助人为乐,服务他人,这种品格十分高尚。"

两人在武昌第二次相见时,恽代英受陈独秀的委托,正在翻译考茨基的《阶级斗争》一书。毛泽东当时也深感中文版的马克思主义经典著作太少,无法满足学习和宣传马克思主义理论的需要,认为恽代英的翻译工作正是目前所急需的。恽代英翻译的这本《阶级斗争》对毛泽东产生了极大的影响,令他铭记不忘。多年以后,毛泽东谈起此书时称其“建立起我对马克思主义的信仰”,可见他对这本书及其译者、挚友恽代英的评价之高、敬佩之深。

并肩战斗

1921 年 7 月,毛泽东在上海出席了中国共产党第一次代表大会,不久恽代英也加入了中国共产党。从此,两位挚友开始了为无产阶级解放事业而奋斗终身的伟大征程。建党初期,毛泽东首先关注的是工人运动。那时,陶行知等正在提倡乡村教育。恽代英 1923 年曾写信给毛泽东说,我们也可以学习陶行知到乡村里去搞一搞。毛泽东那时认为,现在城市工作还忙不过来,怎么顾得上农村呢?但雄才大略的毛泽东很快便转变了看法,开始将主要精力放到了农村,最终开创了一条农村包围城市,最后夺取政权的中国革命胜利之路。1938 年 3 月,毛泽东在延安“抗大”演讲时还说:“十五年前,恽代英主张去做平民教育工作,我没有去。”这句简简单单的话饱含着深意,既表现出毛泽东对自己关于农民问题认识过程的可贵的坦率,也流露出他对这位挚友深深的缅怀。

1924 年国民党“一大”后,根据党的指示,恽代英与毛泽东等一同参加了国民党上海执行部的领导工作。毛泽东担任组织部秘书,并兼代秘书处文书科主任,恽代英担任宣传部秘书,并负责编辑《新建设》月刊。这段时间里,两人经常在一起就改组后的国民党问题进行切磋,撰写宣传国共合作的文章,针锋相对地驳斥国民党右派分子的反共分裂言论,使国共两党合作的政治主张深入人心。1926 年,恽代英和毛泽东又一起参加了在广州召开的国民党“二大”。恽代英在会上当选为国民党中央执行委员,毛泽东当选为中央候补执行委员。会后,毛泽东在广州主持了中央第六届农民运动讲习所,致力于培养农民运动骨干。恽代英奉党委派担任黄埔军校政治总教官,并兼任军校中共的党团书记。在此期间,毛泽东经常邀请恽代英来农讲所给学员上课,讲授中国历史和中国农民问题。恽代英授课内容十分丰富,而且深入浅出,形象生动,深受学员们欢迎。毛泽东对他广博的学识、深厚的理论功底给予了很高评价,认为他是一个非常出色的演说家和宣传家。

1927 年 4 月,蒋介石在上海发动反革命政变。恽代英、毛泽东和宋庆龄、邓

1927年3月10日,国民党二届三中全会开幕合影。中排左八为毛泽东,后排左七为恽代英

演达等四十名国民党中央执行委员、候补委员、国民政府委员、军事委员会委员立即发表联名讨蒋通电,痛斥蒋介石的罪恶阴谋。在一片讨蒋声中,中国共产党召开了第五次全国代表大会。恽代英当选为中央委员,毛泽东被选为中央候补委员。会上,恽代英和瞿秋白、毛泽东等站在一起,对陈独秀的右倾机会主义进行批评,迫使陈独秀作了检查。

大革命失败后,为反抗国民党反动派的血腥屠杀,恽代英义无反顾地参加了南昌起义、广州起义的领导工作。毛泽东则回到湖南领导了秋收起义,随后又带领起义军走上井冈山,开辟了中国第一个农村革命根据地。两位挚友从此再也没有相见,但他们在革命斗争中建立起来的相互理解和相互信任却丝毫没有动摇。1929年4月,时任红四军前委书记的毛泽东代表前委致函中共中央,在提到关于中央要求朱德、毛泽东"离开部队来中央"的问题时强调:"中央若因别项需要朱毛二人改换工作,望即派得力人来。我们的意见,刘伯承同志可以任军事,恽代英同志可以任党及政治,两人如能派来,那是胜过我们的。"可见毛泽东对恽代英的信任和敬重。

1931年春,因叛徒顾顺章出卖,恽代英在南京雨花台英勇就义。噩耗传来,毛泽东悲痛万分,他以苏维埃临时中央政府人民委员会主席的身份,签署了通缉革命叛徒顾顺章的通令。通令在列举顾顺章叛变革命的罪行时,特别提到了“他更将已经为南京政府定了徒刑的中共中央委员、全国革命青年领袖恽代英同志等从狱中指证出来,给反革命立即枪杀”。

1943 年,恽代英的四弟恽子强携家人和恽代英烈士遗孤恽希仲辗转抵达延安。毛泽东得知消息后,从百忙之中抽出时间亲切接见了他们。他久久地凝视着恽希仲,仿佛眼前又呈现出恽代英的音容笑貌,他对恽子强说:“代英是个好同志,是我党最优秀的党员。”又对恽希仲说:“你要向你的父亲学习,继承他的遗志,为人民解放事业而奋斗。”毛泽东的这些话不仅是在勉励后人,更是对亡友的最真挚的怀念和崇高的评价。

同志情

36. "乔木是个人才"

——毛泽东与胡乔木

胡乔木的名字是与毛泽东紧密联系在一起的,成为毛泽东的秘书,是胡乔木一生中最重大的事件。胡乔木在毛泽东身边工作了近四分之一个世纪,从一名普通的秘书成长为中共领导人之一,被誉为"中共中央第一支笔"。

毛泽东点将

"九一八"事变后,胡乔木和千千万万热血青年一样,放弃了对他来说相对安逸的书斋生涯,走出清华园,来到大后方,投身抗战的洪流。在短短的几年间,他做过教员,办过报纸、刊物,当过编辑。1932 年,胡乔木加入了中国共产党,成为学生运动的领导人。1936 年,胡乔木在上海参加左翼文化运动,曾任左翼文化总同盟书记。胡乔木还担任中共江苏省委临时委员会宣传部长,是中共在上海抗日救亡工作的领导者之一。1937 年,经冯雪峰介绍,年仅 25 岁的胡乔木来到了他向往已久的延安。在延安,他先后担任了"安吴青训班"任副主任、任《中国青年》杂志主编、泽东青年干部学校教务长等职。他在工作中表现出的才干和出色的文笔,不知不觉中已被毛泽东所注意。

1941 年年初的一天,王若飞急匆匆地来到胡乔木居住的窑洞,还没来得及坐下,就将胡乔木拉到一边,郑重其事地告诉他:"毛主席那里需要人,决定调你到他那里做秘书工作。"胡乔木不禁怔住了,这完全出乎他的意料,他怎么也不会想到,毛泽东会调他当秘书。他忐忑不安地说:"给毛主席当秘书,我怕当不好。我从来没有做过秘书工作。"王若飞看出了他的顾虑,便说出了毛泽东"点将"的来历:"你发表在《中国青年》杂志上纪念五四运动二十周年的文章,陈伯达看了,很赞赏。他推荐给毛主席看了,毛主席说,‘乔木是个人才’。所以,毛主席很早就注意你。最近,毛主席那里人手不够,他点名调你去当秘书,你同时也是中共中央政治局秘书。”经王若飞这么一说,胡乔木就只好接受了,他就这样来到了毛泽东身边,成为他一生的转折点。

胡乔木来到毛泽东的窑洞,第一次面对面地和他心仪已久的伟人谈话,谈话却出人意料的短暂,毛泽东只是问了问这位年轻人的大致经历,便又埋首工作了,毛泽东的确是太忙了。一天,当胡乔木准时来到毛泽东的办公室时,毛泽东正在看一份清样。胡乔木做过编辑,校对是老本行,他想从帮毛泽东校对文章开始他的工作。“主席,我来干这个事吧。”胡乔木走到毛泽东的身边,轻声地说。“校对这件事可不容易,古人所谓校雠,就是要像对待仇人那样,把文章中的错误校对出来。你这才算找对任务了。”毛泽东向胡乔木招了招手,指了指剩下的那堆校样。

从此,胡乔木成为毛泽东身边得力的助手。他常为毛泽东整理讲话稿,例如毛泽东著名的《在延安文艺座谈会上的讲话》,就是胡乔木整理的。他也常常根据毛泽东的意见,为中共中央起草文件。毛泽东还鼓励胡乔木为中共中央机关报《解放日报》写社论,胡乔木先后为《解放日报》写了五十多篇社论。这些文思飞扬的文章,奠定了他“笔杆子”的地位,延安机关的人们,逐渐认识了新到中央的胡乔木。

非同寻常的赏识

毛泽东对胡乔木这个人才是很欣赏的。新中国成立后,胡乔木跟随毛泽东搬进了中南海,被委以重任。在政府内,胡乔木是新闻总署署长;在党内,是中共中央宣传部副部长。新华通讯社、人民日报社这两大舆论工具,都交由胡乔木掌管。期间有两件事非同寻常,足见毛泽东对胡乔木的器重。

1950年1月20日,新华社发表长篇电讯:“中央人民政府新闻总署署长胡乔木,本日向新华社记者发表谈话,驳斥美国国务卿艾奇逊的无耻造谣。”斯大林问毛泽东,胡乔木何许人也?并指摘事情如此重大,不应该用这种方式。斯大林有所不知,这篇谈话是身在莫斯科的毛泽东亲笔写就,用密码电报发回北京,“刘少奇并告乔木”:“用乔木名义写了一个谈话稿,请加斟酌发表”。过了一年半,1951年6月22日,《人民日报》以增出一张四个版的办法一次登出长达四五万字的长文《中国共产党的三十年》,运用马克思主义的普遍原理同中国革命具体实践相结合的观点,叙述和总结中国共产党三十年的历史,作者署名胡乔木。从此人们知道了中国

1950年4月12日,毛泽东、朱德在中南海颐年堂接见出席全国新闻工作会议的代表。右二为新闻总署署长胡乔木

共产党有这样一位了不起的笔杆子,胡乔木也以中共党史专家闻名。本来,这部简明党史是为刘少奇起草的庆祝"七一"的报告,用胡乔木名义发表完全是出于毛泽东的安排。毛泽东在审阅《中国共产党的三十年》后批示:此文以胡乔木名义在《人民日报》发表。

20世纪50年代,胡乔木最主要的工作还是协助毛泽东起草和修改中华人民共和国和中国共产党的重要文件,主要表现在:

1949年,胡乔木是《共同纲领》这个临时宪法的主要起草人。

1954年,毛泽东主持起草中华人民共和国的第一部宪法。胡乔木同毛泽东一起住在杭州西湖边的刘庄,搞了几个月。

1956年年初,胡乔木根据中共中央、周

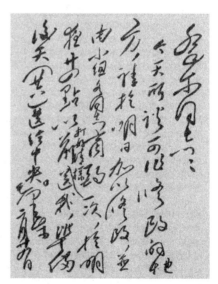

1954年2月24日,毛泽东在杭州就《宪法(草案)》修改问题致信胡乔木

恩来和知识分子问题十人小组的意见执笔写成周恩来在知识分子问题会议上的报告。

1956年年中,胡乔木又协助毛泽东、刘少奇起草中共八大政治报告等文件。

“我心到了!”

长期高度紧张的工作,使本就体弱的胡乔木神经衰弱症越来越重,以致力不能支。1961年夏,他给毛泽东写了一封信,请求长期病休。据胡乔木之子胡木英所言:“父亲患病和他的特殊工作状态有关。毛主席喜欢晚上工作,有些事想起来了,就一个电话把父亲召去。特别是后来,父亲神经衰弱,睡眠要靠安眠药,有时刚吃下安眠药,主席电话就来了,又得把父亲弄醒。到主席那里常常是一谈就两三个小时,谈完回来,就再也无法入睡了。”

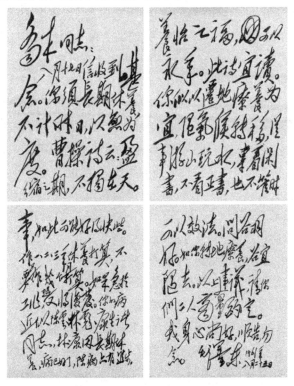

1961年8月25日,毛泽东写给胡乔木的信

但是,江青、陈伯达等没有放过胡乔木。从1967年12月6日起,胡乔木即被正式列入“中专一办周扬专案组”,从此被长期审查。江青等控制的专案组甚

至无中生有地诬称胡乔木历史上"很可能被突击当了特务",还给他加上在1959年庐山会议上"大肆攻击三面红旗"的罪名。

胡乔木自此实际上离开了毛泽东秘书的岗位,然而病休的胡乔木在"文化大革命"初期还是受到了冲击。1967年1月,北京邮电学院的红卫兵们来到胡宅,把胡乔木押上一辆敞篷大卡车,在凛冽的寒风中,在高音喇叭不断呼喊"打倒胡乔木"的口号声中,来了一次"街批"。第二天,中国科学院"红旗总部"派人前往北京八宝山,砸了胡乔木父母的坟,甚至把他父母的头颅从墓中取走!之后又是无休无止的揪斗。

持续的肉体和精神折磨,到1967年的"五一"才峰回路转。这一天,毛泽东突然提出要去看望胡乔木。胡木英回忆道:"五一看烟火,主席路过南长街来我家,之前汪东兴先来看路线、周围环境。那天晚上全家很兴奋地等着主席来,结果中共中央办公厅副主任、中央警卫团副团长张耀祠陪着主席,到一个常年不开的门前按铃,最终就错过了。"原来胡宅有两扇大门:朝东的大门,是原先大使馆用的。自从胡乔木搬进去之后,东大门一直紧闭着,从未启用。胡家平时进出,走胡同朝北的大门。张耀祠敲了一阵子,四周许多人跑过来,围观毛主席。见无人开门,加上围观者迅速增加,毛泽东只得吩咐开车。

第二天,胡乔木家中忽然来了几位中南海的警卫人员察看四周的地形,通知他:毛主席说昨日走错门,今日再来。正为错过昨天会面而遗憾的胡乔木喜出望外,像迎接盛大节日一样,等待着毛泽东的光临。一直到深夜12时,从中南海来电话,毛泽东不来了,后来才知道是因江青阻挠而未能成行。毛泽东无可奈何地说了一句话:"我心到了!"此言后来传进胡乔木的耳朵,他也说了一句话:"我心领了!"

历史常常不遂人愿,胡乔木就这样遗憾地错过了和毛泽东的最后一次会面的机会。虽然未能见到毛泽东,但这已使正备受煎熬的胡乔木心中感受到莫大的宽慰,也使他的境遇得到了极大的改善。毛泽东亲来看望胡乔木的消息传开后,造反派们从此便不敢再来揪斗胡乔木。

毛泽东没有忘记胡乔木,对于胡乔木的才华,毛泽东一直都是肯定的。1971年夏,毛泽东南巡中在回答丁盛"胡乔木是什么样的人"时说道:"胡乔木曾为中央起草了许多重要文件。《关于若干历史问题的决议》别人搞了几个月,没有搞出头绪,他一写,就写出来了。"胡乔木对毛泽东的知遇之恩也铭记不忘,他晚年在自己文集的序言中曾深情地写道:"毫无疑问,就我个人来说,没有毛泽东同志的指导教诲,我就很难写出这些文章,我的写作能力也很难像在这本书里所表现的逐渐有进步。"

37. "这不是我写的，是一个少壮派"

——毛泽东与田家英

在毛泽东众多的秘书当中，田家英是非常突出的一位。他不仅才华出众，帮助毛泽东起草了许多脍炙人口的文稿，而且为人坦诚，深得毛泽东信任，是当时毛泽东身边管事最多的一个人。

从"家教"到秘书

田家英于1944年到达延安，次年加入了中国共产党，先后在陕北公学、马克思主义学院、中央宣传部工作。他于1948年10月经胡乔木介绍，来到毛泽东身边担任了毛泽东的秘书。而在此之前，田家英曾经担任过毛岸英的老师。

那时毛岸英刚刚回国，由于长期待在苏联，毛岸英的汉语讲不好，毛泽东打算请一位老师来教毛岸英历史和语文。此时的田家英恰巧在延安《解放日报》上发表了《从侯方域说起》一文，毛泽东读后颇为赞赏，虽说那只是一篇千余字的杂文，但是从中可以看出作者的文史功底和敏锐的思想。更为难得的是，文笔如此老辣深沉的作者竟然是一位二十多岁的小伙子，这给他留下了深刻的印象。自那以后，毛泽东便注意起田家英这个年轻人了。当毛岸英需要一位老师时，毛泽东就想起了田家英——田家英熟悉文史，年纪和毛岸英差不多，请他当老师再合适不过了，就这样田家英开始当起毛岸英的老师来。

自从担任了毛岸英的老师之后，田家英和毛泽东的交往也就多了起来。那时由于正处于革命胜利的前夜，毛泽东的工作变得异常繁忙，秘书工作加重了，需要增加新秘书，这时在陈伯达、胡乔木的推荐下，田家英开始担任起了毛泽东的秘书。田家英为人忠厚老实、细致干练，深得毛泽东的信赖、倚重，毛泽东的存折、稿费、印章都交给他，这充分显示了毛泽东对他的信任。

作为毛泽东的日常秘书，田家英把主要的精力与才华都用于协助毛泽东的工作。他事无巨细，凡是毛泽东需要他做的他都尽力做好，从起草文件、下乡调查、处理信访直至保管存折，可以称得上是大管家。他对毛泽东极为敬重，在毛泽东身边工作的他更是深受毛泽东的熏陶与感染,田家英和毛泽东有着共同的兴趣、爱好,这使他们成了忘年之交。

毛泽东与田家英的诗交较深,他除了欣赏田家英的文采之外还看中了他的古文诗词的扎实功底,田家英有看书过目不忘的本领,他能背诵许多像贾谊《过秦论》这样长篇的文章,对他来说,背诵古诗更是他茶余饭后的一个消遣。毛泽东有深夜工作的习惯,为此,田家英也保持着与毛泽东同步工作的习惯。毛泽东写文章和诗词经常引据古籍,一般都要田家英查找和核对。田家英用十多年的心血为毛泽东建立起一个图书馆,由刚进城时的十个书架发展到上万册书籍。在难得的闲暇中,他到荣宝斋等旧店铺购买和搜集字画,往往买回来先送到毛泽东那里,两人共同欣赏切磋。

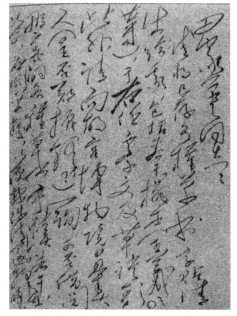

1958 年 10 月 16 日,毛泽东为搜集诸家名帖写给田家英的信,请他找一些草书字帖。

一天清晨,忙碌一夜的田家英刚刚躺下,就连续接到机要员送来的毛泽东三封内容相同的信,都是让他查找"雪满山中高士卧,月明林下美人来"这两句诗的出处,田家英知道毛泽东将有新作问世,凭着他对古诗词的深厚功底,没费多大功夫就找到了诗的出处,那是明代高启的《梅花》九诗之一,是婉约派的诗词。毛泽东自己的诗风豪迈雄健,但是他对抒情味浓、艺术性高的婉约派诗词也不排斥,在这些诗的触发下,毛泽东直抒自己的宽广胸怀,写出了很多佳作。

起草"八大"开幕词

毛泽东器重田家英,一个典型的例子,就是要田家英代他起草"八大"开幕词。毛泽东作报告,写文章,从来不让别人代笔。不论是在烽火连天的战争年代,还是在和平建设时期,都是如此。唯一的例外,恐怕就是"八大"开幕词了。

"八大"开幕词,毛泽东曾起草过两个稿子,不知为什么都没有写完。后来让陈伯达起草。陈起草的稿子毛泽东不满意,说写得太长,扯得太远,于是又找田家英。毛泽东告诉田家英:"不要写得太长,有个稿子带在口袋里,我就放心了。"这时离开会只有几天,时间非常紧迫,田家英花了一个通宵赶写出初稿。毛泽东比较满意,立即送中央书记处的刘少奇、周恩来、朱德、陈云和其他有关同志,经过多次修改,最后定稿。

据当时在场的毛泽东卫士长李银桥回忆,"八大"是在政协礼堂开的,短短的一篇讲话,总共两千来字,竟被多达三十四次的掌声打断。这篇讲话可以称得上是地道的毛泽东风格。毛泽东致开幕词结束后,来到休息室,许多人都称赞开幕词写得好。毛泽东对大家说:"开幕词是谁写的?是个年轻秀才写的,是一个少壮派,叫田家英,是我的秘书。""虚心使人进步,骄傲使人落后"这一脍炙人口的格言,便是田家英在八大开幕词中的得意之笔,也是毛泽东颇为欣赏的一句话。

1960 年 4 月,毛泽东在广州和有关同志研究《毛泽东选集》第四卷的编辑工作。右起:姚溱、毛泽东、逄先知、许立群、康生、田家英、胡乔木、熊复

卷入政治旋涡

晚年的毛泽东过分强调阶级斗争,在思想上,田家英和毛泽东产生了分歧。田家英向来敬重毛泽东,把他视为导师、父辈,正是因为他对毛泽东的爱之切,才对一些倾向忧心如焚,正是由于他不会"见风使舵",使他成为江青等人的眼中

钉,进而被扣上"篡改毛主席著作"的罪名,含冤自尽。

1959 年,田家英到成都郊区蹲点后,发现过"左"倾错误并试图纠正。同年夏,他在庐山会议上赞同彭德怀的观点,被人揭发批判后,毛泽东认为属于认识问题,还是对他加以保护。

1961 年年初,田家英受毛泽东委派去了浙江农村调研。在那里,他看到了饥荒。在各界人士会上,他开口便以中央工作人员的身份道歉说:"我们的工作没有做好,使大家挨饿了,对不起各位父老。共产党员看到这种情况,是很痛心的……"讲到此,他竟泣不成声。有人劝他不要说违反原有政策的话,他却满腔激愤地强调,只能按毛泽东所说的,"每句话,每个行动,每项政策,都要符合人民的利益",不能囿于现行政策和领导人说过的话,对不符合人民利益的事情视而不见!尽管庐山会议的余悸还在,田家英仍冒着风险上书,要求取消公共食堂。毛泽东作为一个伟人,冷静下来之后还是接受了这一意见,并同意田家英起草的人民公社的《六十条》。这一文件对扭转农村形势起到重大的作用。田家英自庐山会议后一再想到基层工作,一些省委书记也表示欢迎,毛泽东却总舍不得放他走。

1962 年 3 月,毛泽东与田家英(前排右四)等在武昌合影

1965 年 12 月初,毛泽东召集陈伯达、胡绳、田家英、艾思奇、关锋到杭州,研究为几部马克思主义经典著作写序的事。由于那天毛泽东的情绪非常好,便海阔天空地聊了起来,所聊的内容大大超过了写序的范围。毛泽东谈着谈着忽然

转移了话题,针对 1965 年 11 月的《文汇报》所载姚文元的《评新编历史剧〈海瑞罢官〉》和 12 月 8 日的《红旗》杂志所载戚本禹的文章《为革命而研究历史》,毛泽东说了一段评论式的话。在他谈话刚一结束,陈伯达就把这事告诉了江青,于是原本只作为毛泽东随口而说的话却要整理出谈话纪要,这一任务便落在了田家英的身上。田家英看过纪要后,删去了毛泽东关于姚文元和戚本禹的那段评论式的话。田家英参加过 1959 年的庐山会议,对彭德怀同志是深表同情的,他不能接受借《海瑞罢官》来进一步谴责彭德怀同志,也不同意把吴晗同志的剧本《海瑞罢官》和彭德怀同志牵连一起,这恐怕是他的真实想法。如果跟风走,顺水推舟最安全,田家英却不,明知不可为而为之,结果被江青等人扣上了"篡改毛主席著作"这一吓人的罪名。1966 年 5 月 22 日,田家英被通知"停职反省"。他沉思了一夜,第二天便以死抗争,此时仅 44 岁。

田家英毕竟是一介书生,毛泽东和田家英在闲谈中曾戏言在田死后应立一墓碑,上书"读书人之墓"。田家英继承了读书人的好传统——好学敏思、忧国忧民、洁身自爱、不慕名利、以天下为任,以苍生为念,正是这种优秀的传统铸就了他新一代读书人的性格,即便革命成功身居高位也不曾异化为官僚政客,但是也正是因为这样,使他无法防御那些玩弄权术的小人,最终成为他们的牺牲品。

田家英的意外之死震惊了党中央的领导人。毛泽东在去世前不久怀念起这位跟随了自己 18 年的秘书,曾带着沉重叹息道:"田家英其实也没有什么问题。"

38. "这个小鬼蛮机灵"

——毛泽东与叶子龙

叶子龙是毛泽东的"五大秘书"之一。他从 1935 年至 1962 年一直在毛泽东身边工作,时间长达 27 年。由于历史的和习惯上的原因,叶不仅是毛泽东的机要秘书,而且还长期负责毛泽东的日常生活。叶子龙与毛泽东朝夕相处,感情深厚,毛泽东曾不止一次地对他说:"咱们是一家人呢!"

"这个小鬼蛮机灵"

叶子龙 14 岁参加中国工农红军,成为一名"红小鬼"。他参加了历次反"围剿"战争及著名的两万五千里长征。到达陕北后,一个偶然的机会,他被调到毛泽东身边工作。那是在长征胜利到达陕北不久,1935 年 11 月的一天,在下寺湾村,他把一份电报交给毛泽东的参谋黄友凤。黄友凤说:"我正有急事,你直接给主席送去吧。"叶子龙虽然多次见过毛泽东,可还从没跟他面对面说过话,更没有去过他的房间,因此心里不免打鼓:"我行吗?"

"没问题! 到了门口别忘喊报告。"

叶子龙一溜小跑来到毛泽东住的窑洞门前,整了整衣服,喊了一声"报告"。可能是由于门上挂着厚厚的棉门帘,里面没有反应。他又使劲喊了一声。毛泽东的妻子贺子珍掀起门帘让他进去。房间里有些暗,充满了刺鼻的烟草味。毛泽东正在炕上,靠着被垛,一边吸烟,一边凑着油灯看书。

叶子龙向毛泽东敬了个礼:"报告主席,您的电报!"

毛泽东放下手里的书,似乎有点惊奇:"喔,来了个小鬼! 好大的嗓门噢,你叫什么名字啊?"

"报告主席,我叫叶子龙。"

"听口音,你是湖南人吧?"

"是,是浏阳人。"

"噢,我们还是老乡哩!"接着,毛泽东问了叶子龙的家庭情况和参加革命的经历,而后高兴地说:"好啊,一个喜欢造反的小老乡!"

毛泽东拿着电报走到油灯边,叶子龙转身准备出门。毛泽东说:"小鬼,下次来时,别那么大声喊,天都让你喊破了,敲敲门不好吗?"

"是,主席!"

此后不久,叶子龙被任命为机要股长,并来到毛泽东身边工作,而且一干就是 27 年。许多年以后叶子龙才听别人说,他第一次给毛泽东送电报,毛泽东对他的印象不错。毛对彭德怀说:"这个小鬼蛮机灵,叫他到我这里来工作吧!"

发明"圈阅"制度

1948 年 2 月,毛泽东亲自主持制定《中共中央关于土地改革中各阶级的划分及其待遇的规定》,随即发往全国。中央要求各地认真讨论并将意见迅速汇报中央。此后,毛泽东就等着关注各地的反映。

3 月的一天,毛泽东突然问起东北方面调查土改和讨论规定的材料来了没有。担任秘书的胡乔木回答说早就来了。毛泽东追问道:"来了为什么不及时送给我看?"

叶子龙连忙去找,结果从文件堆里翻了出来。他见电文上画了许多勾,因为当时领导人阅看电报、文件后,就在头一页上画上勾,所以叶子龙说:"这份电文您已经看过了。"毛泽东听了有些不悦,说:"我根本就没有看过!"

由于文件上面只有勾勾,从勾勾上的确看不出究竟是谁画的,所以到底谁看过了谁没看过,难以分辨。

为了改变这种状况,叶子龙想了个办法:送传电报、文件前,先在上面署好各位领导的名字,哪位领导看过了,就在自己的名字上画一个圈。这样一来,谁看了谁没看就一目了然了。

从此,中共领导人的"圈阅"制度就开始实施,并一直沿用到今天。

"加上一个'新'字"

1949 年 10 月 1 日下午 3 时,开国大典在礼炮声中隆重开始。毛泽东按动电钮升起了第一面五星红旗。接下来,在 3 个小时的阅兵式和群众游行过程中,毛泽东始终处于兴奋状态,不断挥手高呼"人民万岁"。

开国大典结束时已是傍晚,叶子龙随毛泽东从天安门城楼下来,返回中南海。刚下车,机要室的同志交给叶子龙一份电报。这是斯大林发给毛泽东的电报,向中国共产党表示祝贺,并宣布苏联承认刚刚成立的中华人民共和国并愿与中国建立正式外交关系。毛泽东看了电报,非常兴奋,拉着叶子龙的手使劲摇着,说:"好嘛!谢谢你!我们拉拉手!"

这么多年来,叶子龙几乎每天都跟随在毛泽东左右,几乎每天都要送交电报,但从来没有见过毛泽东如此兴奋。叶子龙在回忆录中记录下了毛泽东的这一微妙的心理活动:从今以后,他不仅仅是中国共产党的代表,也是一个泱泱大国——中华人民共和国的首脑。他在与我握手的瞬间,分明有一丝不易被外人察觉的幸福感。这种表情以后我再也没有见到过。

1949年4月,毛泽东同朱德在北平香山接见出席中国新民主主义青年团第一次全国代表大会的全体代表。二排左四为叶子龙

新中国成立时,叶子龙的大女儿叶燕上小学三年级。一天下午,她放学回家,走到院子里还唱着歌。毛泽东正在院子里散步,听到歌声就好奇地问:"小燕子,你唱的是什么歌呀?再唱一遍给我听听好不好?"

叶燕很有礼貌地回答:"毛伯伯,我唱的是《没有共产党就没有中国》。"接着,又大方地唱了一遍。

毛泽东微笑着听完,问:"小燕子,你说说,中国共产党是哪年成立的?"

"1921年!"小姑娘不假思索地答道。

"那中华人民共和国是哪年成立的?"

"今年10月1日。"

"好!那么中国的历史有多少年了?"

这个问题可有点难。她想了想,试探着说:"大概有几千年了吧?"

毛泽东点了点头,微笑着说:"对嘛,中国已经有五千年的历史,而中国共产党成立才几十年。你想想是先有中国还是先有中国共产党?怎么能说没有共产党就没有中国呢?"看到小姑娘有些不知所措的样子,他又接着说:"不要紧,我帮你加上一个'新'字,这首歌就叫《没有共产党就没有新中国》,你看好不好?"

这时,叶子龙也已来到院子里。毛泽东说:"是啊,新中国要有新的面貌,共产党要领导人民取得过去几千年没有的成绩,任务重哩!"

第二天,叶燕到学校将以上情况告诉了老师。学校很重视,并与歌词作者进行了联系。从此,这首歌就改成《没有共产党就没有新中国》了。

　　1953年5月30日,毛泽东同李敏、李讷、刘松林及身边工作人员在北京玉泉山散步。左一为叶子龙

倡导火葬

毛泽东倡导实行火葬，掀起了一场丧葬的革命。而这一想法的形成，与任弼时的逝世及后事处理有关。任弼时是中共五大书记之一，又是开国元老。他的去世是党和国家的重大损失，因此，为任弼时举行了非常隆重的追悼会和送葬仪式。事后，毛泽东不止一次地对刘少奇、周恩来等中央负责同志说，弼时同志对中国革命的贡献大，对其进行厚葬是必要的；但我们死后如果都这样葬，是不是有些浪费了？

1954年在杭州，毛泽东看到西湖周围有许多大大小小的坟墓，不无忧虑地说，人死了都土葬，死人与活人争地，长此以往，活人就没有地种了，那怎么办？于是，多次建议人去世后实行火葬。

1956年4月27日，中共中央、国务院及各部委、各民主党派负责人齐聚中南海怀仁堂，毛泽东在"倡议实行火葬签名册"上第一个签名。接着，朱德、彭德怀、刘少奇、周恩来、彭真、董必武、邓小平等领导同志先后签名，当时不在北京的陈云也专门写信补签。这样，就共有137人签了名。

签字过程中，毛泽东看叶子龙没有动，就问："你为什么不签？是不是怕火葬啊？"

叶子龙说："我不怕这个，是怕不够格。"说完走到桌前，郑重地签上了自己的名字。他是第72个签名的人。

叶子龙在回忆录中写道："签字的多是老一辈无产阶级革命家，作为一代开国元勋，他们一生艰苦朴素，并用他们的实际行动实现了自己的生前诺言。如今，他们中的大多数已经永远离开了我们，但他们留下的墨迹仍然激励着后人。至于毛泽东逝世后，他的遗体保存了下来，这是出于全党全国人民的意志和愿望，当是世人都可以充分理解和拥护的。"

39. "不仅要能吃面包，还要能吃小米子啊！"

——毛泽东与师哲

师哲曾在苏联学习、工作了 15 个年头。在苏联，当人们提到中国红军时，必然要提到毛泽东的名字。在共产国际任弼时的办公室里，师哲第一次见到毛泽东的头戴八角帽、身穿灰军装、英俊、目光深邃、充满自信的巨幅照片时，虽然不好意思开口询问，但心想这一定是人们所景仰的毛泽东。每当这时，师哲顿觉受到了莫大的鼓舞：中国共产党终于有了自己值得信赖的领袖，中国革命胜利在望。在师哲心目中，毛泽东的名字成了革命、奋斗和胜利的象征。

"不仅要能吃面包，还要能吃小米子啊！"

1919 年，师哲考入陕西省立第一师范。由于闹学潮被开除，到开封参加了冯玉祥的部队，因他有点文化，被送到开封陆军处学习。当时在李大钊的帮助下，国民第一军、第二军与苏联达成一项协议，可派 25 名学员到苏联学习。这样，师哲于 1925 年到了莫斯科，并于 1926 年在基辅军校加入中国共产党。之后，他便在苏联和共产国际做翻译工作。中共报给共产国际的文件、信件，基本上都由他翻译成俄文。1938 年以后，师哲又协助中共驻共产国际代表团团长任弼时的工作。

中共准备在 1940 年召开第七次代表大会，共产国际决定选派一个代表来参加大会的筹备和召开工作，季米特洛夫认为，让一个外国人到延安来完成这一任务，不如物色一个中国同志来更适合些。便选派了师哲，让他参加大会后再回共产国际汇报。师哲心里想的却是再也不离开祖国了，所以开始接受这一任务并不愉快，他转念一想：回国再说，还不定怎么变化呢。

师哲回到延安后，盼望早一天见到毛泽东。这一天终于来了。1940 年 3 月底的一个下午，周恩来带师哲到杨家岭拜会毛泽东。这一天，风和日丽，春光明媚。毛泽东正在窑洞前的土坪上散步，见到周恩来与师哲来了，立即微笑着健步

1991年,中央文献出版社出版了《在历史巨人身边——师哲回忆录》,师哲在书中深情回忆了他在毛泽东等领袖身边工作的见闻

迎过来,周恩来将师哲介绍给毛泽东。握着毛泽东那宽大、温暖的手,师哲心情激动万分。毛泽东明朗慈祥的脸上洋溢着笑容,亲切、和蔼而又诙谐。他见师哲有些紧张,便风趣地说,你的面容像某某、风度像某某。由于对国内干部情况一无所知,不知指的是谁,所以师哲只是呆呆地看着毛泽东。

周恩来见此情景,急忙解释说:"这些人他都不认识,自然不能理解。"

毛泽东话锋一转,问道:"你是哪里人?"

"韩城人。"师哲答道。

"噢,你和司马迁是同乡。"

师哲后来回忆道:"这句话像一只灵巧的金手,一下子就找到了我们交谈的话题,激起了我万千思绪。"

接着毛泽东谈到龙门在韩城县境内,"禹门三级浪,平地一声雷"的出处;讲了黄龙山山脉自西向东,绵延到韩城县境内;解释了黄龙山命名的起因,它的山势、土壤、物产,并指出延安以南的崂山也源于黄龙山山脉。

师哲十分惊讶毛泽东如此丰富渊博的知识,对他的家乡竟然这样了解。他说:"小的时候听年长的人说过,'黄龙山是土匪窝子'。"毛泽东笑了笑,诙谐地说:"杨成武将军也是黄龙山上毕业的。"

毛泽东又询问了师哲的出身、家庭、经历等。师哲简要介绍了他到莫斯科的经过。毛泽东说:"你长期待在苏联,恐怕对苏联比中国更熟悉了。"师哲说:"在苏15年,远离祖国,非常想念祖国。"毛泽东说:"七大会议推迟召开了。你怎么办?"周恩来说:"已有一个安排,想让他做任弼时同志的秘书。"毛泽东回头问师哲:"怎么样,可以吗?"师哲说:"很好。我很乐意做。"毛泽东说:"延安比不得莫斯科,不仅要能吃面包,还要能吃小米子啊!"师哲毫不犹豫地说:"住窑洞,吃小米,再苦也不怕。"师哲心里想:我再也不去"吃面包"了,您能留我"吃小米子"就好了,您的意思是不是要留我呢? 他想说"我再也不离开祖国了"。但他身负使命,也不是自己说了算数的,于是只好什么也不说。

和毛泽东初次见面的一席谈话,给师哲留下了深刻的印象。毛泽东的风度和师哲所见过的领导人如斯大林、季米特洛夫等都不一样。他是一位旷达、开明的人,有一种超然的气概和强烈的自信心。

留在延安

1942年年末,苏联飞机飞来延安,捎来共产国际的口信:要师哲返回国际去汇报工作。毛泽东听了先是一愣,接着目视着师哲,意思是问他的态度。

师哲当即说:"我不回去!"毛泽东说:"那好,你同他讲。"

于是当着毛泽东的面,师哲对苏联同志说:"请你转告季米特洛夫同志,中国局势如此紧张,任务十分繁重,这里很需要人,我不能回去。"

以后第二次、第三次捎口信催师哲返回国际时,他都照样回绝了。毛泽东曾对任弼时说:"师哲在苏联那么长时间,留在国内作用更大,如果国际一定要中共派人去,我们有的是干部,可以派别人去嘛。"

1943年6月,共产国际解散了,当师哲把国际关于此事的电报读给毛泽东听时,他很兴奋,说:"他们做得对,我早就主张不要这个机构。"接着又笑着对师哲说:"把你也解放了。"从此,师哲留在了延安担任了任弼时的政治秘书,而他的大部分工作是为毛泽东做俄文翻译。

毛泽东不相信口供

延安整风全面展开后,当时的中央社会部部长康生,利用他掌握的审干的部分权力,以"抢救失足者"的名义,召开斗争会,错斗了一些同志。师哲对康生的这种做法很看不惯。

一次,师哲陪同毛泽东散步,问毛泽东中央机关整风学习的目的是什么。毛泽东说:"弄清是非,端正思想,提高认识,接受经验教训。"还说:"整风是思想上的清党,审是组织上的清党。"师哲又问:"是不是要抓一批,关一批,杀一批呢?"毛泽东明确回答他:"主要在教育,不追究个人责任。我们过去在肃反中有很沉痛的教训。这次无论如何不能搞逼供信,要调查研究,要重证据。"

1955年2月14日,毛泽东等出席苏联驻华大使馆组织的庆祝
《中苏友好同盟互助条约》签订五周年招待会,左二为师哲

师哲心里亮堂了,他想,整风学习的目的、内容、方法都很明确,是被康生搞得变味了:康生在中央直属机关干部大会上作"抢救失足者"的报告,提出了一个"整风—审干—肃反—抢救—自救"的荒谬逻辑,说什么"整风必然转入审干,审干必然转入肃反,肃反必然转入抢救,抢救不成而自救"。在他的干扰下,中央机关的整风审干工作一度偏离了正确的轨道。昨天还是同志,让他这样一审,今天就变成了"特务",被关了起来。十几天的时间,延安就揪出所谓的特务分子一千多人,造成了大批冤假错案。

一天,师哲从被审查干部的交代材料中选了五份,送给毛泽东。毛泽东看了很生气。第二天,他把师哲、李克农和周兴叫去,说:"你们送来的几份口供,我看了两份就不想看了。以后不要再送了。写那些东西,有多少是真的呢?"

师哲说:"都是他们自己写的呀!"毛泽东说:"自己写就没有假的了?谁知

道又是在什么情况下写的? 看这些口供,像是看小说,还蛮生动的。我看很不足信。这些口供材料,有一句是假的,就可能有十句是假的。”

毛泽东接着给他们讲了中央苏区反 AB 团的一件事。那时对可疑分子的审问,几乎是审一个是一个。有一次,毛泽东悄悄从窗户外看屋子里的审问,原来是把犯人的十个手指头和几根棍子捆在一起,不承认,就往棍子中间钉楔子。承认了,就松开,松开后如果翻供,就再往上钉楔子,直到承认再不翻供为止。结果,把许多自己的同志都审判成坏人了。

师哲听了毛泽东讲的这件事,心里深感内疚。他原以为他们自己说的,自己写的,就一定都是真的,没有想到其中许多都是搞逼供逼出来的。他自感违背了中央“一个不杀,大部不抓”的方针,虽然主要责任不是自己造成的,但自己没有执行好中央的方针,是有责任的。他当面向毛泽东承认了错误,并在后来的工作中作了认真改正。

40."你们要常来北京看看我"

——毛泽东与李银桥

从 1947 年到 1962 年,李银桥在毛泽东身边工作、服务了 15 年之久。生活中,李银桥无微不至地为毛泽东服务,而毛泽东也给予李银桥多方面的热心关怀。两人之间建立了很深的感情,用"情同父子"来形容毛泽东与李银桥的关系,一点都不过分。

君子协定

1947 年,中央纵队参谋长叶子龙和副参谋长汪东兴将李银桥叫去,告诉他将调任毛主席卫士。几乎所有人听说要到主席身边工作都会很兴奋,可李银桥却是个例外:"我想到前线部队去。为主席服务,我真怕干不好,但我服从命令。"不知是不是这个表态被毛泽东知道了,李银桥来到毛泽东身边一连几天,毛泽东一句话都没跟他说过,他上前搀扶毛泽东,毛泽东就甩开他的手自己走。这让李银桥的心里很是惶恐不安。

一天傍晚,李银桥陪毛泽东散步。毛泽东问:"你叫什么名字啊?"李银桥迅速立正回答:"报告! 我叫李银桥!"主席接着问他是哪三个字,为什么叫银桥,不叫金桥。李银桥说金子太贵重了,他叫不起。主席笑了笑:"你还挺有自知之明。"随后,他问李银桥,是否愿意到他身边工作,李银桥顿时矛盾起来,自己从 1938 年参军就当特务员、通信员,早就盼着能下连队。

"不愿意!"李银桥犹豫了一下,还是很艰难地从口中挤出这三个字,声音很小。否定的回答,毛泽东以前从未遇到过,他停顿片刻,清了清嗓子,表示喜欢李银桥说真话,同时刨根问底,想知道他为什么不愿意。

李银桥倒也坦白:"我担心主席恋旧。"他说,主席用过的笔墨砚台、旧衣旧物从来不扔,有了好的也不愿意换;身边那匹大青马牙口已经老了,也拒绝另换一匹。"主席对旧物都容易产生留恋之情,对身边的人岂不更是如此? 等我们有了感情,您还会放我走吗?"

毛泽东听了爽朗地笑笑,从没有人这么研究过他,他越发喜欢李银桥了。

他随即提出,倘若他想要李银桥来,怎么解决?总要有一个人妥协吧?李银桥老实地回答:"那只好我妥协了。"毛泽东也认真想了想,表示大家都让一步:"我让你帮半年忙,算是借用。"1947年,在最凶险的战斗间隙,毛泽东和李银桥立下了这个富有人情味的"君子协定"。不曾想,这个"半年"最终却变成了15年,李银桥不但自愿留下来,还干得勤勤恳恳、有模有样,从卫士、副卫士长做到卫士长。

毛泽东做红娘

毛泽东的女儿李讷7岁时,组织上派了高小毕业、18岁的韩桂馨来负责照看,以便教她读书识字。当毛泽东了解到韩桂馨是河北安平县人时,马上叫来李银桥说:"银桥,是你的老乡嘛!这叫缘分,你们握个手吧!"接着又对韩桂馨介绍说:"小韩,他是我的卫士组组长李银桥,也是平安人,还是咱们的党小组长。以后你就归他领导,有什么事多在一起商量。"

1948年,党中央迁到河北西柏坡。这时全国形势处于战略大反攻阶段,生活条件改善了不少。但是毛泽东依旧坚持艰苦朴素的习惯,衣服不到补得不能再补是不许换新的。他的毛衣毛裤穿太久了,多处烂出大窟窿,还有多处脱线,韩桂馨与李银桥趁机去劝说毛泽东换件新的。

毛泽东正在沙发上看书,听了他俩的来意,和蔼地说:"小韩,你把李讷照看好了,又为我缝缝补补,已经帮了我的大忙,我非常感谢你,还是请你辛苦一点,把我的毛衣毛裤补一下,能穿就行了。"

毛泽东微笑地瞄几眼李银桥,站起身来,话题一转,问李银桥今年多大了。李银桥回答说21岁。毛泽东又笑着对韩桂馨说:"我记得你应该是19岁了,对不对啊?"她还没反应过来毛泽东话里的含义,只是惊讶毛泽东怎么会记得这么清楚。毛泽东意味深长地一笑:"那很好嘛,你们应该多互相帮助。"韩桂馨蓦然意识到了什么,心头一热,没想到毛泽东对他们的关心这么细致。

第二天散步时,毛泽东拉家常地问李银桥和小韩谈得怎么样了。李银桥不好意思开口,一个劲地傻笑。毛泽东一半是批评一半是鼓励地说:"不要封建哟,你们谈我是赞成的。"又进一步略带调侃地鼓励李银桥说:"不要靠媒人,毛泽东的卫士要自力更生。"

1948年12月10日,李、韩二人写了申请结婚的报告。不到两天时间,各级领导在报告上作满了批示。诸如:"大大好事,甚为赞成""同意并致祝贺",等等。这份报告李银桥夫妇一直珍藏至今。

报告批复下来,就算结婚了。因为战争尚未结束,婚事一切从简。到北京香山后,一次,毛泽东忙中抽空,喊来李银桥说:"过去受条件的限制,现在好些了,你们选个日子,把结婚仪式补办一下。"

李银桥的心一热,原来毛泽东还一直惦记着他俩的婚礼一事。李银桥连忙推辞说:"大家都正在准备建国的大事,太忙,仪式就算了吧。"

然而毛泽东坚持要补办。二人拗不过毛泽东的一片好意,商定了五四青年节的日子。毛泽东听说了,频频点头,立即称赞说:"好,这个日子选得很有意义。"举行仪式那天,大家热热闹闹地开了两桌席。遗憾的是,那天毛泽东因为连续开会,接见民主人士,没能喝上喜酒。事后,二人特意将喜糖送给毛泽东。毛泽东显得格外高兴,他看到自己说合的这桩婚事开花结果了,心里的喜悦之情分明地洋溢在脸上。

1949年7月,毛泽东同李敏及身边工作人员李银桥(左一)等在北平香山

洒泪相别

1962年4月,李银桥调离了毛泽东的身边。同时被调离的,还有叶子龙、封**耀松**、高智和王敬先等人。当时担任中央警卫局局长的汪东兴已经与李银桥谈

过话了。值班卫士张景芳跑来找李银桥,说主席叫他去。

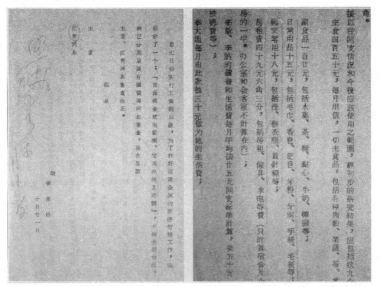

1955年7月实行薪金制后,毛泽东一家的经济收支都由工作人员掌管。这份由李银桥写的《首长薪金使用范围、管理办法及计划》特别注明,因私请客应由自己的薪金开支

　　走到门口,李银桥站住了,整了整衣帽——这是他15年养成的老习惯。毛泽东倚在床上,背靠着床栏看文件——这也是老习惯。听见李银桥的声音,毛泽东抬起头,叫他来,过来。毛泽东握住了他的一只手,另一只手在他的背上缓慢地摩挲着。两人都不说话,半晌,毛泽东开口了,听说你要走啊?李银桥说不出话来。

　　毛泽东的嗓子有点沙哑:“听说你要求到石家庄去?”李银桥告诉毛泽东,他要到天津工作。时间停滞一般的静谧。李银桥的眼睛有点发潮,他实在舍不得离开。

　　还是毛泽东先开口:“唉,你跟我这么多年,人也长大了。你在我身边工作,帮了我的忙。你是一个好同志,你在我这里工作,一直兢兢业业,使我的工作很顺利,省了不少心。可是……”毛泽东动了感情,眼圈一红,“可你老跟着我怎么行?我死了你怎么办?”

　　李银桥的泪水再也止不住了,眸子一片模糊。李银桥一哭,毛泽东也受不了了,泪流而下,哽咽地说:“我也舍不得你走啊。我和我的亲人,和我的孩子们一年也见不上几次面。你在我身边工作,我们每天在一起,朝夕相处,你们比我的孩子还亲啊。”李银桥禁不住哭出了声,他恋爱、结婚、生孩子,毛泽东就像父亲一样地帮他操心,他早已把自己当成了毛泽东家庭中的一员,习惯了与主席相互关心相互帮助地生活,一旦离开,他的心里犹如猛地空了一大块。

1961 年 2 月,毛泽东同部分身边工作人员合影。后排右起:李银桥、兰芳、吴旭君、胡秀云、封耀松

毛泽东难过地说:"我得为你的前途着想,我不能误你的前途,你在我这里,地位够高,一个卫士长也只是个团级,职务太低,老在我这里要影响你的前途。下去多锻炼锻炼,工业、农业、公安,几种事情都干干,取得经验,提高能力,也好胜任更重要的工作。下去以后要夹着尾巴做人,要搞好团结,多多接触工人群众,多多向周围的同志学习。"

毛泽东说到这里,感情控制不住了,一把将李银桥拉入怀里,拍打着他的后背,哭道:"银桥,我死以后你要每年到坟头上去看一次啊!"毛泽东的伤感,使李银桥止不住地又哭起来。毛泽东擦着眼泪拉开抽屉,放在里面的那个牛皮纸袋中,装着他为李银桥去天津安家准备的 800 元钱。临别之际,毛泽东又亲笔书写《长征》送给李银桥夫妇留念,又一再叮嘱:"你们要常来北京看看我,我到外地去路过天津,我看你们……"

41."他的死是比泰山还要重的"

——毛泽东与张思德

1944 年 9 月 8 日,毛泽东在延安出席了中央警备团战士张思德的追悼会,党的领袖亲临一名普通战士的追悼会,这是何等的高规格! 人们不禁要问:张思德是怎样一个人呢?

当战士也是革命的需要

张思德是四川仪陇人,1915 年出生,18 岁那年参加了中国工农红军,同年加入中国共产主义青年团。张思德参加了长征,作战机智勇敢,曾夺得 2 挺机枪,先后 3 次负伤。张思德经过长征到达陕北后,组织考虑他曾几次负伤,身体虚弱,决定让他去治疗、休养。1937 年春,张思德来到云阳镇荣誉军人学校休养。在"荣校"因医护人员少,张思德就主动帮助病友,打扫卫生,端水送饭,开展宣传,比医务人员还忙。医生和同志们劝他休息,他总是说:"没关系,我是轻伤。"张思德的突出表现赢得了同志们的交口称赞和组织的信任,经过党组织严格的考察,张思德在 1937 年 10 月光荣地加入了中国共产党。

1938 年春,张思德奉命调往泾阳八路军后方留守处警卫连任班长。1940 年夏,又调中央军委警卫营任通信班长。他在工作中认真负责,在带领全班完成机要通信、站岗放哨、开荒生产和建窑烧炭等各项任务中,成绩优异。他待人诚恳热情,关心战友进步,经常帮助战友补洗衣服、编织草鞋,带头帮助驻地群众生产劳动。1942 年秋,军委警卫营与中央教导大队合并,成立了中央警卫团。合并后,干部要精简,一些连、排干部去当班长,而多数班长、副班长则要当战士了。张思德被分配到一连二排四班当战士。一天,原营教导员、现任警卫团总支书记在山坡上遇见张思德,亲切地问:"当战士有啥想法呀?"张思德腼腆地一笑,毫不犹豫地回答:"当班长是革命的需要,当战士也是革命的需要,干啥都是为人民。请党放心,保证好好当个战士!"

在毛主席身边

张思德是这样说的，更是这样做的。1943 年 4 月，张思德被调到枣园，来到伟大领袖毛主席身边当警卫战士，他感到无比幸福和光荣。在这里，张思德看到毛主席和同志们一样，穿着粗布衣，吃着小米饭，住着土窑洞，点着煤油灯，但毛主席却从来没有度过节假日，总是不停地工作，紧张起来，几天几夜不休息，甚至忘了吃饭，常常是端起饭碗，手中还拿着电报、文件，一边吃一边看。有一天夜里，张思德站岗。毛主席看见张思德衣服单薄，怕他受冻，叫身边执勤代班的同志来替他一会儿，让张思德到窑洞里烤烤火。张思德万分感激地对警卫干部说："谢谢毛主席!"坚持不下岗。毛主席听说，就亲自端着炭火盆，来到张思德跟前，让他暖一暖身子。张思德的泪水再也止不住了，他想，世间哪有比这更温暖、更幸福的事情啊! 生活在毛主席身边的张思德，时时刻刻感受着伟大领袖的亲切关怀，他更加理解到:我们这个队伍，从领袖到战士，完全是为着解放人民的，是为人民的利益而工作的，更加坚定了自己做好革命工作的决心，要圆满地完成保卫毛主席的任务。

毛泽东亲临追悼会

张思德在困难面前总是坚定乐观、情绪饱满，从不计较个人得失。1944 年春，张思德响应党中央大生产的号召，主动报名参加了由中央机关组成的生产小分队，来到安塞垦荒种地，并被选为农场副队长。夏季过后，天气渐渐变凉，部队的取暖问题又成了当务之急。小分队决定利用农闲组织人马上山烧木炭。张思德想到自己曾在军委警卫营烧过木炭，有一定的实践经验，于是他主动请战，率领一班人马前往安塞县石峡峪，投入了烧木炭的战斗。他处处起模范带头作用，不怕苦、不怕累、不怕脏，每到出炭时都争先钻进窑中作业。

1944 年 9 月 5 日，是一个阴雨天，但张思德和战友们还是上山烧炭。他们砍树的砍树，打窑的打窑，和往日一样干得热火朝天。就在一孔新炭窑快要挖成的时候，张思德突然发现窑顶"啪啪"掉碎土。"快出去，有危险!"张思德一边大喊，一边迅速把战友推出窑口。说时迟，那时快，只听"轰隆"一声，两米多高的窑顶坍塌下来，把他整个身体埋在了里面……

张思德牺牲的消息传到延安，同志们都为失去这个优秀的战士悲痛万分。

正在和战友烧炭的张思德(左)

1944年9月8日,枣园机关、中央警备团为张思德举行了隆重的追悼会。追悼会场选在西山广场。所谓西山广场,就是枣园后院外的西山脚下的一块干河滩。一大早,社会部和中央警备团便在河滩上临时搭好了一个二十多平方米大小、一尺左右高的土台子。土台子两边竖了两根松木柱子,台子上面搭起了棚布,台前正上方悬挂着"追悼张思德同志"的黑布横幅,中间悬挂着毛主席亲笔书写的"向为人民利益而牺牲的张思德同志致敬"的挽联,主席台的四周摆放着各单位送的大大小小的花圈。社会部和警备团等单位、枣园附近的群众有一千多人列队集合在西山广场,中央机关的许多领导同志都来了。

　　毛泽东亲临追悼会,并发表了著名的演讲,对张思德全心全意为人民服务的革命精神给予了高度评价,阐述了为人民利益而牺牲的意义,指出:"我们的共产党和共产党所领导的八路军、新四军,是革命的队伍。我们这个队伍完全是为着解放人民的,是彻底地为人民的利益工作的。张思德同志就是我们这个队伍中的一个同志。""人总是要死的,但死的意义有不同。中国古时候有个文学家叫做司马迁的说过:'人固有一死,或重于泰山,或轻于鸿毛。'为人民利益而死,就比泰山还重;替法西斯卖力,替剥削人民和压迫人民的人去死,就比鸿毛还轻。张思德同志是为人民利益而死的,他的死是比泰山还要重的。"

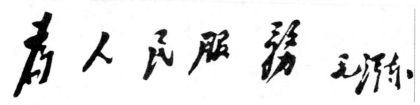

毛泽东为张思德的题词

张思德没有留下什么豪言壮语,但他完全彻底地为人民服务的精神却是永恒的。而"为人民服务"的口号和张思德的名字一起,传遍了中华大地,使人们记住了这个平凡而又伟大的战士,也让我们感受到伟大领袖和普通战士之间感人至深的情谊。

诤友情

42."欠的账是无论如何要还的"

——毛泽东与章士钊

1918 年 8 月,刚刚从湖南第一师范毕业的毛泽东来到北京,在北大图书馆任图书管理员。期间他与早他两个月来北大任教的杨昌济的女儿杨开慧相爱。经杨昌济的介绍,毛泽东认识了比他大 12 岁的章士钊,毛泽东对这位师长辈的湖南同乡十分尊重,两人由此而结下了半个多世纪的深厚情谊。

毛泽东还钱

从 1962 年起,章士钊之女章含之教毛泽东学英文。1963 年的春节,章含之在授课结束之后,陪毛泽东散步。在散步中,毛泽东突然向章含之提起当年向其父"借钱"之事,并说:"你回去告诉行老,我从现在开始要还他这笔欠了 40 多年的债,一年还 2000 元,10 年还两万。"章含之十分诧异,毛主席怎么会欠自己父亲钱呢? 章含之回家将此事告诉了父亲。章士钊听后哈哈大笑,说:"确有其事,主席竟还记得。"

这件事还得从四十多年前说起。1920 年,毛泽东急需一大笔钱去筹备湖南共产主义小组的成立和资助一部分革命同志去欧洲勤工俭学,他想了多种方法也无法筹集到足够的资金。情急之下毛泽东想起了湖南老乡、岳父杨昌济的同事好友章士钊。这位章先生乐于助人,在社会上颇有威望。毛泽东找到章士钊后,恳切地说:"先生,有一批有志为国的湖南青年人想到欧洲勤工俭学,需要一笔不小的款子。一时,我们无法募集到这么多钱。我们这些湖南后辈想请先生帮忙。"正坐在书桌前的章士钊,虽清瘦但精神很好,听了毛泽东的话后,略微沉吟了一会儿,说:"要多少?""最好是两万银元。""数目不小啊!"看到章士钊露出了犯难的神情,毛泽东便出了一个主意:"我们知道先生为官清廉,我们只是想请老先生帮我们在社会名流中募集这笔钱。"听了毛泽东的话,章士钊爽快地答道:"好。"当日,章士钊亲自出马,凭着自己的声望,动员社会知名人士捐助。几天后,就很快募集到两万银元。在把钱交给毛泽东的时候,章士钊绝不会想到,这部分钱帮了早期湖南党组织的大忙,章士钊更不会想到43年后这笔钱会还回来。

就在与章含之谈话几天后,毛泽东便派秘书给章士钊送来了第一个2000元,还说今后每年春节送上2000元。打那以后,每年正月初二,毛泽东就派一位秘书把钱送到章士钊家里。这让章士钊十分不安。他让女儿转告毛泽东说他不能收这钱,因为当时的银元是募集来的,他自己也没有拿出多少钱。毛泽东听了回话,微笑着对章含之说:"你也不懂我的心意,我这是用我的稿费给行老一点生活补助啊!他给我们共产党的帮助,哪里是我能用人民币偿还了的呢?你们那位老人家我知道,一生无钱,又爱管闲事,散钱帮助许多人。他写给我的信多半是替别人解决问题。有的事政府解决不了,他自己掏腰包帮助了。我要是明说给他补助,他这位老先生的脾气我知道,是不会收的,所以我说还债。你告诉他,就说我毛泽东说的,欠的账是无论如何要还的。这个钱是从我的稿酬中付的。"章士钊对此感动不已,他对家人说:主席想得真周到,他是想在经济上帮助我,又怕我好面子不肯收,故意说是还钱、还利。

保护章士钊

新中国成立后,平生得罪很多人的章士钊日子并不好过,其中尤以他与鲁迅的关系为甚。人们引用鲁迅的话,说章士钊是"三·一八"惨案的刽子手。但毛泽东了解他的为人,也知道事实真相。其实当年"三·一八"惨案发生时,章士钊正在天津,且早在三个月前已辞去教育总长一职,转而担任执政府秘书长。惨案发生后,《世界晚报》登载消息称章士钊为主谋,实为误传。不过毛泽东为章士钊澄清事实也费了一番苦心,他特邀刘少奇、周恩来、朱德等七八位高层领导人在他家中做客用餐,席间,请章士钊说明他与"三·一八"惨案的关系和与鲁迅的关系。章士钊讲过后,毛立即让周恩来转告许广平。从此,章士钊才顺利得多,并被推选为全国人大常委。

1957年整风运动开始时,章士钊响应党的号召,诚心诚意地给党提意见。在一次政协召开的座谈会上,章士钊说:"希望中国共产党永远保持廉洁奉公、

不谋私利的优良传统。古语云：‘物必自腐而后虫生’。譬如一个水果，表皮坏
一些不很要紧，削去一些并无损果子味道。惟果子自核心处腐烂生虫，虽表面光
泽尚存，但从里往外逐渐腐蚀，最终此果不可食。”“所以，社会其他方面有些毛
病较易纠正，惟共产党核心之健全最重要。”言辞恳切，完全是肺腑之言。反右
扩大化后，政协的部分人对章士钊的言论进行了批判。随着反右扩大化的升级，
对章士钊批判的调子也越来越高。后来，章士钊实在是忍无可忍，便奋笔疾书，
向毛泽东陈述了他给党提意见的初衷和目前对他批判之不公。毛泽东见信后，
立即给政协的相关人员写了一封信：章士钊虽然在座谈会上用了一些过激言辞，
然用意是好的，不要再批判他了。有了毛泽东的批示，章士钊自然顺利“过关”。

1963 年 7 月，毛泽东章士钊（左一）交谈

　　1966 年 8 月的一个深夜，一群狂热的红卫兵突然抄了章士钊的家，还对他
开了批斗会，对他进行了身体上的摧残与人格上的污辱。年已 86 岁的章士钊受
此屈辱，气愤异常，当夜即给毛泽东写了一封信，告诉老朋友自己被抄家和挨批
斗的情况。毛泽东接信后，马上批转周恩来，要他进行保护。周恩来第二天就派
人在章士钊家值班，不准任何人随意闯入。百忙之中的毛泽东为了彻底解除章
士钊的担忧，还于 9 月 1 日抽空给章老写了一封短信：“来信收到，甚为系念。已
请总理予以布置，勿念为盼。”就在这一天，总理派人将章士钊等一批高级民主
人士送进三〇一医院，以住院治疗的名义把他们保护了起来。

出版《柳文指要》

章士钊对逻辑学与柳宗元文章的研究造诣很深。他一生从事写作,著作甚丰。据统计,章士钊有专著20多部,论文数百篇,诗词近5000首,是中国近现代文化史上的一位大家。章士钊晚年对柳文的喜爱有增无减。1960年至1965年,章士钊完成了上下两部近100万字的《柳文指要》的初稿。毛泽东也爱柳文,免不了向章士钊讨了书稿去读。1965年6月26日,毛泽东看完书稿上部,立即给章士钊复了一封信:"大作收到,义正词严,敬服之至,古人云:投我以木桃,报之以琼瑶。今奉上桃杏各五斤,晒纳为盼! 投报相反,尚乞谅解。……"7月18日,毛泽东看完书稿下部,又给章士钊写了一封信:"各信及指要下部,都已收到,已经读过一遍,还想再读一遍。上部也还想再读一遍。另有友人也想读。大问题是唯物史观问题,即主要是阶级斗争问题。但此事岂能求之于世界观已经固定之老先生们,故不必改动。嗣后历史学家可能批评你这一点,请你要有精神准备,不怕批评。"信中的"友人"指的是康生。他极力反对出版《柳文指要》。毛泽东让康生读《柳文指要》是在做他的工作。1965年年底,毛泽东亲自写信给康生,说他同意出版《柳文指要》,并附上书稿。看了毛泽东的信,康生不得不改换口吻说:"85岁的老先生尚有精力作此百万巨著,实非易事。我读完之后,觉得主席8月5日信中对此书的评价是十分中肯完全正确的。此书翻永贞政变之案,申二王八司马之冤,扬柳子厚'以民为主'的思想,斥韩退之'以民为仇'的谬论,确有新鲜引人入胜之处。"

毛泽东写给章士钊的信(1965年6月26日)

章士钊原本估计《柳文指要》在1966年就能够出版了,可是一场"文化大革命"突如其来,《柳文指要》的出版也被推迟了。然而,毛泽东却一直都记挂着这件事。1970年,毛泽东指示中华书局尽快排版。康生得知后,又故意刁难,要章士钊改变观点,用马列主义、毛泽东思想重新修改,然后才能付印。章士钊十分气愤,提笔给毛泽东与康生写了一封措辞激烈的长信。他在信中说,我不相信人类有不可变更的观点,也没有听说过天下有走不通的道路。毛泽东接到章士钊的来信后,非但没有生气,还直接干预,力促《柳文指要》于1971年出版。

《柳文指要》出版在特殊时期,当时全国八个样板戏,一个作家,而《柳文指要》不仅能够出版,而且印制质量相当好,也确实是令人不可思议的事情。要知道,在整个"文化大革命"期间,国内出版的有关古典文学的著作就只有两本,一本是后来颇有诉议的《李白与杜甫》,另一本就是章士钊的《柳文指要》。这本书还作为国礼,由周恩来送给了1972年访华的美国总统尼克松,现在珍藏在美国国会图书馆。

《柳文指要》的出版,成了章士钊晚年最高兴、最得意的事,给了他莫大的喜悦。这可以说是毛泽东送给老朋友最珍贵的礼物之一。

43.“亲爱的大姐”

——毛泽东与宋庆龄

　　1949年8月28日这天，毛泽东一大早就用过早饭，换上了一套平时不大穿，只有在重要场合才会穿的浅色中山装，原来他要亲自到火车站迎接北上的宋庆龄。当时，在所有来京的民主人士中，毛泽东亲自去火车站迎接的只有宋庆龄和程潜两人。

毛泽东亲迎宋庆龄

　　宋庆龄是孙中山先生的夫人。早在1927年，蒋介石发动“四·一二”反革命政变之后，她与国民党的许多左派人士以及毛泽东等人联名发表讨蒋通电，后来又与毛泽东等人，以国民党中央委员会的名义发表宣言，揭露蒋介石、汪精卫的叛变行为。中国共产党人举行南昌起义时，她又支持这一创举，这在当时来说，是十分难能可贵的。在几十年的革命斗争中，宋庆龄与毛泽东等中共领导人并肩战斗，结下了深厚友谊。

　　早在1949年1月，毛泽东、周恩来就发电报邀请宋庆龄参加新政协会议。宋庆龄因健康原因，未能成行。5月27日，上海解放后，毛泽东还委托陈毅和其他领导人前往公馆慰问宋庆龄，并派出警卫部队为她站岗放哨，以保证其安全。此后不久，毛泽东与周恩来等商议，决定派邓颖超前往上海迎接宋庆龄。临行前，毛泽东还把他的一封亲笔信交给邓颖超带给宋庆龄。邓颖超带了毛泽东、周恩来的亲笔信，和鲁迅的夫人许广平、与宋庆龄有着长期交往的罗叔章一起，从北平前往上海。

　　就在邓颖超到上海的前两天，曾长期在宋庆龄身边工作的廖梦醒，已奉命先去了宋庆龄处，向她通报了中共中央再次邀请她北上之意。宋庆龄沉思片刻，抬起头说：“北京是我最伤心之地，我怕到那里去。”此时此刻，1925年3月孙中山在北平逝世的悲哀场面，1929年5月从碧云寺“奉移”孙中山灵柩去南京时的凄婉情景，又浮现在她的眼前……

邓颖超到达上海的当天下午,便去看望宋庆龄。“我们终于又见面了!”宋庆龄和邓颖超紧紧地拥抱在一起。两人相倚着在沙发上坐下来,像一对久别重逢的姐妹一样,尽情地畅叙着几年来的思念之情。交谈很快转到了正题上。邓颖超取出毛泽东和周恩来的亲笔信,郑重地说:“新的政治协商会议即将在北平召开,中央人民政府也将正式建立。党中央、毛主席恳切盼望庆龄先生能北上共商建国大计。”宋庆龄又从邓颖超手中接过毛泽东、周恩来的亲笔信,急切而仔细地看了一遍又一遍。毛泽东的信这样写道:

庆龄先生:

重庆违教,忽近四年。仰望之诚,与日俱积。兹者全国革命胜利在即,建设大计,亟待商筹。特派邓颖超同志趋前致候,专程欢迎先生北上。敬希命驾莅平,以便就近请教,至祈勿却为盼! 专此。

敬颂

大安!

毛泽东

一九四九年六月十九日

宋庆龄尽量抑制着内心的激动之情,避开邓颖超企盼的目光,低声说道:“这事容我再仔细想一想……”邓颖超忙说:“这事不忙马上定下来,先生可以从容考虑再作定夺。”一个多月后,邓颖超又去看望宋庆龄。宋庆龄微笑着对邓颖超说:“我决定接受毛泽东主席和周恩来先生的邀请,去北平!”

毛泽东得知宋庆龄由上海乘火车来北平参加新政协的消息之后,非常高兴,

1949 年 8 月 28 日,毛泽东在北平火车站等候北上的宋庆龄

他翻看着日历,计算着行程和到达北平的时间,其期望之情,不难想见。8 月 28 日这天,尽管到前门火车站的路途不远,在毛泽东的催促下,还是提前出发了。

下午 3 时 45 分,毛泽东乘汽车到达火车站。这时,宋庆龄乘坐的专列火车尚未到达。前去欢迎的还有朱德、周恩来等八十余人。4 时 15 分,宋庆龄乘坐的专车进站。车刚刚停稳,毛泽东便走上车厢,亲自欢迎宋庆龄下车。毛泽东伸出双手,与宋庆龄先生握手,并说:"欢迎你,欢迎你,一路上辛苦了。"宋庆龄高兴地说:"谢谢你们的邀请,我向你们祝贺。"毛泽东说:"欢迎你来和我们一起筹建新中国的大业。"宋庆龄说:"祝贺中国共产党在你的领导下取得伟大胜利。"

宋庆龄在毛泽东陪同下走出车厢,她身着黑色旗袍,系一条白色纱巾,步履轻盈,丰采依然。欢迎队伍中爆发出热烈的掌声。然后,宋庆龄由周恩来陪着,向站在月台上的欢迎者作介绍,与他们一一相见。当晚,毛泽东设宴为宋庆龄洗尘,热烈欢迎她前来共商国家大事。毛泽东的信任与盛情,使宋庆龄深受感动。

特殊的尊重

中华人民共和国成立后,宋庆龄先后担任中央人民政府副主席、国家副主席、全国人大常委会副委员长及全国政协副主席等国家主要领导职务。她与中国共产党的合作达到了一个新的高度。毛泽东对宋庆龄非常尊重和信任,经常就国际、国内的重大问题与她交换看法,听取她的意见。宋庆龄也经常就国家建设中的问题,坦陈己见。毛泽东和宋庆龄都在为党和国家大事日夜操劳,但他们依然保持着诚挚的友谊、亲切的交往。尤其是毛泽东,他对宋庆龄始终保持着特殊的尊重,甚至可以说是表现出对其他任何人都不曾有过的尊重。

1957 年 11 月,宋庆龄随毛泽东出席在莫斯科召开的社会主义共产党和工人党代表会议

1956 年元旦,毛泽东收到了宋庆龄寄来的满含祝福之意的贺年片,十分高兴,提笔给宋庆龄写了一封既生

动有趣又热情洋溢的信。在信中,毛泽东罕见地称呼宋庆龄为“亲爱的大姐”,表达了他半个世纪以来对她的尊敬和热爱。

毛泽东在上海拜访宋庆龄(1961 年)

1957 年,中共中央派了一个庞大的代表团前去莫斯科参加十月革命庆典,毛泽东主席亲任代表团团长,宋庆龄副主席任副团长。宋庆龄以一党外人士的身份参加中共代表团,而名次排列仅次于毛泽东,毫无疑问,共产党是将她作为自己人看待的。毛泽东郑重地对苏共领导人说:“宋庆龄与郭沫若、沈雁冰现在虽然不是党员,但我们把他们当成我们党的同志一样看待。”在莫斯科,宋庆龄以中苏友好总会会长的身份代表中国代表团作了题为《全人类将选择社会主义》的演讲。在会议通过的《社会主义国家共产党和工人党代表会议宣言》上签字的时候,宋庆龄就坐在毛泽东的旁边。

从莫斯科归国时,毛泽东与宋庆龄同坐一架飞机。毛泽东坚持让宋庆龄坐头等舱,自己坐二等舱。“你是主席,你坐头等舱。”宋庆龄极力推辞。“你是国母,应该你坐。”就这样,毛泽东坚持把头等舱让给了宋庆龄。

毛泽东时常关注着宋庆龄的健康冷暖。由于工作需要,宋庆龄每年都到上海的寓所居住一段时间。毛泽东得知她在上海的住所是一个二层小楼,卧室在二楼,客厅在楼下。为了让年事已高的宋庆龄上下楼梯更安全,1961 年毛泽东到上海视察时,亲自到宋庆龄家里去探望,并赠送了一条绣有梅花图案的红地毯,铺在楼梯上。几十年过去了,这条已有些褪色的红地毯依旧铺在宋庆龄故居的楼梯上,向人们讲述着这两位伟人的真挚友谊。

申请入党

从大革命开始,宋庆龄与中国共产党荣辱与共,经历了几十年的考验,无论在胜利还是遇到挫折时,她与共产党的合作始终如一,在她心中早已把共产党视为孙中山革命理想和事业最忠诚的继承者和领导者。

1956 年 9 月,应中共中央和毛泽东之邀,宋庆龄列席了中国共产党第八次全国代表大会。她无比激动,这是她"毕生中感到最光荣和最愉快的事"。在会上,宋庆龄发自肺腑地说:"没有党的领导,我们的胜利是不可能的。我坚信将来,社会主义和共产主义终于会成为全世界一种通行的社会制度。这种制度,只有在共产党的领导下才能实现,也一定会实现。"会后,毛主席特意到宋庆龄的寓所去看望她,征求她的意见。

1957 年 4 月,宋庆龄在上海寓所会见刘少奇。刘少奇向她谈起共产党内正在开展整风运动,并言辞恳切地说:"孙中山先生很有才华和魄力,献身革命几十年如一日之所以没有成功,就因为没有一个好党。"宋庆龄点头称是,非常赞成这一见解。她向刘少奇倾吐了自己埋在心中的渴望:"我希望参加共产党。"刘少奇听后非常高兴,马上表示:"这是一件大事情,我将转报党中央和毛主席。"

不久,周恩来和刘少奇在上海宋庆龄寓所向她转达了党中央和毛主席的意见。刘少奇诚恳地说:"党中央认真地讨论了你的入党要求,从现在情况看,你暂时留在党外对革命所起的作用更大些。你虽然没有入党,我们党的一切大事,都随时告诉你,你都可以参与。"毛泽东是这么说的,也是这么做的。新中国成立后,党内所有重要文件都送给宋庆龄审阅。

"文化大革命"爆发后,面对突如其来的政治风暴,宋庆龄十分苦闷和困惑,但她从未动摇自己对共产党和毛泽东的信念。毛泽东逝世后,宋庆龄极其悲痛,不顾年事已高,仍然两次吊唁毛泽东,并参加了追悼大会,敬献了花圈。1978年,在毛泽东逝世两周年之际,宋庆龄满怀深情地写下了《追念毛主席》一文。她说:国共谈判时期,我在重庆初次和他会见,就感到他不但是一位党的领袖,并且是全国人民的导师,他思想敏锐,识见远大,令人钦佩。

44. "表老者,天下之大老也"

——毛泽东与张澜

毛泽东与张澜,一个是中国共产党领袖,一个是民主党派领袖,两人年龄虽然相差二十多岁,但在争取民族独立和解放的历程中,在建设新中国的历程中,两人又相知相交,创造了共产党和民主党派肝胆相照的佳话。

相知有年

1919年,毛泽东在北京大学图书馆工作,李大钊是北大图书部主任。毛泽东受到五四运动的影响,加入李大钊等创办的少年中国学会,接受了马克思主义。李大钊负责编辑《晨报》副刊,张澜是《晨报》的董事长。当时张澜是四川省省长,在北京设立有省政府办事处。他第一个在《晨报》副刊自由论坛上发表文章,公开赞扬共产主义,主张社会主义革命。李大钊、瞿秋白、董必武等老一辈无产阶级革命家曾先后在《晨报》发表数十篇宣传马列主义的进步文章。鲁迅的《阿Q正传》也是在《晨报》的副刊上连载发表的。当时的《晨报》是全国四大报纸之一,为五四新文化运动的主力军和宣传马克思主义的重要阵地,深得进步青年的喜爱。张澜也因此在进步青年中享有盛名。其时吴玉章等创办华法教育会,资助留法勤工俭学,但缺少经费;张澜即商得教育部总长傅增湘的支持,将川汉铁路股款利息六万多元银币作为资助。当时毛泽东是湖南留法勤工俭学的负责人,他非常敬佩张澜的爱国主义精神;张澜也知道毛泽东是个有志向有远大理想的青年。这样说来,毛泽东与张澜早在1919年就相知了。

"会须一饮三百杯"

1945年8月28日,毛泽东和周恩来、王若飞等中共领导人由国民党谈判代表张治中、美国驻中国大使赫尔利陪同,从延安飞抵重庆,代表中共与国民党政府和蒋介石谈判。当时由于特务的监视,去迎接的人不多。但74岁高龄的张澜仍与沈钧儒、黄炎培、郭沫若、陈铭枢、章伯钧、邵力子、梁漱溟等各界人士及中外记者百余人赴机场迎接。毛泽东一下飞机,见到一位身材高大的长胡子老人,就知道是张澜。他不待周恩来介绍,就径直过去与张澜握手,连声问好。

8月30日下午,毛泽东在周恩来的陪同下去看望张澜。一见面,毛泽东首先转告朱德和吴玉章对张澜的问候,然后向张澜说:民主也成了蒋介石的时髦货,他要演假戏,我们就来一个假戏真演,使全国人民都知道,谁真谁假,谁是谁非。张澜深感毛泽东为人谦逊、平易近人。他郑重地说:蒋介石在演"鸿门宴",国共谈判应有第三者参加。蒋介石要是真有谈判诚意,化干戈为玉帛,那就符合全国人民的最大利益。

9月2日,张澜以中国民主同盟的名义,与沈钧儒、黄炎培、张申府、章伯钧、左舜生、鲜英等在特园宴请毛泽东、周恩来、王若飞等中共领导人。毛泽东一踏进"特园"大门便说:"这是民主之家,我也回到家里来了。"宴席间,张澜起身敬酒:"会须一饮三百杯!"毛泽东举杯相邀道:"且共饮此杯。"他又说:"我们今后还要共同努力,使国人生活在民主之家。"张澜一直关心国共谈判的结果,当他得知国民党不肯放弃取消解放区和人民军队的立场时,感到和谈无望,他推心置腹地对毛泽东说:"你们应该坚持的一定要坚持,好为中国保持一些净土!"

会谈快要结束时,毛泽东站起身向张澜伸出手去,张澜也立即站起来,二人长时间紧紧地握手。张澜忽然想起一件事,他叮嘱毛泽东:"现在你们同国民党双方关起门来谈判,已经谈拢了的,就应把它公开出来,让大家知道,免得蒋介石今后不认账。你们如有不便,由我来给国共双方写一封公开信,把这些问题摊开在国人面前,好受到全国老百姓的监督和推动。"毛泽东连连点头,笑着说:"好,好,表老真是老成谋国啊!"

10月11日上午,毛泽东驱

1945年10月11日,毛泽东自重庆飞返延安,在机场和送行的张澜握手

车来到九龙坡机场。当他一眼望见鲜英陪着张澜赶来,立刻排开记者群,过来和

张澜、鲜英热情话别。张澜满怀希望地握着毛泽东的手说："日后中国实现民主了，我到延安去看望你们！"毛泽东热情地说："欢迎！欢迎！我用延安的川菜招待你。"

"表老者，天下之大老也"

1949年5月29日，为庆祝中国人民解放军向国民党统治区胜利进军，张澜致电毛泽东表示支持。毛泽东马上回电张澜表示感谢。1949年6月10日，张澜由上海脱险到北京，毛泽东亲临北京饭店慰问。过了两天，毛泽东请他到家里吃饭。车到中南海，毛泽东亲自出来迎接，扶他下车，扶他上梯坎。席间，张澜向毛泽东祝贺解放战争取得的伟大胜利，并说，只用三年多时间就推翻了国民党反动统治，共产党的本领大得很。毛泽东谦虚地笑着说："其实我们共产党人也没有多大超人本领，我们只不过做到了谦虚、谨慎、勤劳、节俭、全心全意地为人民服务。全国人民拥护我们，这才取得胜利。"以后张澜常勉励身边工作人员和子女要牢记毛主席说的"谦虚、谨慎、勤劳、节俭、全心全意地为人民服务"。

9月21日，中国人民政治协商会议第一次全体会议在北京隆重召开。张澜以中国民主同盟主席身份出席，当选为中华人民共和国中央人民政府副主席。

新当选的中央人民政府主席毛泽东和宋庆龄、李济深、张澜等副主席在一起

10月1日,中华人民共和国成立。张澜出席开国大典。毛泽东在天安门城楼上当众赞扬他道:"表老啊,你很好,你的德很好,你是与日俱进的。"

1952年4月2日,是张澜80岁生日,毛泽东为他专函祝贺寿辰。函云:"表方先生:欣逢先生八十高寿,谨致衷心的祝贺!"毛泽东请刘少奇副主席代表中共中央亲临张澜住宅致以祝贺之忱,并在中南海紫光阁设宴,为张澜祝寿,时到会数百人。

1954年制定中华人民共和国第一部宪法时,毛泽东和朱德、刘少奇、周恩来等领导人一起与张澜共同研究。毛泽东关切地说:表老多年来希望有一部人民的宪法,在这次筹备制定过程中请多提建议。开会时,毛泽东知道张澜年老怕吹风,每次都打招呼不开电扇。张澜见毛泽东和朱德等领导人热得衣服都湿透了,很是过意不去,表示歉意。毛泽东对他说:"敬老是中国人民的优良传统,表老不要客气了。"

毛泽东和张澜在一起共商国是(1950年)

毛泽东对张澜的关心可谓无微不至。当时因工作需要,张澜作为副主席工作繁忙,每天早上8点钟去中南海上班,经常要到晚上9点或10点钟才回家休息。日子一久,毛泽东发现张澜年老多病,身体虚弱,劝他不要天天上班,在家多休息。毛泽东还抽调他的卫士小高来做张澜的警卫员,又吩咐把六国饭店的炊事班长老宋调到张澜家做炊事员。

1954年5月底的一天，午饭时，大家刚入座，张澜对着满堂的亲人和他身边的工作人员，说起了五一劳动节在天安门城楼上的事。他捋着长髯，轻言细语地说，五一那天，我在天安门城楼上对毛泽东主席说，我现在已是82岁高龄了，身体一天天地衰弱了，于国家已无什么贡献了，请主席允许我辞去现有职务，安心养病吧！古人有"乞骸骨"的史例，我也向毛主席"乞骸骨"。毛主席听后严肃地对我说：表老你不能辞！我是你们大家把我推上主席职位的，你们要是辞职不干了，我岂不是成了孤家寡人了！接着毛主席又面带微笑地说：表老，您是一面旗帜，插到哪里就起作用，而这个作用是别人起不到的，表老者，天下之大老也！

张澜讲完后笑着说：哈哈！我成了一杆旗了。

张澜接着表示：几天前，全国人大副委员长兼秘书长彭真和中共中央统战部部长李维汉又衔毛泽东主席之令亲到办公室拜访我，转达主席之意挽留我，劝我取消辞意。我为了感谢毛主席盛情，也就不再坚持辞意了。

1955年1月27日，张澜因患重度动脉硬化症和肺炎住进北京医院，毛泽东指示要全力医治，并调集了北京著名中西医会诊，用了当时最好的药物医疗，又通过苏联外交部请来苏联专家会诊。张澜逝世后，刘少奇、周恩来、朱德、宋庆龄、李济深等党和国家领导人组成了治丧委员会，毛泽东亲自到设在中山公园中山纪念堂的张澜灵前守灵一小时，并向张澜家人致以深切的哀悼和慰问。

45. "我们都是一家人"

——毛泽东与阿沛·阿旺晋美

"没有毛主席就没有西藏人民的今天,就没有我的今天,毛主席是西藏人民的引路人。"这是阿沛·阿旺晋美常说的几句话。在西藏当代历史上,阿沛·阿旺晋美当之无愧地被称作西藏历史的见证人,他见证了西藏百年历史风云,为西藏和平解放和建设作出了杰出贡献,并与众多中共领导人建立了深厚的情谊。而他和毛泽东的交往,构成了他人生经历的浓墨重彩的华丽篇章。

"我们都是一家人"

20世纪50年代初,为了把帝国主义势力驱逐出西藏,解放西藏人民,加强各民族的团结,中央人民政府在命令人民解放军向西藏进军之际,通知当时的西藏地方政府派代表来北京举行谈判,订立关于和平解放西藏办法的协议。阿沛·阿旺晋美就是参加这次谈判的西藏地方政府的首席代表。1951年4月下旬,40岁的阿沛·阿旺晋美带领西藏地方政府代表团到达北京,同中央人民政府谈判和平解放西藏的问题。在北京住下后,阿沛·阿旺晋美就向有关同志表达了希望尽快见到毛主席的心情。

5月1日上午,阿沛·阿旺晋美应邀登上了天安门,参加首都人民庆祝五一游行观礼。当时,阿沛·阿旺晋美接到毛主席将在天安门城楼上接见他的通知,心情久久不能平静。在天安门城楼西侧,毛泽东在中央人民政府民族事务委员会主任、中央人民政府代表李维汉引导下,款款大方地向阿沛·阿旺晋美走来。这是阿沛·阿旺晋美第一次见到毛泽东。一见面,阿沛·阿旺晋美将一条洁白的长哈达献给了毛泽东,毛泽东握着他的手,高兴地说:"谢谢,谢谢! 欢迎你们到北京来。我们都是一家人,家里的事情,大家商量着办,就能办好。祝你们谈判顺利,取得成功。祝你们在北京生活得愉快。"毛泽东还叮嘱阿沛·阿旺晋美有什么困难就找李维汉解决。在毛泽东的亲切关怀下,中央人民政府和西藏地方政府代表经过协商,于1951年5月23日签订了和平解放西藏办法的十七条协议,从此,西藏的历史揭开了新的一页。

西藏地方政府全权代表在协议上签字。右一为阿沛·阿旺晋美

    和平协议签字的第二天下午,毛泽东在中南海勤政殿接见了西藏地方政府代表团,并同他们合影留念,还设宴款待了他们,晚上又请他们观看文艺节目。当阿沛·阿旺晋美等5个谈判代表和工作人员到达中南海时,毛主席已在住处门前等他们了。毛泽东和阿沛·阿旺晋美他们热情握手后,把他们让到房中,亲切地说:"你们一路风尘,辛苦了。"阿沛·阿旺晋美告诉毛泽东:来京路上,我们受到各地负责人的热情欢迎和照顾,看到各族人民空前团结的盛况。路过重庆时,邓小平等西南军政委员会首长接见了我们,还转达了毛主席对西藏人民的关怀和对我们的问候。一到北京,周总理代表毛主席亲自到车站迎接,这使我们深受教育。毛泽东听后笑着说:"为了祖国团结统一,你们跋山涉水,不远万里来到祖国的首都,你们是应当受到欢迎的。"接着,毛泽东又通过翻译一一询问他们每人的名字、年龄、在地方政府中的职务,亲切地询问他们由大高原到北京后身体适应不适应、生活习惯不习惯,并不时地请他们吃糖、喝茶、抽烟。

    关于这次见面,阿沛·阿旺晋美后来回忆,记得毛主席问:"你们和李维汉他们谈得怎么样?"我回答:"谈得很好,已经达成了和平解放西藏办法的17条协议。"毛主席高兴地说:"好哇,这是件大好事,大大的好事。"又问我们:"你们怕不怕革命?"当有位代表说有些害怕时,毛主席笑了起来,说:"你们不要怕,革命是解放人民的,中国共产党和人民解放军是为人民服务的,解放军进军西藏是解放人民、为人民服务的。"为了教育我们,毛主席耐心地向我们解释党的民族政策,他说:"藏族是勤劳勇敢的民族,具有悠久的历史和文化,是我们祖国大家庭的重要成员。在历史上,西藏地区的人口曾达到1000万人,现在藏族人口减少到100多万人了,这样继续几百年,藏族就会灭绝的。你们希望不希望发展呀?"我们回答后,毛主席又说:"我们共产党要帮助所有少数民族发展政治、经济和文化事业,还要帮助发展人口,对藏族人民也是这样,你们怕什么呢? 你们不用担心民族衰亡。"毛主席对藏族人民寄予殷切的期望,指示藏族人民要为祖国做出贡献。毛主席用松赞干布和文成公主的故事,勉励我们为加强汉、藏族人民的团结做出贡献。毛主席这些感人至深的话语,一直是激励我前进的力量。

1951年5月24日,毛泽东在庆祝西藏和平解放协议签订举行的宴会上与阿沛·阿旺晋美在一起

在合影留念后,举行了隆重的宴会。宴会上,阿沛·阿旺晋美就坐在毛泽东身旁,毛泽东亲切感人的话语,令阿沛·阿旺晋美一直念念不忘。晚宴后,毛泽东在怀仁堂请阿沛·阿晋旺美一行看文艺节目时,又把阿沛·阿旺晋美拉在他身边坐着,边看节目边和他亲切交谈。

"你对发展西藏人口有功劳哩!"

从1954年到1955年这段时间,阿沛·阿旺晋美曾多次见到毛泽东。有一次,毛泽东对他说:"西藏经济落后,人口也少。旧制度不好,对西藏人民不利,一不人兴,二不财旺。"还有一次毛泽东在接见他时,曾问他有几个孩子,当毛泽东得知他孩子较多时,风趣地说:"好啊!西藏人口太少,你对发展西藏人口有功劳哩!"又说:"要教育孩子们好好学习,在我们社会主义国家里,他们是大有前途的。"还有一次毛泽东意味深长地对他说:"释迦牟尼也是贵族,是个王子,但他和人民一起搞改革,得到人民的拥护,因而人民就纪念他。希望你们为民族、为祖国做出贡献。"

1960年4月,在全国人大二届二次会议期间,毛泽东和阿沛·阿旺晋美(左四)等交谈

　　"文化大革命"开始时,主持西藏自治区人民委员会工作的阿沛·阿旺晋美受到冲击,红卫兵给他贴大字报,要他作检查。此后不久,毛泽东决定,要他长住北京工作。忆及此事,阿沛·阿旺晋美动情地说:"这是保护我免受更大冲击和迫害的措施。"1971年国庆节,在天安城楼上,毛泽东亲切地叫着阿沛·阿旺晋美的名字,把他介绍给西哈努克亲王,并说:他是西藏的领导人,也是国家领导人。

　　1972年1月10日,在陈毅的追悼会上,阿沛·阿旺晋美最后一次见到了毛泽东。为了人民,为了革命事业已倍显苍老的毛泽东拉着阿沛·阿旺晋美的手问:"身体好吗?要保重啊!"当时,阿沛·阿旺晋美感动得几乎流泪,连声回答:"我很好,谢谢主席关怀,祝您健康长寿。"

46. "我们能跳出这周期率"

——毛泽东与黄炎培

1945年7月1日,中国民主同盟常委黄炎培等六位国民参政员应中共中央和毛泽东的邀请,为推动国共团结商谈,乘国民党专为他们准备的飞机飞抵延安。毛泽东率朱德、周恩来、刘少奇等近三十人到机场迎接。在延安,毛泽东和黄炎培作了一次推心置腹的长谈,正是这次谈话,留下了一段传颂至今的"窑洞对"。

"我们二十多年不见了"

中国民主同盟,是梁漱溟、黄炎培、张澜等著名爱国知识分子为了调解国共纠纷,促进团结抗战,在中国共产党的抗日民族统一战线政策指引下,并在周恩来等中国共产党人的支持和帮助下,于1941年在重庆成立发展起来的。远在延安的毛泽东,对民盟也是十分肯定、备加关怀和热情支持的。他对民盟的重要问题,有时还亲自过问。他和民盟的主要领导人都有密切的往还,推心置腹的畅谈,并乐于虚心征求和听取他们对国是问题的意见。

1945年5月,国共谈判由僵持而陷于停顿,中间势力对此忧心如焚。6月2日,国民参政员褚辅成、黄炎培、冷遹、王云五、左舜生、傅斯年、章伯钧从重庆致电毛泽东和周恩来,表示团结问题的政治解决为全国国人所渴望,希望继续商谈。6月18日,毛泽东、周恩来复电褚辅成等,表示愿意商谈,并"欢迎诸公专临延安赐教"。于是黄炎培等人满怀希望,同时也不无疑虑地来到了延安。

在延安机场,毛泽东迎接来访的黄炎培,紧紧握着他的手说:"我们二十多年不见了!"见黄炎培疑惑不解,毛泽东讲述了1920年的一段往事。

民国初年,已蜚声国内学坛的黄炎培,坚拒不就政府教育总长。他深入考察江南数省的教育,深恶中国传统教育理论与实际脱节的弊端。1915年又赴美进行了数月的考察,引入了职业教育。1920年,美国哲学家杜威博士应邀来华,黄炎培邀请杜威在上海举行讲座。布告一发出,吸引了不少人前来听讲。杜威推崇实用主义,而黄则主张教育要务实,因此,两人在教育理念上有吻合之处。黄

1945年7月1日,毛泽东等到机场迎接来延安访问的国民参政
会参政员褚辅成、黄炎培等一行六人。右起:毛泽东、黄炎培、褚辅
成、章伯钧、冷遹、傅斯年、左舜生、朱德、周恩来、王若飞

炎培在讲演中极力抨击传统教育的问题,根据自己掌握的数字,细述每百名中学
毕业生中,升学的有多少、失业的有多少,数字翔实、有理有据,说明了传统教育
已与社会发展不相适应,给人留下深刻印象。台下听众中就有毛泽东。这场讲
演给27岁的毛泽东留下了深刻印象,于是就有了延安机场上"我们二十多年不
见了"一语。

在延安,毛泽东同黄炎培等就国共关系进行了三次正式会谈,彼此都十分坦
诚,十分恳切,气氛十分融洽。经过会谈,双方在停止进行国民大会和从速召开
民主政治会议两个问题上达成一致,并形成了一份《中共代表与褚辅成、黄炎培
等六参政员延安会谈记录》。

毛泽东还请黄炎培一行在延安各处参观。黄炎培在参观中的第一个感受是
自由,不像在重庆身后常有"尾巴"。他们兴致勃勃地参观木器厂、延安大学、自
然科学院、鲁艺等。在延安街上,黄炎培发现人们气色红润,精神振作,没有一个
游手闲荡的人,也没见面容颓唐的人。给他印象最深的是街上的意见箱,每个延
安人都可以投书,上书建议直至毛泽东。而且人们对毛泽东大多是直呼其名,很
少称其头衔。在延安,黄炎培感受到了浓浓的平等气息,这正是他几十年苦苦追
求的理想。

窑洞对

　　7月4日下午,毛泽东邀请黄炎培和冷遹到他居住的窑洞里做客,宾主长谈了整整一个下午。毛泽东亲切地询问黄炎培对延安之行有什么感想,黄炎培是个坦诚的人,他在延安短短数日,已经深感中国共产党有一股蓬勃之气,抗日胜利之后定将赢得民主革命在全国的胜利。听到毛泽东这样问,他便把自己的疑虑说了出来:"我生六十多年,耳闻的不说,所亲眼看到的,真所谓'其兴也浡焉','其亡也忽焉'。一人,一家,一团体,一地方,乃至一国,不少单位都没有能跳出这周期率的支配力。大凡初时精神聚会,没有一事不用心,没有一人不卖力。也许那时艰难困苦,只有从万死中觅取一生。既而环境渐渐好转了,精神也渐渐放下了。有的因为历史长久,自然惰性发作,由少数演为多数,到风气养成,虽有大力,无法扭转,并且无法补救。""一部历史,'政怠宦成'的也有,'人亡政息'的也有,'求荣取辱'的也有。总之没有能跳出这个周期率。中共诸君从过去到现在,我略略了解了的,就是希望找出一条新路,来跳出这个周期率的支配。"

1945年7月,毛泽东等在杨家岭中央机关食堂设宴,招待黄炎培等

听完黄炎培这一席耿耿诤言,毛泽东面带微笑却又郑重地答道:"我们已经找到新路,我们能跳出这周期率。这条新路,就是民主。只有让人民来监督政府,政府才不敢松懈。只有人人起来负责,才不会人亡政息。"毛泽东的答话之所以这样从容,这样成竹在胸,是因为他早就考虑了这个在中国历史上多次出现过的问题,他在《新民主主义论》和《论联合政府》等论著中,已有了民主治天下的美好展望和具体规划。毛泽东所说的这条民主新路,正是孙中山领导推翻清朝封建专制统治,中国人民长期奋斗盼望实现的道路。黄炎培听了毛泽东的回答,十分高兴,他说:"这话是对的,只有把大政方针决之于公众,个人功业欲才不会发生,只有把每个地方的事,公之于每个地方的人,才能使得地地得人、人人得事。把民主来打破这周期率,怕是有效的。"

7月5日,黄炎培一行告别了延安。返回重庆后,黄炎培心里的疑虑一扫而空,激动的心情难以平静。他闭门谢客,将延安见闻一气呵成《延安归来》一书。这本书问世后,在国统区人人传诵,争购一空,又重印数版。黄炎培在书中记录下了他和毛泽东在延安那段伟大的对话,掩饰不住自己对未来充满希望的心情:"延安五日中间所看到的,当然是距离我理想相当近的。我自己也明白,因为他们现时所走的路线,不求好听好看,切实寻觅民众的痛苦,寻觅实际知识,从事实际工作,这都是我们多年的主张。""我认为中共朋友最可宝贵的精神,倒是不断地要好,不断地求进步,这种精神充分发挥出来,前途希望是无限的。"这次延安之行极大地鼓舞了黄炎培追求真理的勇气,成为他一生中的一个重大转折点。

几十年来,这段窑洞里的对话不时被人提起。人们赞叹毛泽东在革命胜利之前便考虑到日后如何巩固革命成果的远见卓识,把这段对话与千古传颂的《隆中对》相比拟,称之为"窑洞对"。

出任副总理

1949年2月,黄炎培逃离上海,取道香港,辗转到京。3月25日,毛泽东率中共中央从河北西柏坡来到北京。在西苑机场,黄炎培也站在各界人士的行列中。当晚,毛泽东等中央领导与各界人士济济一堂,欢宴庆贺。黄炎培十分兴奋,这是他与毛泽东四年前延安相见后的重逢。

毛泽东抵达北京的次日,在众多等待他接见晤谈的老友新朋中,选择了黄炎培作为第一位来到他所下榻的香山双清别墅的客人。为什么要选黄炎培为第一位客人呢? 一方面是二人交情所至,另一方面似乎是找黄炎培有重要的话说。

当日,两人长谈良久。毛泽东的谈话涉及重大的建国方略,向黄炎培吐露了若干重要的大政方针,包括他所设想的国家前景,以及黄炎培所领导的民建及黄炎培本人在国家政治生活中的角色,等等。毛泽东再三强调,中国共产党要搞出不同于苏联的"中国特色"。毛泽东希望黄炎培发挥他在民族实业家中的威望,要让他这个并非是实业家的教育家来牵这个中国实业家的"头儿"。毛泽东言辞恳切,晓之以理,动之以情,令黄炎培难以推却。

后来在周恩来两次来家动员下,黄炎培最终打破了自己不做官的规矩,成为政务院四个副总理之一,分管轻工业。从此以后,毛泽东经常向黄炎培咨询有关政策,有时夜半之时黄炎培被从睡梦中唤起,赴中南海丰泽园与毛泽东晤谈。毛泽东与黄炎培的友情,也从20年代的神交,1945年延安的初交,到如今在新的事业开始之际达到高潮。

1957年,毛泽东和黄炎培在一起

黄炎培是真诚的人。与毛泽东的许多党内同志和党外朋友一样,对党的政策并非是件件都理解和同意。黄炎培将自己的不同意见,有些是当面提出,有些是去信表达,有些则是回避口笔交锋,而在相关会议上提出。新中国成立初期,与黄的肯谏、敢谏相对应,毛泽东对黄炎培这位他以师长相待的朋友,是很尊重、很客气、很宽厚的。对黄炎培提出的意见,他有的听取,有的采纳,有的参考,这种谦虚谨慎的作风令黄炎培深为钦佩。共产党人公而忘私,为贫苦人们所做的一切深深打动了从小苦出身的黄炎培,看到自己长年追求人类平等、社会主义的理念,在共产党的许多政策中间得以体现,这使他成为中国共产党真诚而坚定的追随者。

47."为了新中国,我愿喝干大海!"

——毛泽东与冯玉祥

冯玉祥是国民党元老,蒋介石的盟兄。后来由于蒋介石一意孤行,坚持其独裁统治,所以冯玉祥与蒋介石貌合神离,从思想感情上日渐分裂,而逐渐对中国共产党的政治主张,由理解、同情直到支持。冯玉祥于 1937 年在武汉创办三户印刷社时,便指示下面大量印刷毛泽东的《论持久战》、列宁的《列宁全集》等书,并向后方国统区运送。冯玉祥在政治上、思想上、行动上逐渐地倾向中国共产党,最后成为中国共产党真诚的朋友。

毛泽东为冯玉祥祝寿

1938 年 1 月 11 日,中国共产党在国统区公开发行《新华日报》创刊号时,特邀冯玉祥题词——"大众喉舌"。1940 年《新华日报》创办两周年纪念日,又邀冯玉祥题词——"精诚团结、抗战到底"。

1941 年 11 月 14 日,是冯玉祥 60 岁的生日。毛泽东闻讯后,特同意《新华日报》辟出一个整版为其祝寿。因此,这一天的《新华日报》上有着"庆祝冯焕章先生 60 大寿"的大标题,下面刊登了各方面的祝电、贺词和寿文。毛泽东与朱德、彭德怀、董必武、叶剑英、林伯渠等人,都从延安向冯玉祥发出贺电。在重庆的周恩来、邓颖超,也就近给冯玉祥写了长达 500 多字的贺词。

同年 11 月 23 日,冯玉祥特意在《新华日报》上发表了一首"谢寿"诗,对包括毛泽东在内的各方人士,表达了诚挚的谢意。

珍贵的名片

冯玉祥生前一直珍藏着毛泽东给他的一张名片。这张名片现在保存在中国第二历史档案馆。冯玉祥是怎样得到这张名片的呢？事情还得从毛泽东赴重庆谈判说起。

1945 年 8 月,蒋介石三次电请毛泽东赴渝共商国是。中国共产党为了尽一切可能争取和平民主,决定由毛泽东、周恩来、王若飞赴重庆谈判。8 月 28 日,毛泽东一行飞抵重庆。冯玉祥对毛泽东的到来由衷地表示欢迎,但鉴于环境,着实不便前往,特派夫人李德全代表他去机场迎接。毛泽东等到重庆后风尘未洗,立即去看望这位为抗日奔走呼号、为民主劳碌奔波的冯玉祥将军。冯玉祥对毛泽东、周恩来、王若飞仰慕已久,对于他们的来访尤为感动,决定去回拜。30 日下午,冯玉祥带着女儿颖达去桂园拜访毛泽东,不意毛泽东因事外出,但他临走前特地给冯玉祥留下了自己的名片。毛泽东的这张名片,是他亲自用毛笔书写的。冯玉祥在名片背后写上"卅日下午时往治部长公馆",贴在当天的日记上,珍藏起来,作为永久的纪念。

9 月 1 日,爱国民主人士和各界代表在中苏友好协会集会,庆祝《中苏互不侵犯条约》签订 8 周年。毛泽东等应邀到会,宋庆龄、冯玉祥、邵力子、孙科等及苏联驻华大使彼得罗

冯玉祥

夫夫妇也出席了集会。宋庆龄身穿一身洁白的衣服,当场致辞。冯玉祥也受大家的欢迎讲了话,回顾第一次国共合作时期同中国共产党的友谊,会议气氛十分友好亲切,许多旧友重逢,感慨万千。

冯玉祥紧紧地握住毛泽东的手,把毛泽东看了又看,仔细地端详了一会儿,然后举起酒杯,大声对毛泽东说:"您来了,中苏友好条约缔结了,让我们为孙总理的三大政策的实现而干杯!"毛泽东举起酒杯,与他兴奋地干了一杯。毛泽东和周恩来与大家干杯以后,又在各室转了一圈。这时,毛泽东的脸上已经泛起了红晕,冯玉祥见了,大声关照说:"今天,您会喝得躺下来的。"毛泽东向他友好地点点头说:"为了新中国,我愿喝干大海!"

当晚,冯玉祥又陪毛泽东、周恩来、王若飞到吴铁城家赴宴。宴会由张群、王世杰、吴铁城三人做东,冯玉祥、甘乃光作陪,宴请毛泽东一行。席间,大家畅谈

1945年10月19日,为纪念鲁迅逝世九周年祭辰,周恩来、郭沫若、宋庆龄等在重庆共同发起纪念大会。图为纪念会主席团成员合影。左五为冯玉祥

起大革命时期国共合作、北伐战争节节胜利的情形,还谈到对汉奸的处置。散席以后,冯玉祥陪毛泽东一行回寓所。天黑路滑,毛泽东一行乘坐的那辆车掉到道边沟里卡住了。冯玉祥和随员、司机帮着去推,却怎么也推不出来。看着毛泽东等人着急的样子,冯玉祥笑着说:"好了,既然推不上来,你们就坐我的车一起走吧。"说着,不由分说,把毛泽东等拉到自己的车上,一直送到桂园门口,才驱车回到自己的住处,这时已是深夜11点多钟了。

痛悼冯玉祥去世

1946年9月,冯玉祥被解除军籍,随后他便以"水利考察专使"名义赴美国考察水利。在美期间,因闻蒋介石镇压学生运动,冯玉祥发表《告同胞书》,谴责蒋介石政府,开始公开反蒋。此后,冯、蒋关系日益恶化,以致蒋介石开除了冯玉祥的党籍,串通美国政府吊销他的护照,强令其回国。

蒋介石摈弃冯玉祥,毛泽东则团结冯玉祥。冯玉祥此时更相信了共产党和毛泽东。他恐被蒋介石暗派的特务杀害,于1948年2月10日在纽约亲笔写下了遗嘱,其中有一条说:革命委员会的宣言和毛泽东先生、民盟的最近宣言,同志们应作为指针。

同年 7 月,冯玉祥响应中共的号召,参加中国人民政治协商会议,在苏联驻美大使馆的帮助下,登上苏联客轮"胜利"号,准备取道苏联回国。不幸的是,9 月 1 日,船至黑海时失火,冯玉祥遇难身亡,终年 66 岁。

当毛泽东惊悉冯玉祥罹难身亡的消息,感到十分悲痛和惋惜。9 月 7 日,与朱德联名致电中国国民党革命委员会,对冯玉祥的去世表示哀悼,唁电说:冯先生连年为民主事业奔走呼号,此次归国,对于中国人民民主事业,定多贡献,今忽遭此意外,实为国家民族之损失。

同船的冯夫人李德全幸免于难,但此刻正在莫斯科国家医院接受治疗。毛泽东知道了这一情况,便在同一天又与朱德联名给她发了一份唁电。李德全收到了毛泽东的唁电以后,当即在 9 月 8 日给毛泽东复了电,称"我俟健康恢复后即返中国,继续为民主而奋斗"。同年 11 月,李德全伤愈出院,告别了儿女,独自抱着冯玉祥的骨灰盒,来到了东北解放区。

次年 9 月 1 日,中共中央与各民主党派在冯玉祥逝世一周年的日子里,在北平召开了隆重的纪念大会,毛泽东、朱德等均送来了挽词花圈。毛泽东亲笔题词:"冯玉祥将军逝世周年纪念谨致悼意。"冯玉祥生前非常喜欢泰山,为了永久地纪念冯玉祥的历史功绩,中共中央决定将他的骨灰安葬在泰山。至今,毛泽东的挽词仍存放在冯玉祥纪念馆内。

48. "他是三到延安的好朋友"

——毛泽东与张治中

被称为"和平将军"的张治中，是唯一没有同共产党打过仗的国民党高级将领。张治中和毛泽东的交情，是从1945年秋毛泽东到重庆谈判开始的，由此直至1969年春张治中因病去世的二十多年中，他们之间无拘无束，坦诚相见，共谋国共两党和谈与新中国建设大计。

"你是一个真正希望和平的人"

毛泽东与张治中在大革命时期同在广州，可惜无缘交往，他们相互理解，是从重庆谈判开始的。1945年8月，作为蒋介石代表的张治中和赫尔利一起，乘专机飞赴延安迎接毛泽东来到重庆。

毛泽东在延安迎接赫尔利、张治中（1945年）

抗战胜利之初的重庆,社会秩序混乱,为了给毛泽东创造一个安全的工作、活动和休息的环境,张治中特地请毛泽东住在自己的官邸桂园,而他自己则带着秘书、副官等搬往梅园暂住。重庆期间,蒋介石和毛泽东会谈多次,并亲临桂园拜访毛泽东,在楼前合影留念。历史上著名的《双十协定》就是在桂园的客厅里签的字。

1945 年 8 月 28 日,为争取国内和平,毛泽东和周恩来、王若飞在赫尔利、张治中陪同下离开延安赴重庆谈判

重庆谈判历时 43 天,风波迭起,险象环生,唇枪舌剑,针锋相对,多次濒于破裂。国民党代表中最活跃、最积极的是张治中,每到关键时刻,他总是积极斡旋。他在整个谈判中,时而绕室彷徨,时而沉思兴叹,显得饮食无心,坐立不安,他这种真诚谋国、公而忘身的精神是毛泽东所目睹心印的。

国共谈判基本达成协议,而外间却纷纷传说军统特务将有不利于毛泽东的行动。热心的民主人士以"重庆气候欠佳,不如早返延安""三十六计走为上"等相劝,周恩来心焦如焚,就和张治中商量提前签署协定,并暗示如让毛泽东一人独返,放心不下。张治中慨然答允亲送毛泽东返延,保证毛泽东往返安全。

10 月 11 日中午,毛泽东在张治中的陪同下,乘蒋介石的"美龄"号专机离开了重庆白市驿机场。在重庆谈判的 43 天里,张治中和毛泽东通过频繁的接触,增进了相互的理解,因而建立了很好的交情。在去往机场的路上,毛泽东笑着对张治中说:"我在重庆经过调查,知道你是真心希望和平的人。"张治中问:"何以见得?"毛泽东说:"有事实为证:第一,你把《扫荡报》改名《和平日报》。《扫荡报》是在江西'围剿'我们时办的,你要改名,一定有好些人不赞成的。第二,你把康泽在綦江搞的一个集中营给撤销了,是为人民办了一件好事。"得到毛泽东的理解,张治中颇为感动。

到达延安的当天晚上,毛泽东举行盛大宴会和欢迎晚会,并致欢迎词。张治中致答谢词说:"将来你们写历史的时候,不要忘记张治中三到延安这一笔。"引起全场热烈掌声。

"从大年初一做起"

1949 年,国共和谈在北平举行。毛泽东在香山双清别墅会见了老朋友。毛泽东笑容满面地拉着张治中的手,说:"文白先生,别来无恙啊?""还好,还好。"张治中感慨地说:"润之先生与重庆谈判时相比,愈见精神焕发,神采百倍啊。"毛泽东诙谐地说:"我就是这样的穷命,在延安时,生活稳定,在重庆时生活优裕,但我从重庆回延安后就病了一场,后来被蒋先生几十万大军追赶着在陕北的山沟里,来回转了一年,倒转得百病皆无,身康体健起来。"

一起落座后,毛泽东深情地说:"这些年来,我一直没有忘记重庆谈判时,你的悉心照顾和为和平奔忙的良苦用心。在那里,你盛情接待,全家他迁,将桂园让给我们用,又举行了盛大欢迎宴会。""可是你到延安时,我只能以小米招待你,抱歉得很呢!"毛泽东平易近人的话语,热情而自然、亲切,完全是对待老朋友的态度。两人谈笑风生,一扫和谈的阴云。

两人对有关国共合作方面的各种问题进行了长谈。毛泽东一番中肯、坚定、有见地并充满情谊的话语,使张治中茅塞顿开。对张治中来说,这次是他人生的一个十字路口,也是他进行抉择的关键时刻。后来和谈破裂时,张治中发表《对时局声明》,留在北平。毛泽东后来每次把张治中介绍给初会的朋友时总爱说:"他是三到延安的好朋友!"使张内心感到暖烘烘的,是好朋友,不是一般的朋友,这话既是高度的评价,又表露了无限的深情。

同年 6 月,酝酿筹备全国政协,中央人民政府准备成立。有一天,毛泽东当着朱老总和好些中共领导人的面,提出请张治中参加人民政府并担任职务,张治中说:"过去的阶段,我是负责人之一,这一阶段已经过去了,我这个人当然也就成为过去了。"毛泽东恳切地说:"过去的阶段等于过了年三十,今后还应从大年初一做起!"这话多么诚挚亲切,含义又多么深刻! 对张治中来说,既是热情的期待,又有严格的要求,他的后半生是牢牢记住这话作为鞭策自己的座右铭的。

毛泽东与人民革命军事委员会部分委员在中南海颐年堂合影。
中排左三为张治中

建言献策

1949 年全国政协召开前,曾酝酿和讨论国家名号问题。毛泽东在中南海邀集张治中等一些党外人士座谈,听取大家意见。最后毛泽东提出,中央意见拟用"中华人民民主共和国"。大家有同意的,也有不同意的。张治中说:"'共和'这个词的本身就包含了'民主'的意思,何必重复? 不如就干脆叫'中华人民共和国'。"毛泽东觉得此话有理,建议大家采纳。

同时还讨论了国旗的图案。全国征集图案 2000 多幅。审阅小组通过了党中央提出的 3 幅。讨论时,毛泽东手持两幅:一幅是红底,左上方一颗大五角星,中间三横杠。说明是:红底象征革命,五角星代表共产党的领导,三横杠代表长江、黄河、珠江,手中的另一幅是现在的五星红旗。征询大家意见,多数人倾向三横杠的那一幅。张治中表示不同意见:(1)杠子向来不能代表河流。中间三横杠容易被认为分裂国家,分裂革命。(2)杠子在中国人的传统观念中是金箍棒,国旗当中摆上三根金箍棒干吗? 因此不如用这一幅五星红旗。毛泽东觉得张治中所言有理,建议大家一致同意采用五星红旗。

中央人民政府委员会成立并举行第一次全体会议后,要发表公告。中央拿出来的稿子只列举主席、副主席姓名,56 位委员就未列姓名。张治中站起来说:"这是正式公告,关系国内外观感,应该把 56 位委员的姓名也列上。"毛泽东说:"这意见很好,这样可以表现我们中央人民政府的强大阵容。"

1954 年全国人大一届一次会议开幕前,张治中得知毛泽东不准备讲话,就想通过周恩来、彭真建议毛泽东讲话,但毛泽东仍不愿讲话。于是张治中给毛泽东直接去信劝说道:"这次人大是中国历史上第一次真正的人民大会,您是国家主席,开幕时是主持人,怎能不讲话?"毛泽东对张治中说:"就是一个人希望我讲话。"张治中说:"不,不是我一个人,是全体代表。全国人民都希望听到您的讲话。"毛泽东还是不同意。但是到大会开幕时,毛泽东讲话了,而且很全面,扼要,有力量。讲话中有"领导我们事业的核心力量是中国共产党,指导我们思想的理论基础是马克思列宁主义"两句尤为重要,受到全党、全国欢迎,使大家受到极大鼓舞。会议休息时,毛泽东幽默地对张治中说:"你胜利了,(我)本来不准备讲话,只因开幕式我是主持人,不能不说几句话,谁知一拿起笔来越写越多,就成了一篇讲话了。"

人大会议期间,张治中提出一份书面建议,建议每个人大常委每年都要外出视察,了解地方情况,听取群众意见。毛泽东看到这份建议后,非常赞同并主张把范围扩大到全国人大代表,以后又加上全国政协委员。几十年来,这成了一项传统制度,沿用至今。有一次,在会议休息室里,有人谈起视察的事,讲到这件事是由张治中建议才实行时,张治中说,建议视察的范围已经被主席扩大了。毛主席用幽默的语调说:"他这个人专做好事,做了许多好事。"

在参加讨论宪法草案时,张治中认为草案总纲第四条中有"台湾地区除外"的字样,应予删除,因为台湾问题是暂时的,而宪法是永久的,大可不必在宪法上面这样写出。毛泽东十分赞成,大家一致同意删去这句话。

1957 年整风反右刚开始时,张治中当众坦率地说:"现在共产党人在人民群众中威信这样高,社会主义革命和建设的成就又那样巨大。谁还敢出来反对共产党,反对社会主义呢?"整风反右是毛泽东发起和领导的,张治中的话当然具有针对性,包含了批评和不同意见。他敢于直言,他在全国政协的发言《更加密切共产党与党外人士的关系》中,指出党与非党关系存在三项问题,有职有权有责问题,关于对统战政策的认识与执行方法问题,关于党与非党的友好合作问题。然后提出四项建议:第一,要从思想认识上解决问题。第二,要从制度上求得保证。第三,要从生活和交往上培养感情。第四,要从加强学习和宣传教育,加强检查工作上贯彻政策。

1961 年 10 月 1 日,毛泽东和张治中在天安门城楼上

1967 年国庆,张治中虽然病体难支,但仍由警卫员用手推车送上天安门城楼。张治中见到毛泽东后直言不讳地说:"你的步子走得太快,我们跟不上! 现在被打倒的干部不止百分之五了吧?!"这可以说是张治中对毛泽东最后的谏言。在这种时候,这样的场合,敢于提出这样的问题,该有多大的勇气呀!

1969 年 4 月 6 日,张治中在北京病逝。

文友情

49."骏骨未凋,尚有生气"

——毛泽东与周世钊

1961 年,毛泽东写下一篇脍炙人口的《七律·答友人》:

九嶷山上白云飞,帝子乘风下翠微。

斑竹一枝千滴泪,红霞万朵百重衣。

洞庭波涌连天雪,长岛人歌动地诗。

我欲因之梦寥廓,芙蓉国里尽朝晖。

诗中所说的友人,就是周世钊。毛泽东与这位当年湖南省立第一师范的同窗之间的情谊,源远流长,从青年到晚年的六十余年间,始终不渝。

同窗挚友

1913 年,毛泽东与周世钊成为湖南省立第四师范的同班同学。次年,第四师范并入湖南省立第一师范学校后,他俩仍在同班学习,一直到 1918 年毕业,两人同学长达 5 年半,意气相投,友情甚笃。

毛泽东与周世钊在一师民主教育氛围中,在进步师长徐特立、杨昌济等的教诲下,如饥似渴地学习,一样热心社会活动,努力探索救国救民的道路。毛泽东抱负远大,胆识非凡,有一种特殊的领导和创造才能,具备一种令人心悦诚服的吸引力量,先生们都认为他是"异才",是"伟器",同学们则认为他是"怪杰"。周世钊好学不倦,为人敦厚,在文学方面的造诣为师友同学所称颂。当时湖南一师有一种考查学生学业与操行的办法,称作"人物互选"。据《一师校志》记载,1917 年全校共 12 个班,学生 575 人,在当年的"人物互选"中,全校有 34 人当选。票数第一的是毛泽东,获 49 票;票数第二的是周世钊,获 47 票。而超过 40

1918 年 3 月湖南省立第一师范第八班毕业生合影

票的只有他们两人。

　　在湖南一师的几年里,周世钊和毛泽东关心国家大事,尤其是毛泽东每天要花两三个钟头仔细阅读报纸,思考救国救民的方法。1915 年,毛泽东写了一篇《征友启事》,大意是:国家阽危,青年应该起来救国,凡有为救国牺牲个人的精神的人,愿与之为友,希望通信联系,见面商讨。毛泽东将启事油印分发到各大中学校。后来,仅得到几个人的来信,毛泽东很不满足,和周世钊等好友经常就此商讨。1917 年,毛泽东、周世钊认识到要寻求救国救民的道路,必须有一批志同道合的同志,结成一个坚强的组织。新民学会就这样成立了。学会以"革新学术,砥砺品行,改良人心风俗"为宗旨,后又以"改造中国与世界"为方针。在五四运动前后两三年中,新民学会不仅领导了湖南驱逐军阀张敬尧的运动,并且进行了早期的马克思主义宣传。学会还组织部分会员去法国勤工俭学。1920年下半年,学会许多主要成员加入了社会主义青年团和共产主义小组。

骏骨未凋

　　1927 年,毛泽东准备动身前往武昌。临行前,毛泽东特邀周世钊到长沙住处望麓园长谈。老友相处多年,依依惜别。毛泽东不舍地说,我们这一别有可能要很久以后才能见面,望各自保重。令两人都始料未及的是,他们这一别竟有23年。

此后,毛泽东走上井冈山,开辟出一条革命的新路。周世钊则留在湖南教书。这段时间,周世钊同毛泽东尽管不在一起,不曾见面,但是他们的心是息息相通的。周世钊随时都在关心毛泽东的动向,常为毛泽东的安全担忧,并冒着风险写信提醒他要警惕。1945年8月,周世钊得知毛泽东不顾个人安危,为争取和平建国而奔赴虎穴龙潭的重庆时,他立即写了一封信表达问候之情,可惜这封信未能送到毛泽东手中。毛泽东曾多次写信给周世钊,向他介绍抗战情况或国共合作进展等。周世钊还在课堂上不断宣传毛泽东,经常谈起自己跟毛泽东在长沙参加革命活动的情况,赞扬毛泽东的才华、学识和人品,并说:"我虽然不是共产党员,但毛泽东到哪里开会都爱邀我去。我要是跟他去了井冈山,也走上了革命的道路。"

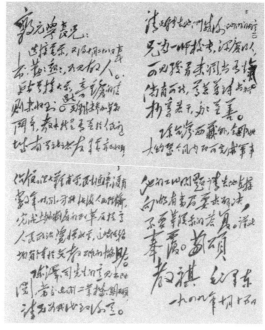

毛泽东写给周世钊的信(1949年10月15日)

1949年,长沙和平解放,一些老新民学会会员和教师,联名向毛泽东致贺电信,由周世钊领衔。此时的周世钊,已是一师校长。此后,毛泽东与周世钊先有电报来往,再有信件联系。1949年10月15日,毛泽东致函周世钊,信中说道:"迭接电示,又得九月二十八日长书,勤勤恳恳,如见故人。延安曾接大示,寄重庆的信则未收到。兄过去虽未参加革命斗争,教书就是有益于人民的。城南学社诸友来电亦已收到,请兄转告他们,感谢他们的好意。兄为一师校长,深庆得人,可见骏骨未凋,尚有生气。"对故友称他"骏骨未凋",周世钊感到无比鼓舞,总是乐呵呵地对人说:毛润之称我"骏骨未凋,尚有生气"。

第一诗友

毛泽东在诗词上的造诣人尽皆知,他诗交甚广、诗友甚多,和朋友之间的往来唱和,在其诗词中占有不小的比重。不论是从诗交的时间还是数量上来看,周世钊都堪称毛泽东的"第一诗友"。早在湖南一师学习期间,周世钊在诗词上的造诣就颇为同学所称道。当时一师有一个学友会,毛泽东任总务(会长)兼教育研究部部长,周世钊被选为文学部部长。周世钊和毛泽东成了最亲密的诗友,他们之间谁有了新创作的诗词,都会亲密地相互切磋,反复共同修改,直至两人都感到比较满意。毛泽东在校时赠给周世钊的诗有50首之多,可惜后来都失传了。后来记得起的仅有残句"侯季多肝胆,刘卢自苦辛"。毛泽东与周世钊少年同窗结缘,诗词唱和是他们当时学习与生活中的重要内容。他们的诗词水准也在共同严格的相互切磋中,有了很大的提高。可以说,毛泽东以后所写的气势磅礴的诗词,就是在这时打下深厚坚实的基础的。

1950年秋,毛泽东邀请周世钊北上参加国情观礼,两位阔别二十多年的老友终于又相聚在一起。心潮澎湃的周世钊北上途中经过许昌时,写下一首《五律·过许昌》赠予毛泽东,毛泽东对此诗非常喜爱,吟诵再三,自称"时常记得秋风过许昌之句"。毛泽东后以一首《水调歌头》作为对此诗的酬答,这便是广为传诵的《水调歌头·长沙》:

才饮长沙水,又食武昌鱼。万里长江横渡,极目楚天舒。不管风吹浪打,胜似闲庭信步,今日得宽余。子在川上曰:逝者如斯夫!

风樯动,龟蛇静,起宏图。一桥飞架南北,天堑变通途。更立西江石壁,截断巫山云雨,高峡出平湖。神女应无恙,当惊世界殊。

1955年6月,毛泽东视察南方,来到长沙。周世钊正担任湖南教育厅副厅长兼湖南省第一师范学校校长。一天上午,毛泽东提出要在正涨着洪水的湘江游泳,周世钊担心毛泽东的安全,便对毛泽东提出:"现在湘江水涨,水又广又深,游泳也许不便啊!"毛泽东望着周世钊呵呵一笑,说:"惇元,你不要说外行话啦! 庄子不是说过:'水之积也不厚,其舟大也无力。'水越深,浮力越大,游泳起来当然越要便利些,你怎么反说不便啊?"此时,毛泽东已穿上游泳衣,从乘坐的小水轮上潜入浪涛汹涌的湘江。周世钊只见毛泽东时而仰泳,时而侧泳,神态极为安闲,显得一点也不费力气,就这样,毛泽东整整游了一个小时。

上岸以后,毛泽东对周世钊说:"我已经三十多年未上岳麓山了,我们今天到岳麓山青年时期常去的爱晚亭、白鹤泉、云麓宫去看看吧!"周世钊当然非常高兴,说:"我当然愿意和你旧地重游啊!"于是便和毛泽东等愉快地一起驱车上山。可汽车只能开到白鹤泉。白鹤泉再往上,坡陡路险,仅能步行。此时,准备好的三顶轿子已来了,毛泽东坚决不肯坐,坚持步行。此时毛泽东虽年过花甲,仍健步如飞,走在最前面。他粗气也不喘一口,还和陪游的周世钊等谈笑风生,不觉间已然登上了矗立在岳麓最高峰的云麓宫。周世钊看到毛泽东登上山顶,一点也不疲倦,便笑着对毛泽东说:"润之,你锐气不减当年呀!"毛泽东说:"对一个人说来,暮气不可有,锐气不可减呀!"

看到老同学的矫健身姿和老当益壮青春焕发的精神状态,周世钊不觉诗情涌动,一首情深意切的七律油然而生:

> 滚滚江声走白沙,飘飘旗影卷红霞。
> 直登云麓三千丈,来看长沙百万家。
> 故国几年空兕虎,东风遍地绿桑麻。
> 南巡已见升平乐,何用书生颂物华。

后来,周世钊在给毛泽东的信中附有这首《七律·从毛泽东登岳麓山至云麓宫》和另外数首诗作。毛泽东读到这首诗十分高兴,当即作了一首应答之作《七律·和周世钊同志》:

> 春江浩荡暂徘徊,又踏层峰望眼开。
> 风起绿洲吹浪去,雨从青野上山来。
> 尊前谈笑人依旧,域外鸡虫事可哀。
> 莫叹韶华容易逝,卅年仍到赫曦台。

毛泽东《七律·和周世钊同志》手迹

这两首和诗,展示了诗人对世事人生的达观心境以及两位老朋友之间的深情厚谊,人称"20世纪第一和"。就这样,以诗词为桥梁,两位多年的挚友联系得更加频繁和紧密了。1961年12月26日,是毛泽东68岁生日,他兴奋地提笔给周世钊写了一封信,又与自己的诗友谈了诗,信中写道:"'秋风万里芙蓉国,暮雨朝云薛荔村。''西南云气来衡岳,日夜江声下洞庭。'同志,你处在这样环境中,岂不妙哉?"对于毛泽东的各件来函,周世钊封封珍藏,视为家珍。1976年毛泽东和周世钊先后离世,他的家属将所有这些传家宝式的信函全部交给了中央档案馆,永远成为两位挚友一生深厚情谊的见证。

50. "我跟鲁迅的心是相通的"

——毛泽东与鲁迅的神交

鲁迅,就是这个文化新军的最伟大和最英勇的旗手。鲁迅是中国文化革命的主将,他不但是伟大的文学家,而且是伟大的思想家和伟大的革命家。鲁迅的骨头是最硬的,他没有丝毫的奴颜和媚骨,这是殖民地半殖民地人民最可宝贵的性格。鲁迅是在文化战线上,代表全民族的大多数,向着敌人冲锋陷阵的最正确、最勇敢、最坚决、最忠实、最热忱的空前的民族英雄。鲁迅的方向,就是中华民族新文化的方向。

这是毛泽东在《新民主主义论》中对鲁迅的评价之词。短短 5 句话中用了 4 个"伟大"、9 个"最",在毛泽东对古今中外人物的评点中,从未有过比这更高的评价。同为 20 世纪中国杰出的思想家、革命家,毛泽东对鲁迅充满了尊敬和敬仰之情,虽然从未谋面,他却多次表明:"我跟鲁迅的心是相通的。"

"我得引为同志,是自以为光荣的"

毛泽东很早就读过《阿 Q 正传》《狂人日记》等鲁迅的作品,对鲁迅的人格、思想、文学功绩十分推崇。1934 年 1 月,冯雪峰从上海回到瑞金担任中央党校副校长,毛泽东专门拜访了他。冯雪峰向毛泽东汇报上海的工作和左翼文艺阵营的活动,毛泽东对冯雪峰讲述的鲁迅的事情尤其感兴趣,他遗憾地说:"五四时期在北京,弄新文学的人我见过李大钊、陈独秀、胡适、周作人,就是没有见过鲁迅。"冯雪峰在上海工作时也是中央和鲁迅之间的联络员,对鲁迅的情况比较了解,他特别详细地介绍了鲁迅的情况,告诉毛泽东鲁迅读过他的诗词,认为他有"山大王"的气概,这让在上井冈山之前的演讲中就说过要做革命的"山大王"的毛泽东非常开心。两人谈了许多有关鲁迅本人以及作品的看法,冯雪峰提到临时中央有人建议请鲁迅到苏区来主持教育工作,毛泽东叹息道:"这些人真是一点也不了解鲁迅!"冯雪峰还把鲁迅不想离开上海,并谢绝到苏联去,认为在岗位上,总能打一枪两枪的想法详细告诉了毛泽东。毛泽东感慨地说:"这才是实际的鲁迅！一个人遇到紧要关头，敢于不顾个人安危，挺身而出，坚决将艰巨的任务承担下来，是符合人民愿望的最可贵的品格。我们民族几千年来多次濒临危亡，终于能够维持不堕，就因为人民有这样的品格，这点在鲁迅身上集中地体现出来。"

鲁迅对毛泽东等中国共产党人也十分佩服，身在上海的他一直十分关注红军和毛泽东等中共领导人的消息。早前冯雪峰在担任左联文委书记时，鲁迅就经常向他还有茅盾了解苏区和毛泽东的情况。1936年3月红军东征胜利之后，鲁迅还抱病和茅盾一起向党中央和毛泽东发出贺信：

鲁迅（1881—1936 年），文学家、思想家和革命家，浙江绍兴人

英勇的红军将领和士兵们，你们的英勇斗争，你们的伟大胜利，是中华民族解放史上最光荣的一页，全国民众期待你们更大的胜利，全国人民正在努力奋斗，为你们的后盾，为你们的声援，你们的每一步前进，将遇到热烈的欢迎与拥护。……在你们的身上，寄托着人类和中国的将来。

1936 年冯雪峰重新被派往上海工作时就住在鲁迅家中，鲁迅对中共、苏区以及毛泽东等中共领导人有了更加深入全面的了解，他还委托冯雪峰把自己抱病编的瞿秋白《海上述林》以及购买的火腿送给毛泽东和周恩来。

鲁迅和中共融洽的关系引来了其他组织的关注。1936 年，"托派"给鲁迅写信，攻击中共领导的民族统一战线以及以毛泽东为首的中共领导人。鲁迅对他们进行了严厉的驳斥："你们的'理论'确比毛泽东先生们高超得多，岂但得多，简直一是在天上，一是在地下。但高超固然是可敬佩的，无奈这高超又恰恰为日本侵略者所欢迎，则这高超仍不免要从天上掉下来，掉到地上最不干净的地方去……我只要敬告你们一声，你们的高超的理论，将不受中国大众所欢迎，你们的所为有背于中国人现在为人的道德。"对毛泽东们"我得引为同志，是自以为光荣的"。鲁迅提及毛泽东见诸文字者不多，此信是他病中口授完成，更见其珍贵。

"我们纪念鲁迅,就要学习鲁迅的精神"

1936 年 10 月,鲁迅病逝。消息传来,根据毛泽东的提议,中共中央和中华苏维埃共和国政府联名发表了《为追悼鲁迅先生告全国同胞和全世界人士书》《致许广平女士的唁电》《为追悼与纪念鲁迅先生致中国国民党委员会与南京国民党政府电》。鲁迅病逝时受中央委托主持治丧工作的冯雪峰 1937 年回延安汇报工作时,毛泽东还一再向他询问鲁迅逝世前后的情况,对鲁迅的怀念之情可见一斑。

1937 年 10 月 19 日,陕北公学举行纪念鲁迅逝世一周年大会。毛泽东出席并发表了演讲:

1933 年 9 月 13 日,鲁迅 53 岁生辰,与夫人许广平和儿子周海婴摄于上海

我们今天纪念鲁迅先生,首先要认识鲁迅先生,要懂得他在中国革命史中所占的地位。我们纪念他,不仅因为他的文章写得好,是一个伟大的文学家,而且因为他是一个民族解放的急先锋,给革命以很大的助力。他并不是共产党组织中的一人,然而他的思想、行动、著作,都是马克思主义的。他是党外的布尔什维克。尤其在他的晚年,表现了更年轻的力量。他一贯地不屈不挠地与封建势力和帝国主义作坚决的斗争,在敌人压迫他、摧残他的恶劣的环境里,他忍受着,反抗着,正如陕北公学的同志们能够在这样坏的物质生活里勤谨地学习革命理论一样,是充满了艰苦斗争的精神的。

在这次演讲中,毛泽东还概括了鲁迅的三个特点:政治的远见,斗争精神,牺牲精神。他说:"综合上述几个特点,形成了一种伟大的'鲁迅精神'。鲁迅的一生就贯穿了这种精神。所以,他在文艺上成了一个了不起的作家,在革命队伍中是一个很优秀的很老练的先锋分子。我们纪念鲁迅,就要学习鲁迅的精神,把它带到全国各地的抗战队伍中去,为中华民族的解放而奋斗。"

"鲁迅的心和我们是息息相通的"

毛泽东虽然很早就读到过鲁迅的作品,但由于种种原因,一直到1938年中国第一次出版20卷本的《鲁迅全集》之后,毛泽东才通过上海的中共秘密组织得到一套完整的鲁迅著作。毛泽东十分珍爱这套《鲁迅全集》,在戎马倥偬的战争年代,行军、转移的过程中经常会遇到突发情况,毛泽东的许多书籍和用品都丢弃了,但是这套《鲁迅全集》却一直陪伴着他。一直到新中国成立以后,毛泽东仍然时不时地再次阅读这套《鲁迅全集》。他首次访问苏联时也随身带着几本鲁迅的著作,在外事活动的间隙抽空阅读。有一次到了开饭时间毛泽东仍在读鲁迅的作品,工作人员轻声催他吃饭,他边看边说:"还有一点,看完就吃。"一直到读完才去吃饭。吃饭时还边吃边笑着对工作人员说:"我就爱鲁迅的书,鲁迅的心和我们是息息相通的。我在延安夜读鲁迅的书,常常忘了睡觉。"从毛泽东在《鲁迅全集》书上批注的情形来看,他阅读鲁迅的作品非常认真仔细,书中文字排印颠倒、错字漏字的地方,他都一一进行了更正。后来新版的《鲁迅全集》中有一部分修改就是根据毛泽东的更正进行的。直到毛泽东逝世时,他的床头、床边的桌子上、书架上,还摆放着一套大字本的《鲁迅全集》,上面也作了许多圈点,有的封面上还写明了"1975.8 再阅"。

毛泽东不仅喜爱阅读鲁迅的著作,也经常在谈话中提到鲁迅的作品。毛泽东与斯诺谈话时提到蒋介石否认统一战线的事实,便以阿Q为例,说蒋介石是阿Q主义者,是看不到统一战线存在的自欺欺人。在著名的《反对党八股》中,针对当时文风不正的情况,毛泽东多次引用了鲁迅的思想和说法:

党八股也就是一种洋八股。这洋八股,鲁迅早就反对过的。……空话连篇,言之无物,还可以说是幼稚;装腔作势,借以吓人,则不但幼稚,简直是无赖了。鲁迅曾批评这种人,他说:"辱骂和恐吓绝不是战斗。"

毛泽东还十分喜爱鲁迅的诗词,平时有友人、访客请他题字、题词时,他也常书录鲁迅的诗句相赠。1958年,著名粤剧演员红线女在武昌为中共八届六中全会的代表演出,请毛泽东写几个字,毛泽东欣然写下了鲁迅的"横眉冷对千夫指,俯首甘为孺子牛"。这也是毛泽东认为"应该成为我们的座右铭"的诗句。毛泽东还在一次谈话时提出应当学习鲁迅的战斗精神和方法:

鲁迅战斗方法的一个重要特点是,把所有向他射的箭,统统接过来,抓住不放,一有机会就向射箭的人进攻。人家说他讲话南腔北调,他就出《南腔北调集》。梁实秋说他背叛了旧社会,投降了无产阶级,他就出《二心集》。人家说他的文章用花边框起来,他就出《花边文学》。《申报》的“自由谈”的编者受到国民党的压力,发牢骚说,《自由谈》不要谈政治,只准谈风月,他就出了《准风月谈》。国民党骂他是堕落文人,他的笔名就用堕落文。他临死时还说,别人死前要忏悔,宽恕自己的敌人,但他对自己的“怨敌”,“让他们怨恨去,我也一个都不宽恕”。

毛泽东多次在谈话和发言中提到“鲁迅是真正的马克思主义者,是彻底的唯物论者”。称赞“鲁迅的骨头是最硬的,他没有丝毫的奴颜和媚骨”。他还多次发出“学鲁迅的榜样”“读点鲁迅”的号召。但是,在推崇鲁迅的精神品格和文学作品的同时,毛泽东也实事求是地指出了鲁迅的某些不足。他曾经在给周扬的信中提道:“鲁迅在表现农民的作品中,看重其黑暗面和封建主义的一面,忽略其英勇斗争、反抗地主,即民主主义的一面,这是因为他未曾经历过农民斗争之故。”这一批评无损鲁迅的形象,也并非毛泽东对鲁迅的不敬,反而恰恰说明了毛泽东对鲁迅的尊敬、对鲁迅作品的认真分析和深入了解。

毛泽东从未面见过鲁迅,但他对鲁迅的尊敬和热爱却体现在方方面面。他多次阅读鲁迅的作品,关心鲁迅及其家人、弟子的有关情况,亲笔为鲁迅艺术学院(后更名为鲁迅美术学院)题写校名和“紧张、严肃、刻苦、虚心”的校训。1956 年 10 月 14 日,鲁迅墓迁葬于上海虹口公园,毛泽东庄重地为鲁迅墓碑题写了“鲁迅先生之墓”,以表达自己的哀思和纪念。

1949 年 7 月,全国文联代表大会在北平举行时,与会代表都得到了一枚毛泽东和鲁迅的铜质双人像章。像章上方有“1949”的字样,下方为呈半圆形的“中华全国文学艺术工作者代表大会”,中上方是一面飘卷的红旗,有毛泽东和鲁迅的肖像。这枚双人像章直接反映了毛泽东尊敬、敬仰鲁迅的感情,也是两位伟人一段神交佳话的纪念。

毛泽东为鲁迅墓碑题写的“鲁迅先生之墓”

51. 文朋诗友传佳话

——毛泽东和郭沫若的诗友情谊

大示读悉。奖饰过分，十分不敢当；但当努力学习，以副故人期望。武昌分手后，成天在工作堆里，没有读书钻研机会，故对于你的成就，觉得美慕。你的《甲申三百年祭》，我们把它当作整风文件看待。小胜即骄傲，大胜更骄傲，一次又一次吃亏，如何避免此种毛病，实在值得注意。倘能经过大手笔写一篇太平军经验，会是很有益的；但不敢作正式提议，恐怕太累你。最近看了《反正前后》，和我那时在湖南经历的，几乎一模一样，不成熟的资产阶级革命，那样的结局是不可避免的。此次抗日战争，应该是成熟了的吧，国际条件是很好的，国内靠我们努力。我虽然兢兢业业，生怕出岔子，但说不定岔子从什么地方跑来；你看到了什么错误缺点，希望随时示知。你的史论、史剧有大益于中国人民，只嫌其少，不嫌其多，精神决不会白费的，希望继续努力。恩来同志到后，此间近情当已获悉，兹不一一。我们大家都想和你见面，不知有此机会否？

这封亲切平易、谦逊诚恳的书信，是 1944 年 11 月 21 日毛泽东给郭沫若的一封回信，语言平实、情真意切，对郭沫若这位故友的思念和期望之情跃然纸上。

为革命奔走，惺惺相惜

说起毛泽东和郭沫若的交往，可以回溯到大革命时期。1926 年，毛泽东与郭沫若在广州林伯渠家相识，二人都对对方留下了深刻的印象。后来毛泽东邀请并陪同郭沫若到他主办的第六届农民运动讲习所作《革命文学》的报告，两人有了更进一步的交流。北伐军攻克武汉后，随北伐军一同北上作战的郭沫若与毛泽东在武汉相会。次年 3 月，郭沫若撰写的《请看今日之蒋介石》揭露了蒋介石叛变革命的阴谋和罪行，深受毛泽东等人的赞赏。然而郭沫若也因此被通缉，逃亡日本。此后二人天各一方，杳无音讯，直到抗日战争爆发后郭沫若回国，两人才重新取得联系。

抗日战争期间，郭沫若在周恩来的直接领导下，组织团结国民党统治区的进步文化人士,为抗日救亡运动奔走。这一时期他创作了大量历史剧和诗文,如《棠棣之花》《屈原》《虎符》等,鼓舞了革命人民的斗志,产生了很大影响。毛泽东多次向同志们称赞"郭沫若在历史话剧方面做了很好的工作",他还在请董必武转交郭沫若的电报中说:"收到《虎符》,全篇读过,深为感动。你做了许多十分有益的革命的文化工作,我向你表示庆贺。"

1944 年 3 月 19 日至 22 日,《新华日报》连载了郭沫若的《甲申三百年祭》,文章总结了李自成和他领导的农民起义由胜利转向失败的经验教训,"在过短的时期之内获得了过大的成功,这却使自成以下如牛金星、刘宗敏之流似乎都沉沦进了过分的陶醉去了。"这一教训,对于领导抗日民族战争正在向胜利转化的中国共产党人而言具有十分重要的现实意义。毛泽东读到这篇文章后连连称赞:"好文章!好文章!"之后,他在《学习和时局》的报告中提到:

我党历史上曾经有过几次表现了大的骄傲,都是吃了亏的。……全党同志对于这几次骄傲,几次错误,都要引为鉴戒。近日我们印了郭沫若论李自成的文章,也是叫同志们引为鉴戒,不要重犯胜利时骄傲的错误。

8 月下旬,郭沫若收到周恩来托人带来的《甲申三百年祭》《屈原》的单行本,给毛泽东、周恩来等在延安的朋友——一致信感谢他们的激励和鞭策。本文开头的书信,就是毛泽东给郭沫若的回信。

毛泽东等在重庆机场受到各界人士的热烈欢迎。右起:毛泽东、张治中、傅学文、郭沫若、邵力子、张澜

1945 年 8 月,毛泽东、周恩来率代表团赴重庆参加国共谈判。毛泽东在重

庆期间广泛会见了国民党上层人物、各民主党派和无党派民主人士、外国大使和中国记者,宣传中共的政治路线和政策,扩大人民民主统一战线,期间也多次与郭沫若会面、交谈。这是毛泽东与郭沫若自 1927 年在武昌分别 18 年以来的首次重逢,故友重聚,分外喜悦。见面时,郭沫若看到毛泽东用的是一只旧怀表,就从自己的手腕上摘下手表送给毛泽东。毛泽东非常珍视这份老友赠

郭沫若送给毛泽东的手表

礼,多次和身边的工作人员谈起这件事,说这块表可不能弄丢了。后来这块表修过多次,表带也更换过,但毛泽东生前一直戴着。毛泽东在重庆期间,所作《沁园春·雪》在报纸上发表,引起轩然大波,一时间衷心赞颂者有之,恶意中伤者有之。在这场尖锐的斗争中,郭沫若撰写诗文赞扬《沁园春·雪》,抨击反动文人的攻击和污蔑,还特意撰写了两首和词。也是在重庆期间的交流会面,使得郭沫若对于抗战胜利后的时局以及中共的方针有了更加明确的认识,也坚定了他与国民党进行斗争的决心。

赋诗词唱和,精益求精

新中国成立之后,郭沫若先后担任中央人民政府委员、政务院副总理兼文化教育委员会主任、中国科学院院长、全国文联主席、中国人民保卫世界和平委员会主席、第一至五届全国人大常委、副委员长、全国政协第二、三、五届副主席等职务,工作十分繁忙。毛泽东更是日理万机。然而两人在诗词方面的交往却没有减少,常有赠答、唱和、阅改之举。

1959 年夏天,毛泽东写成《七律·到韶山》和《七律·登庐山》后,请胡乔木把这两首诗"送给郭沫若同志一阅,看有什么毛病没有? 加以笔削,是为至要。"郭沫若读过两诗后,两次写信给胡乔木,直率地提出了修改意见。之后,毛泽东又写信给胡乔木:"沫若同志两信都读,给了我启发。两诗又改了一点字句,请再送呈沫若一观,请他再予审改,以其意见告我为盼。"

1961 年 10 月 25 日,郭沫若观看浙江绍兴剧团演出的《孙悟空三打白骨精》后,写了一首隐喻当时国际形势的《七律·看〈孙悟空三打白骨精〉》并录呈毛

泽东:

> 人妖颠倒是非淆,对敌慈悲对友刁。
>
> 咒念紧箍闻万遍,精逃白骨累三遭。
>
> 千刀当剐唐僧肉,一拔何亏大圣毛。
>
> 教育及时堪赞赏,猪犹智慧胜愚曹。

毛泽东于 11 月 17 日作《七律·和郭沫若同志》:

> 一从大地起风雷,便有精生白骨堆。
>
> 僧是愚氓犹可训,妖为鬼蜮必成灾。
>
> 金猴奋起千钧棒,玉宇澄清万里埃。
>
> 今日欢呼孙大圣,只缘妖雾又重来。

郭沫若细读毛泽东的和诗,又写了一首《七律·再赞〈三打白骨精〉》:

> 赖有晴空霹雳雷,不教迷雾聚成堆。
>
> 九千万里明真谛,八十一番弭大灾。
>
> 僧受折磨知悔恨,猪期警惕报涓埃。
>
> 金睛火眼无容赦,哪怕妖精亿次来。

毛泽东读到这首和诗后写道:"和诗好,不要'千刀当剐唐僧肉'了,对中间派采取了统一战线政策,这就好了。"并将新作《卜算子·咏梅》送给郭沫若一阅。

1963 年元旦,郭沫若应《光明日报》副刊《东风》之邀,写了一首《满江红·领袖颂》:

> 沧海横流,方显出英雄本色。人六亿,加强团结,坚持原则。天垮下来擎得起,世披靡矣扶之直。听雄鸡一唱遍寰中,东方白。
>
> 太阳出,冰山滴;真金在,岂销铄?有雄文四卷,为民立极。桀犬吠尧堪笑止,泥牛入海无消息。迎东风革命展红旗,乾坤赤。

这首《满江红》发表之时,毛泽东正住在杭州,读了这首词后,深为词中"沧海横流,方显出英雄本色"的激情感染,立即动手撰写和词。据身边工作人员回忆,"当晚他在屋里踱来踱去,时而凝眉沉思,时而昂首吟哦。忽然,他停住脚步,坐在桌前写上几句,又摇摇头,把纸揉成一团,扔进纸篓。在不断的吟哦、写作中,这首名篇诞生了。次日清晨,工作人员发现纸篓已装满大半。即便如此,毛泽东又作过反复修改,直到满意为止。"这首和词就是著名的《满江红·和郭沫若同志》:

> 小小寰球,有几个苍蝇碰壁。嗡嗡叫,几声凄厉,几声抽泣。蚂蚁缘槐夸大国,蚍蜉撼树谈何易。正西风落叶下长安,飞鸣镝。

多少事,从来急;天地转,光阴迫。一万年太久,只争朝夕。四海翻腾云水怒,五洲震荡风雷激。要扫除一切害人虫,全无敌。

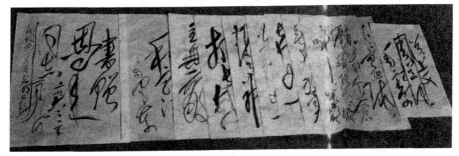

毛泽东书赠周恩来的《满江红·和郭沫若同志》手迹

从 1957 年到 1966 年年初,郭沫若还发表了近二十篇论述毛泽东诗词的文章。由于他既是著名的社会活动家,又是毛泽东的诗友,同时还具有深厚的古典文学修养,他的不少研究文章传达出了毛泽东的诗外之音,更令人耳目一新,他对毛泽东诗词的研究基本代表了当时国内毛泽东诗词研究的最高水平。毛泽东也会阅读郭沫若研究他诗词的文章,如有不符,便加以说明。两人在诗词的修改和唱和中相互切磋,精益求精,至今传为佳话。

从 1926 年广州相逢一直到 1976 年毛泽东去世,毛泽东与郭沫若之间的友谊延续了整整半个世纪。如今走进北京什刹海前海西岸的郭沫若故居,仍然不难感受到毛泽东与郭沫若之间的深厚情谊:故居办公室的书柜上方悬挂着毛泽东亲笔书写的《西江月·井冈山》,对面是郭沫若夫人于立群抄录的《沁园春·雪》,西厢房陈列室里展有 1949 年 3 月郭沫若在西苑机场迎接从西柏坡而来的中共中央人员时与毛泽东交谈的照片。而那块郭沫若送给毛泽东的手表,则在陪伴了毛泽东 31 个春秋后,陈列在韶山毛泽东遗物馆,向来参观的人们诉说着毛泽东与郭沫若之间的深情厚谊。

52. 二十三年三握手

——毛泽东与柳亚子的诗词唱和

毛泽东是伟大的无产阶级革命家,也是杰出的浪漫主义诗人。柳亚子是国民党元老,也是著名爱国诗人,郭沫若口中的"今屈原"。1926年5月,国民党在广州召开二届二中全会,这两位政界明星、诗坛才子在会上相识,由此开启了一段友谊佳话。

饮茶粤海

在国民党二届二中全会上,蒋介石抛出了所谓的"整理党务案",意在打击和排斥共产党,夺取国民党党权。当时柳亚子任国民党中央监察委员,毛泽东则是以国民党中央候补委员、国民党中央代理宣传部长身份出席会议。面对蒋介石的反共提案,毛泽东、恽代英等中共代表与柳亚子、何香凝等国民党左派人士站在了一起,共同反对蒋介石的分共篡权阴谋。虽然毛泽东与柳亚子在这时只是初识,相谈机会也不多,却彼此都给对方留下了深刻的印象,埋下了友谊的种子。

1927年蒋介石叛变革命之后,柳亚子流亡日本,毛泽东深入农村开展农民运动、建立革命根据地。接下来的很长一段时间,他们都没有对方的消息,但这并没有磨灭两人之间的友谊。柳亚子对毛泽东十分赞赏,1929年,他在《存殁口号》中写道"人间毁誉原休问,并世支那两列宁"并自注说明"两列宁"是指孙中山、毛润之。将毛泽东与孙中山并列,柳亚子是第一人。毛泽东也对柳亚子印象十分深刻。1937年,毛泽东在给何香凝的信中说:"看了柳亚子先生题画,如见其人,便时乞为致意。像这样有骨气的旧文人,可惜太少,得一二个拿句老话说叫做人中麟凤。"1944年年末,正在重庆积极参加抗日民主运动的柳亚子收到毛泽东的来信:"广州别后,18年中,你的灾难也受得够了,但是没有把你压倒,还是屹然独立的,为你并为中国人民庆贺!""'云天倘许同忧国,粤海难忘共饮茶',这是你几年前为我写的诗,我却至今做不出半句来回答你。看见照片,样子老一些,精神还好罢,没有病罢? 很想有见面的机会,不知能如愿否?"字里行间的深情厚谊和真切关怀让柳亚子很是感动,更加坚定了他与共产党团结合作、革命到底的决心。1945 年,柳亚子作《延安一首》赠给毛泽东:"世界光明两灯塔,延安遥接莫斯科",更是将中国的希望寄托在共产党人的身上。

索句渝州

　　一别近二十年,毛泽东与柳亚子再次相见已经是抗日战争胜利之后。1945 年 8 月 28 日,毛泽东飞抵重庆与国民党进行谈判,并与各界朋友会面,其中就包括第一次国共合作时的老朋友柳亚子。久别重逢,柳亚子喜不自胜:"阔别羊城十九秋,重逢握手喜渝州。弥天大勇诚能格,遍地劳民战尚休。霖雨苍生新建国,云雷青史旧同舟。中山卡尔双源合,一笑昆仑顶上头。"与国民党当局的谈判十分紧张,然而毛泽东并没有因此而忽略自己的朋友们,谈判间隙,他与柳亚子等民主人士多次晤谈,交流对时局的看法。彼时许多民主人士仍对国民党当局抱有幻想,盲目乐观地看待和谈的形势。毛泽东详细分析双方军力的运动态势和谈判的准备情况,有理有据地戳穿了蒋介石"独夫民贼"的反革命本质,毛泽东的一番分析使得柳亚子很受启发,他在诗中写"与君一席肺肝语,胜我十年萤雪功"。

　　9 月 6 日,毛泽东、周恩来、王若飞前往柳亚子家中拜访。畅谈时局之余,柳亚子向精于文字之道的毛泽东索要诗句,毛泽东斟酌良久,将自己作于 1936 年 12 月的《沁园春·雪》重新抄录后赠送给柳亚子:"初到陕北看见大雪时,填过一首词,似于先生诗格略近,录呈审正。"柳亚子读后直呼"大作,大作",并填词以和,称赞毛泽东"才华信美多娇,看千古词人共折腰。算黄州太守,犹输气概,稼轩居士,只解牢骚。更笑胡儿,纳兰容若,艳想浓情着意雕。"并在词尾以"君与我,要上天下地,把握今朝"之句抒发了他决心与共产党人合作,慷慨投身建立新中国事业的信念。征得毛泽东同意后,毛泽东原词与柳亚子和词在重庆《新华日报》等报刊上发表,一时轰动山城,郭沫若、陈毅、黄齐生等人均作词以和。不仅如此,在渝期间,毛泽东还为《新华日报》编印的"柳(亚子)诗尹(瘦石)画联展特刊"题写了刊头。柳亚子夫人住院手术期间,毛泽东专门致信慰问,并在信中与柳亚子交流对时局的看法,勉励柳亚子"前途是光明的,道路是曲折的"。

　　蒋介石提出的谈判原本就是"假和平,真内战",尽管共产党人和民主人士为了民主和平进行了大量的努力,国民党当局仍然朝着背离人民的方向一去不回头。随着国共关系的恶化,国民党当局不断加紧迫害民主人士,柳亚子于1947 年 10 月离开上海前往香港避难。1948 年 1 月,中国国民党革命委员会成立,柳亚子被推举为中央监察委员会主席,继续从事民主活动。

定鼎燕都

1949 年年初,全国解放在即,毛泽东特地致电在香港的民主人士,邀请他们北上共商国是。作为第一次国共合作时期的老朋友,毛泽东还专门给柳亚子单独发了一份邀请电。收到邀请电,柳亚子感动不已,在《毛泽东电召北行二月二十八日启程有作》中写道:

> 六十三龄万里程,前途真喜向光明。
>
> 乘风破浪平生意,席卷南溟下北溟。

3 月 18 日,柳亚子抵达北平。3 月 25 日,毛泽东率驻西柏坡一年的中共中央到达北平,柳亚子等民主人士前往迎接。当晚,毛泽东在颐和园益寿堂设宴招待柳亚子等民主人士。别后三年重聚,已是换了天地,席间,宾主把酒言欢,共同为新中国畅想蓝图。

当时从国民党统治区奔赴北京的民主人士络绎不绝,有关部门一时有些应接不暇,难免有照顾不周之处。由于种种原因,柳亚子未能如愿拜谒孙中山先生衣冠冢,再加上对当时正在进行的国共和谈不甚理解,3 月 28 日,柳亚子写下了《感事呈毛主席》:

> 开天辟地君真健,说项依刘我大难。
>
> 夺席谈经非五鹿,无车弹铗怨冯驩。
>
> 头颅早悔平生贱,肝胆宁忘一寸丹。
>
> 安得南征驰捷报,分湖便是子陵滩。

其诗意指对政治物质待遇不甚满意,准备学严子陵回江南故乡隐居,言辞之间多有怨郁之意。

当时正值人民解放军南下突破长江天险之际,毛泽东在如雪片般飞来的战报之

1949 年,毛泽东和老朋友柳亚子在一起

中仍然十分重视柳亚子的呈诗,他立即向有关部门了解了柳亚子抵京以来的情况并派人安排柳亚子从北京六国饭店移住颐和园方便其生活。待解放军突破长江天险解放南京,战事稍缓之后,毛泽东也写了一首七律《和柳亚子先生》:

> 饮茶粤海未能忘,索句渝州叶正黄。
>
> 三十一年还旧国,落花时节读华章。
>
> 牢骚太盛防肠断,风物长宜放眼量。
>
> 莫道昆明池水浅,观鱼胜过富春江。

语短情长,短短56个字中,饱含着毛泽东同柳亚子二十多年的情谊,委婉地批评了柳亚子的消极情绪,挽留柳亚子继续为新中国工作,而不是半途而废。

5月初,毛泽东先后约柳亚子游颐和园、拜谒孙中山衣冠冢、到毛泽东寓所共进午餐,多次与柳亚子交流开国建业的大好形势。外出期间亲眼目睹的群众对毛泽东的热情欢迎深深地触动了柳亚子,而毛泽东的一片赤诚也再次感动了自承"书呆子,有名士气"的柳亚子。他先后又写了两首七律,中有"昆明湖水清如许,未必严光忆富江""离骚屈子幽兰怨,风度元戎海水量"之语,一扫愁绪,完全打消了退隐的念头。他还在一则日记中写道:"自撰出生六十三龄,平生未有此乐。"

毛泽东与柳亚子在一起

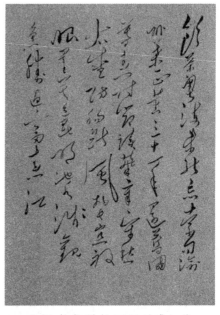

毛泽东书赠柳亚子的《七律·和柳亚子先生》

　　此后,柳亚子全身心地投入到建设新中国的事业中。当年9月,柳亚子作为民革代表参加中国人民政治协商会议第一届全体会议,新中国成立后他又当选为中央人民政府委员,先后任政务院文教委员会委员、中央文史馆副馆长等。而新中国的胜景也促使柳亚子写出了"良宵盛会喜空前""天安门上万红妍"等充满喜悦的词句,对此,毛泽东也多有"诗人兴会更无前""最喜诗人高唱至"的唱和。二人的诗词唱酬正是毛泽东与柳亚子多年友情的真实写照。1950年9月,柳亚子乔迁新居,毛泽东以柳亚子和《沁园春·雪》词为其新居题名"上天下地之庐",既是对二人多年友谊的铭记,也是对柳亚子的勉励。

　　柳亚子曾在1949年3月与毛泽东重会之时写诗回忆与毛泽东二十多年的朋友情谊:

　　　　二十三年三握手,陵夷谷换到今兹。

　　　　珠江粤海惊初见,巴县渝州别一时。

　　　　延水鏖兵吾有泪,燕都定鼎汝休辞。

　　　　推翻历史三千载,自铸雄奇瑰丽词。

　　毛泽东与柳亚子既是战友,又是诗友,"饮茶粤海""索句渝州""定鼎燕都"的三次握手在近代中国的历史画卷上留下了颇具传奇色彩的一笔,正称得上是"肝胆相照、荣辱与共"的"雄奇瑰丽词"。

53. "昨天文小姐，今日武将军"

——毛泽东对丁玲的关心与爱护

壁上红旗飘落照，西风漫卷孤城。保安人物一时新。洞中开宴会，招待出牢人。

纤笔一枝谁与似？三千毛瑟精兵。阵图开向陇山东。昨天文小姐，今日武将军。

这首《临江仙》词是毛泽东赠给丁玲的。丁玲是中国现代文学史上著名的女作家，她从1927年年底开始发表小说，并于1932年加入中国共产党。1933年被国民党逮捕入狱，直到1936年才被党组织营救出来。《临江仙》中的"洞中开宴会，招待出牢人"说的就是丁玲初到陕甘宁边区的情形。

"文小姐"上前线

丁玲到达陕北保安县（当时中共中央的所在地）时受到中央领导同志和文化界、妇女界的热烈欢迎。中央宣传部在一个大窑洞里举行了欢迎宴会，毛泽东、周恩来、张闻天、林伯渠等都出席了宴会，欢迎宴会的气氛十分热烈，让刚从监牢中脱身的丁玲生出一种回家的感觉。

这也是丁玲与毛泽东的首次直接会面和接触。丁玲中学时就曾听同学杨开慧谈起过毛泽东，后来她到上海读书、工作，先后从瞿秋白、冯雪峰等人口中听说过毛泽东的一些情况。她一直对这位"奇人"充满了好奇。欢迎宴会上两人交流不多，后来丁玲到毛泽东住的窑洞拜访，毛泽东问她："你现在打算做什么？"丁玲爽快地回答："当红军。"毛泽东听到十分高兴："好呀！正赶得上，最近可能还有最后一仗，你就跟着杨尚昆他们领导的前方总政治部

丁玲（1904—1986年），女作家，湖南临澧人

到前线去吧。"

丁玲上前线之前完成了发起组织中国文艺协会的工作，并在成立大会上被推选为文协主任。毛泽东等中央领导人以来宾身份参加了中国文艺协会的成立大会，并先后发表了讲话。毛泽东说："中华苏维埃成立已经很久了，已经做了许多伟大惊人的事业。但在文艺创作方面，我们干得很少。今天这个中国文艺协会的成立，是近十年来苏维埃运动的创举。"对丁玲的努力表示了肯定。

丁玲参加红军上前线时，正值山城堡战斗结束，"西安事变"爆发，于是丁玲随红军主力兼程南下。这段时间她与红军干部战士生活、战斗在一起，充分了解和体验了红军的生活，还结识了任弼时、彭德怀、贺龙、左权、肖克等将领，写下了《速写彭德怀》《南下军中之一页日记》《到前线去》等描写红军战斗、生活的作品。前面提到的

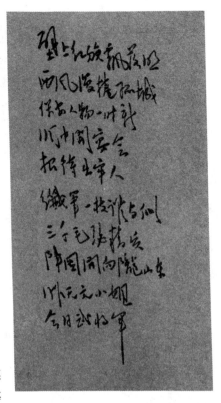

《临江仙·给丁玲同志》

《临江仙》就是这一时期毛泽东通过电报发给在前线的丁玲的，"昨日文小姐，今日武将军"正是对丁玲在前线生活中的转变的生动写照。

在中央警卫团"当领导"

1937年年初，丁玲根据组织安排陪同美国女作家史沫特莱访问陕甘宁边区。回到延安后，丁玲去看望毛泽东并向他汇报了自己在前线工作的情况。毛泽东对丁玲在前线取得的进步十分满意，又关切地询问她："丁玲，接下来你还想做什么？"丁玲仍然回答说想当红军。于是毛泽东任命丁玲担任中央警卫团政治处副主任。丁玲既为毛泽东对她的信任感到欣喜，又担心自己不能圆满完成党交代的工作，有些为难。毛泽东勉励她说："你能行！不会就学嘛。你总愿意学习吧？世上无难事，只怕有心人。你想当红军，说明你愿意学习红军。只要你肯学，一切都可以学会的。我们闹革命，搞武装斗争，开始也不会嘛。还不是

学中干,干中学,慢慢就学会了?"丁玲说:"我当然愿意学习,到陕北来什么都是要学的。可是这是要我当领导,当主任啊!"毛泽东语重心长地说:"当领导难也不难,只要钻进去什么都好办了。我看,当好主任无非是抓那么几条嘛!"他顿了顿,接着仔细给丁玲分析:"首要的是放下架子,深入实际,团结战士,团结干部,搞好各方面的关系;其次要多动脑子,注意学习别的领导好的工作作风和方法,取长补短,把上级的精神吃透,把政策变为群众的行动;再就是要严格要求自己,身先士卒,理论联系实际。"他还提醒丁玲:"你开始做工作,就是要认识人,一个一个去认识他们。"毛泽东的话语给了丁玲很大的鼓励:"那我就试试吧。"丁玲用力点点头。

丁玲到警卫团上任之后,认真按毛泽东的嘱咐去做,深入连队,与干部战士交朋友,了解他们的经历、思想和感情,写下了《警卫团生活一斑》。同时,她严格要求自己,不吃小灶,而是与战士们一起吃小米杂粮,很快就融入了警卫团部队的生活之中。丁玲担任警卫团政治处主任的时间虽然只有短短几个月,但对她的一生产生了很重要的影响,在警卫团的工作使她熟悉了人民军队,逐步了解和掌握了领导艺术,为她以后的事业打下了重要的基础。后来在谈到这段经历时,丁玲仍觉得那是一段十分快乐的时光:"我现在仍珍藏着毛主席亲笔签发我任中央警卫团政治处副主任的任职命令,我把它当作激励自己在长征路上不断前进的号角。"

这段时间也是丁玲和毛泽东交往较多的时期。毛泽东每周都到红军大学讲唯物辩证法,每次他去讲课,警卫员都通知丁玲去听。除此之外,丁玲也经常到毛泽东的窑洞去与他聊天。他们都爱好中国古典文学,两人的话题除了工作、学习之外就主要集中在文学上,经常从唐诗宋词一直聊到曹雪芹与《红楼梦》,毛泽东学识渊博、妙语惊人,常常令丁玲自叹弗如,而与丁玲的谈话也经常触发毛泽东的文学灵感,窑洞中常传出他诵读诗词的爽朗声音。

革命作家的新篇章

无论丁玲是在陕北担任中央警卫团政治处主任,还是作为西北战地服务团团长开赴前线开展抗日救亡宣传,又或者是后来她进入延安马列学院学习,毛泽东对她一直非常关心和爱护,经常给予指导,使得丁玲在政治上、创作上进步很快,先后写出了《田宝霖》《三日杂记》《太阳照在桑干河上》等作品,受到广大群众和中央领导同志的热情称赞,《太阳照在桑干河上》还获得了斯大林文学奖。

毛泽东也为丁玲能够真正地深入工农兵、描写工农兵而由衷地感到高兴,非常支持她继续走"大众化"的道路。

延安整风运动时,丁玲因写的《三八节有感》而受到批评。1942年4月初一次毛泽东主持的高级干部学习会上,有人批评她是在"骂我们的总司令",并将《三八节有感》和在她主编的《解放日报》文艺副刊上发表的王实味的《野百合花》联系在一起进行批判。毛泽东在总结时说:"《三八节有感》同《野百合花》不一样,《三八节有感》虽然有批评,但还有建议。丁玲同王实味也不同,丁玲是同志,王实味是托派(现已平反——编者)。"这一席话保护了丁玲。会后,丁玲也曾请教毛泽东,为何毛泽东在文章里批评人大家服气,她的文章批评人就会让人不高兴。毛泽东告诉她,内部批评一定要实事求是,讲辩证法。对于优点要肯定,缺点有几分就说几分,要恳切而不能刻薄。不肯定别人的优点,缺点又说得过分,受批评的人当然会不高兴。毛泽东的教诲让丁玲十分信服,她后来说,这番话我一生都记得清清楚楚。

新中国成立后,作为党培养起来的革命作家,丁玲受党委派了不少重要的工作,先后担任全国作家协会党组书记、常务副主席、《文艺报》主编、《人民文学》主编、文学研究所所长等职位,她深感责任重大,一直努力工作,恐怕有负党的期望。担任国家主席的毛泽东工作就更加繁忙,然而他仍然关心着丁玲的工作和生活。

1951年夏天,丁玲和陈明在颐和园云松巢居住。一个星期天的下午,有名警卫员跑上山来告诉他们:"有位首长要来看望丁玲同志。"一会儿就见公安部部长罗瑞卿陪着毛泽东来了。天气炎热,毛泽东沿着山坡拾级而上有些气喘,身上的衣服都被汗打湿了。丁玲和陈明又是感动,又是欣喜,赶忙迎上前去。几个人就在院子里的木椅上坐下,边吃西瓜边聊天,相互问候,谈天说地,就像好久不见的家人团聚在一起,气氛十分轻松。后来丁玲才知道,毛泽东是趁星期天到昆明湖散心小憩,听说丁玲住在颐和园写作,就对随行的同志说:"好久没有见丁玲了,去看看她吧。"这才有这次的欢聚,也足见毛泽东对丁玲的关心。

尽管丁玲后来被扣上了"反党""右派"的帽子,受到不公正的批判,经历了不少折磨,但她对毛泽东仍然怀有深厚的感情,十分尊敬毛泽东。这与毛泽东对她的关心和爱护是分不开的。

国际友情

54. "斯诺先生是中国人民的朋友"

——毛泽东与斯诺

埃德加·斯诺是美国记者、作家,他于 1928 年只身来到中国,从此与中国结下了不解之缘。在陕北采访中共中央所领导的红军期间,他与毛泽东结下了深厚的友谊。

《西行漫记》

斯诺刚到中国的时候,大革命刚刚失败,蒋介石集团疯狂地屠杀共产党人和革命群众,中国笼罩在一片白色恐怖之中。此后虽然中共领导建立了红军和根据地,但由于国民党政府的封锁,人们对于中共及其领导的红色政权知之甚少。

越是神秘的世界反而越具有强大的吸引力,斯诺就是被吸引的人中的一员。

在这些年的国共内战中,已经有千千万万的人牺牲,为了要探明事情的真相,难道不值得拿一个外国人的脑袋去冒一下险吗? ……我的结论是这个代价不算太高。就是怀着这种冒险的心情,我出发了。

1936 年 6 月,斯诺和美国医生乔治·海德姆(即马海德)一起从北平出发了。他们带着宋庆龄用药水写给毛泽东的秘密介绍信,在地下党的帮助下,辗转一个多月,终于来到了中共中央和红军总部的所在地陕北保安。他们到达的第二天,毛泽东就在自己的住处会见了这两位客人。

斯诺是来到陕北采访的第一个外国记者,毛泽东对他们十分重视。他们来到毛泽东的住处时,毛泽东已经在院子里迎接他们了。他笑呵呵地把客人们让到窑洞里,请他们落座喝茶:"蒋介石对我们造谣污蔑,封锁得很厉害,你们能到我们这里来,真不容易呀。"温文尔雅的毛泽东完全不同于国民党口中鲁莽、无知、凶暴的"匪首",这让两位长途跋涉而来的客人十分惊喜,而到达红区以后的经历也让他们止不住地兴奋:"我们一进入红区,就发现这是一个崭新的天地,给我们带来了极大的喜悦! 使我们忘记了旅途的疲劳。我们看到蒋介石的宣传是骗人的。"

毛泽东对斯诺说:"周恩来同志在电报中说,你是一位对中国人民友好的记者,相信你会如实地报道我们的情况。任何一个新闻记者到我们根据地采访,我们都欢迎。不许新闻记者到我们这里来的,是国民党反动派。你可以到根据地任何地方去采访,你所看到的,都可以报道,不限制你们的采访活动,而且要尽量给你们提供方便和帮助。"毛泽东的坦率和开放让斯诺喜出望外,他站起来高兴地说:"我会公正地、如实地向全世界报道你们的情况的。"毛泽东又与马海德谈了一些医学上的问题,请他帮助指导边区的医疗工作。谈话一直持续到凌晨3点才结束。

此后的几天里,毛泽东连续多次接受斯诺采访,向他说明了中国革命的原因和目的,介绍了红军和陕北革命根据地的情况,阐述了中共的抗日主张和统一战线政策。在采访的过程中,毛泽东的睿智、坚定、平易征服了远道而来的斯诺,而这位年轻记者的勇敢、热情也给毛泽东留下了深刻的印象。

除了采访毛泽东外,斯诺还同张闻天、王稼祥、博古等中共领导人进行了广泛的交谈,并参观了红军大学,采访了红军战士、田间的农民,获得了大量宝贵的资料。毛泽东还送了斯诺和马海德每人一套红军服装,好便利他们的采访,免得他们被当作"洋鬼子"。之后,斯诺和马海德又来到前线进行了一个多月的采访,与彭德怀、徐海东等红军指战员以及更多的一线红军战士进行了充分的交流,获得了许多资料。9月22日返回保安时,斯诺的采访资料已经足够写厚厚的一本书了。

斯诺还是觉得有些缺憾,因为毛泽东始终没有谈个人的经历和他本人在革命中所起的作用,"我们共产党一贯靠集体智慧和才能。至于个人,那是无关紧要的"。

斯诺再三请求:"人们读了你所说的话,就想知道你是怎么样的一个人。再说,你也应该纠正流传的关于你的一些谣言。"并向毛泽东讲述了外界关于毛泽东的各种离奇传闻。听完斯诺的介绍并看过斯诺所提的问题之后,毛泽东终于决定把自己的生平梗概提供给斯诺,因为这样更容易理解些,也能够回答所有的问题。他花了十多个晚上把童年以来求学、革命的经历一一讲述给斯诺,为免夸大个人的作用或出现错漏之处,谈话内容整理好后,他又进行了审阅和谨慎的修改。斯诺认为这些谈话具有非常重要的意义,他在《西行漫记》中写道:

我一个晚上接着一个晚上,一边写着他个人的历史,一边开始认识到这不仅是他个人的历史,也是共产主义如何成长,为什么能赢得成千上万青年男女的拥护和支持的记录。

四个月的采访使得斯诺对中国革命有了全面深刻的了解,也在他和毛泽东之间建立了深厚的友谊。离开保安之前,斯诺去向毛泽东辞行,毛泽东关切地询问他此行的准备工作是否都已做好,紧紧地握着他的手说:"我们已经是朋友了,希望你以后再来。"斯诺肯定地说:"以后一定再来。"

回到北平后,斯诺很快整理采访材料写成了《红星照耀中国》一书,该书先后在英国、美国出版,中译本于1938年在上海出版,为应付国民党当局的检查,中译本改名为《西行漫记》。该书被世界上许多评论家称为"真正具有重要历史意义和政治意义的著作"。毛泽东看了《西行漫记》之后,认为这本书是外国人报道中国革命的最成功的两部著作之一,"是一本真实地报道了我们情况,介绍了我们党的政策的书。斯诺是中国人民忠诚的朋友。"

埃德加·斯诺和他的著作《西行漫记》

分别之后,毛泽东十分想念斯诺这位外国朋友。1937年3月,他在给斯诺的信中写道:"自你别去后,时时念到你,你现在谅好? 我同史沫特莱谈话,表示了我们政策的若干新的步骤,今托便人寄上一份,请收阅,并为宣播。"

1939年,斯诺再次访问陕北,在延安与毛泽东重逢,两人都非常高兴。毛泽东热情招待了这位分别近三年的外国朋友,多次与他交流中共的抗日政策、统一战线政策和对国际形势的分析。他说:"延安比保安好。从1936年你访问我们以来,我们在各方面都取得了进步。给我们一点时间,如果我们按目前的速度不断进步,到 1945 年我们就可以给你看一点成绩了。”

1939 年,毛泽东与斯诺在延安重逢

三次访问新中国

离开延安之后,由于国民党当局、美国政府的阻挠,斯诺很长一段时间离开了中国。直到 1960 年,他获得了中国政府的单独签证,怀着愉快的心情访问新中国,回到这片他生活了十多年的土地。

1960 年 10 月 1 日,斯诺应邀参加建国 11 周年观礼。在天安门城楼上,他见到了阔别 21 年的毛泽东。毛泽东紧握着斯诺的手:“我很久没有见到你了。多久了?”“21 年了,”斯诺答道,“从那时以来,你的窑洞稍为扩大了些。”“情况好了一些。”毛泽东笑着说道,他邀请斯诺到中南海去做客。

在毛泽东的住处,他们又进行了多次谈话,从“大跃进”到庐山会议,从国家面临的困难到中苏、中美的关系问题。他们仿佛又一次回到了陕北的窑洞里,敞开心扉,促膝而谈。斯诺将这次访问新中国的情况写了一本《大洋彼岸》(后来又叫《今日的红色中国》),向世界介绍了新中国在各方面取得的成就。

四年之后,斯诺第二次来新中国访问。先与周恩来进行长谈,然后到各地进行访问,最后回到北京,毛泽东在大会堂会见了他。经毛泽东许可,斯诺把采访全过程用摄影机记录了下来。他们愉快地回忆了过去的友情,从中国内政谈到国际关系,从政治、经济谈到哲学、宗教、历史⋯⋯两人的谈话持续了4个小时,之后共进了晚餐。斯诺把此次访问新中国的经历拍成了一部电影纪录片——《人类的四分之一》,在美国引起了强烈的反响。

1970年8月,斯诺最后一次来到中国。他与夫人对中国进行了长达6个月的访问,足迹遍及北京、西安、延安、保安、东北、广东、浙江、上海等地。和前几次访问一样,斯诺与周恩来、毛泽东分别进行了多次会见,他们谈到"文化大革命"、谈到个人崇拜、谈到尼克松访华、谈到中美关系⋯⋯在这位老朋友面前,毛泽东似乎放下了所有的防备和顾虑,坦率地谈着自己的看法,就像他们每一次见面时所做的一样。

1970年10月1日,毛泽东和斯诺及夫人在天安门城楼上

"他将永远活在中国人民心中"

1971年2月斯诺与夫人离开中国返回瑞士后,经检查发现罹患胰腺癌并已多处转移。毛泽东、周恩来闻讯立即指示驻瑞士大使前往看望,并派出医疗小组赴瑞士准备接斯诺到中国接受中西医结合的治疗,以减少他的痛苦。斯诺十分感谢毛泽东和周恩来对他的好意,但他不愿作为一个病人给中国增添负担。根

据斯诺的意愿和身体情况,医疗小组就地为他进行护理,他没有痛苦地度过了生命的最后一周。

斯诺病逝后,毛泽东怀着沉痛的心情向斯诺夫人发去了唁电:

斯诺夫人:

获悉埃德加·斯诺先生不幸病逝,我谨向你表示沉痛的哀悼和亲切的慰问。

斯诺先生是中国人民的朋友。他一生为增进中美两国人民之间的相互了解和友谊进行了不懈的努力,作出了重要的贡献。他将永远活在中国人民心中。

毛泽东

斯诺在生前立下的遗嘱中说:"我爱中国,我愿在死后把我的一部分留在那里,就像我活着时那样。"为了实现他的遗愿,1973 年,斯诺夫人将斯诺的一半骨灰带到了中国,安葬在北京大学未名湖畔。汉白玉的墓碑上用中文和英文铭刻着"中国人民的美国朋友埃德加·斯诺之墓",墓前陈放着毛泽东、宋庆龄、朱德、周恩来等人献的花圈,寄托着对斯诺的缕缕哀思。

55. "每一个中国共产党员都要学习这种精神"

——毛泽东与白求恩

白求恩是一位著名的胸外科专家,加拿大人,1935 年在美国加入共产党。白求恩是一位伟大的国际主义战士,1936 年曾赴西班牙前线为反法西斯军民提供战场救护工作。中国抗日战争爆发后,他又率领医疗队来到中国,帮助中国的抗日战争。

到达中国后,国民党政府打算把白求恩留在武汉,但他坚定地表示要到抗日前线去。在听周恩来介绍过边区人民在毛泽东和中国共产党领导下坚持斗争的情况后,白求恩决定要去延安,去抗日战争的第一线去贡献自己的力量。

诺尔曼·白求恩(1890—1939
年),加拿大安大略省人

窑洞里的会见

1938 年 3 月底,白求恩率医疗队抵达延安。白求恩这样描述他对延安的印象:

在延安,我见到了一个崭新的中国……街上一片蓬勃的气象,来来往往的人们好像都知道自己是为什么目的而奔忙。

不同于武汉的令人灰心,朝气蓬勃的延安让一路跋涉的白求恩十分欣喜。更让他高兴的是,到达延安的第二天,他就接到了仰慕已久的领袖毛泽东要会见他的消息。

换上刚刚发给自己的八路军灰布军装,怀着激动的心情,白求恩来到了毛泽东居住的院子。毛泽东已经迎到了门口,他紧紧握着白求恩的手,把他请进了窑洞。

白求恩向毛泽东行了一个西班牙国际纵队的战斗军礼,并从衣兜里取出自己的党证郑重地交给毛泽东。毛泽东深为这位国际主义战士的赤诚和勇敢所感动。尽管是初次见面,两人却没有任何陌生和拘束的感觉,他们对面而坐,就像阔别多年的老朋友一样,亲切地交谈起来。

油画《毛泽东会见白求恩》

毛泽东先对不远万里而来的白求恩和他的医疗队表示欢迎,关切地询问他们旅途中的有关情况,并向白求恩介绍了八路军和敌后抗战的情形。在分析了敌我力量的对比和变化之后,毛泽东满怀信心地指出:中国人民一定能够取得抗日战争的胜利,一定能够打败日本侵略者。白求恩也向毛泽东介绍了美国、加拿大、西班牙人民的革命斗争情况。毛泽东专注地倾听着,不时地点点头,表示钦佩和赞赏。他们从国际局势谈到国内的政治和军事斗争,从白求恩过去的经历谈到他现在的工作。

“在中国的抗战中,我觉得我们最能发挥作用的方式是组织战地医疗队,在前线附近工作,照顾重伤员。”白求恩满怀热情地说,“根据我在西班牙的经验,如果能在战场上立即给伤员们治疗,重伤员中的百分之七十五可以恢复健康。”

“百分之七十五?”毛泽东的注意力被这个数字吸引了。由于敌人的严密封锁,边区十分缺乏药品、器械和医疗人员,大多数重伤员因为得不到及时的救治而牺牲,大家都十分痛心,但又束手无策。他决定按照白求恩说的组织战地医疗队,同时,他也关切地嘱咐白求恩:“前线很危险,任务重,条件差,生活艰苦,请您多注意自己的身体。”

“好!”自己的意见得到采纳,能够挽救更多战士的宝贵生命,白求恩十分高兴。

他们的谈话进行了三个多小时。谈话结束后,毛泽东起身把白求恩送到窑洞门口,握着他的手说:"请您向加拿大和美国朋友转致谢意。"并再三叮嘱他,到前线如果有什么问题和困难,一定要写信来。

回到住处,白求恩激动的心情久久不能平静。他在日记中写道:

我在那间没有陈设的窑洞里和毛泽东同志面对面坐着,倾听着他那从容不迫的谈话的时候,我想到长征,想到毛泽东同志和朱德同志,他们怎样领着红军经过二万五千里的长途跋涉,从南方到了西北山区的黄土地带。……我现在才明白,为什么毛泽东同志那样感动着每一个和他见面的人。这是一个巨人!他是世界上最伟大的人物之一。

枪林弹雨中的战地医院

不久之后,八路军卫生部按照白求恩大夫的要求,安排他率医疗队前往晋察冀抗日根据地。途中经过八路军的一些医院时,白求恩看到一些伤员因得不到及时妥善的救治而造成残疾时,心里十分难过。他不顾旅途劳累,连夜为伤员治疗。同时,他也给毛泽东写信报告了这里的情况并提出建议:改进对医疗人员的训练,获得更多的药品和装备,建立专科医院。

抵达五台县晋察冀军区司令部后,白求恩和他的医疗队受到聂荣臻司令员的热烈欢迎,他们迅速地投入了工作。在临近阵地的前线简易医院里,白求恩夜以继日地为伤员进行治疗。他的精湛医术和牺牲精神赢得了前线同志们的尊敬和爱戴,晋察冀军区到处传颂着白求恩大夫不顾个人安危抢救伤员的感人事迹。

在紧张的工作中,白求恩仍然抽出时间给毛泽东写信汇报这里的工作情况,对医疗工作提出建议。毛泽东在繁忙的工作中也惦记着这位将中国人民的解放事业视为己任的国际主义战士。他在给聂荣臻的电报中说:

白求恩大夫为八路军伤员做手术

请每月付白求恩100元。白求恩报告称松岩口医院需款,请令照其计划执行。同意白求恩为军区卫生顾问,对其意见、能力完全信任,一切请视伤员需要斟酌办理。

毛泽东还写信鼓励白求恩。

白求恩为自己的意见得到采纳而十分高兴,也为“晋察冀军区卫生顾问”“完全信任”而感到十分光荣。同时,他还谢绝了每月百元的津贴:“我自己不需要钱,因为衣食等一切均已供给。”“我从延安来,知道毛主席、朱总司令的津贴费都很好,八路军的官兵每天只有几分钱菜金。我愿意过中国革命队伍里普通士兵的生活。”

深切的怀念

1939年11月12日,由于在一次为伤员施行急救手术时受感染,白求恩在河北唐县逝世。在生命的最后时刻,他仍然惦记着八路军的伤员,惦记着中国人民的解放事业:“我认为林大夫应率领一个手术队立即北上协助工作。”“请转告聂司令员,建议他马上组织一支医疗队,接近前线,收容伤员。”“请转告毛主席,感谢他和中国共产党给我的帮助,我相信,中国人民一定会获得解放。”

消息传来,毛泽东十分悲痛。在延安各界为白求恩举行的追悼大会上,他亲笔题写了挽词:

学习白求恩同志的国际精神,学习他的牺牲精神、责任心与工作热忱。

不久,毛泽东在紧张的工作和战斗中,写下了《纪念白求恩》,深情地赞扬了白求恩为共产主义事业献身的精神,号召每个共产党员都要向白求恩学习:

一个外国人,毫无利己的动机,把中国人民的解放事业当作他自己的事业,这是什么精神?这是国际主义的精神,这是共产主义的精神,每一个中国共产党员都要学习这种精神。……我们要和一切资本主义国家的无产阶级联合起来,要和日本的、英国的、美国的、德国的、意大利的以及一切资本主义国家的无产阶级联合起来,才能打倒帝国主义,解放我们的民族和人民,解放世界的民族和人民。这就是我们的国际主义,这就是我们用以反对狭隘民族主义和狭隘爱国主义的国际主义。

白求恩同志毫不利己专门利人的精神,表现在他对工作的极端的负责任,对同志对人民的极端的热忱。每个共产党员都要学习他。……从前线回来的人说到白求恩,没有一个不佩服,没有一个不为他的精神所感动。晋察冀边区的军民,凡亲身受过白求恩医生的治疗和亲眼看过白求恩医生的工作的,无不为之感动。每一个共产党员,一定要学习白求恩同志的这种真正共产主义者的精神。

白求恩同志是个医生,他以医疗为职业,对技术精益求精;在整个八路军医务系统中,他的医术是很高明的。这对于一班见异思迁的人,对于一班鄙薄技术工作以为不足道、以为无出路的人,也是一个极好的教训。

我和白求恩同志只见过一面。后来他给我来过许多信。可是因为忙,仅回过他一封信,还不知他收到没有。对于他的死,我是很悲痛的。现在大家纪念他,可见他的精神感人之深。我们大家要学习他毫无自私自利之心的精神。从这点出发,就可以变为大有利于人民的人。一个人能力有大小,但只要有这点精神,就是一个高尚的人,一个纯粹的人,一个有道德的人,一个脱离了低级趣味的人,一个有益于人民的人。

毛泽东与白求恩虽然只见了一面,但他们却在抗日战争的烽火中建立了诚挚的革命友谊。那篇广为传诵的《纪念白求恩》,把两人的名字紧紧地联系在了一起。白求恩的名字在中国家喻户晓,他的精神也成了一代又一代中国共产党人学习的楷模。

56."你是一位老朋友"

——毛泽东与安娜·路易斯·斯特朗

提到毛泽东"一切反动派都是纸老虎"的论断,人们都会想起美国著名记者、共产党员安娜·路易斯·斯特朗。这是毛泽东 1946 年在接受她采访时对美帝国主义以及一切反动派所打的比方。此后毛泽东与斯特朗有许多交往,建立了深厚的革命友谊。

"一切反动派都是纸老虎"

1946 年 7 月,斯特朗搭乘美军观察小组的飞机从北平飞往延安。她对中国并不陌生,此前她曾四次访华,在广州她报道和支持了著名的香港大罢工,在湖南农村她目睹了湖南农民斗争的烈火,称赞它是"中国工农中兴起的崭新力量的威力""正是这些农民和工人将会有勇气把他们的国家从封建时代推进到现代世界中去",在五台山八路军总部,她采访了朱德、贺龙等八路军高级将领,并与他们结下了深厚的情谊,她撰写了介绍中国革命运动的《千百万中国人》和介绍中国人民抗日斗争的《人类的五分之一》。

安娜·路易斯·斯特朗(1885—1970 年),美国著名记者

8 月 6 日,斯特朗在担任翻译的中央宣传部部长陆定一和马海德大夫的陪同下来到了毛泽东的住处。毛泽东已经迎了过来,他亲切和蔼的态度使得斯特朗很快放松了下来。他们围坐在窑洞边苹果树下的一张小桌子旁,开始了交谈。谈话的内容非常广泛,毛泽东再一次展示了他的博闻强识,他对美国的一些事情甚至比斯特朗还要了解,这让斯特朗十分惊讶。

话题很快转到了当前的政治形势上来。斯特朗问："国共两党之间达成政治解决的前景如何？"

"这要美国政府来决定。如果美国人民拖住那帮助蒋介石打内战的反动派的手的话，和平是有望的。就我们自己的愿望说，我们连一天也不愿意打。但是如果迫使我们不得不打的话，我们是能够一直打到底的。别人要屠杀我们，所以我们起来自卫，这是谁都可以理解的。"

在谈到美国"反苏战争"的口号时，毛泽东认为关于反苏战争的宣传主要是"反动派放出的一种烟幕，用以掩盖更为直接的许多矛盾"，但是要同苏联开战并不容易，不可能直接发动这一类战争。"必须通过其他国家，特别是英、法和中国来发动。"为了说明他的观点，毛泽东笑着把桌子上的茶杯和白色小酒杯摆来摆去，表明美帝国主义要发动战争不但有美国人民的障碍，而且在它和苏联之间还隔着极其辽阔的地带。这个地带的国家没有一个愿意卷入战争。随着毛泽东风趣的说明，桌上的火柴盒和香烟也分别代表不同的国家加入了这个行列。毛泽东说，如果很好地唤醒人民，"各国人民的合作"是会强大得足以防止第三次世界大战的。他认为这种合作能够取得胜利，否则就会发生第三次世界大战。

斯特朗点头表示赞同，她接着提问："这是一个很好的说明。但是如果美国使用原子炸弹呢？如果美国从冰岛、冲绳岛以及中国的基地轰炸苏联呢？"

毛泽东自然地说：

原子弹是美国反动派用来吓人的一只纸老虎，看样子可怕，实际上并不可怕。当然，原子弹是一种大规模屠杀的武器，但是决定战争胜败的是人民，而不是一两件新式武器。一切反动派都是纸老虎。看起来，反动派的样子是可怕的，但是实际上并没有什么了不起的力量。从长远的观点看问题，真正强大的力量不是属于反动派，而是属于人民。

"纸老虎"几个字似乎让毛泽东想到了什么，他停下来问斯特朗是否真正明白了它的准确含意。陆定一开始把它译成"稻草人"。毛泽东听过斯特朗的解释后不同意用这个词：纸老虎不是插在一块田里的死的东西，它吓唬的是孩子而不是乌鸦。它做得看起来像一头危险的猛兽，但实际上只是纸糊的，一遇潮就软了。

毛泽东自己用英语说出了"纸老虎"这个词，他说，在俄国二月革命以前沙皇看上去强大而可怕，但一场二月的雨就把它冲走了。希特勒也被历史的暴风雨冲倒了。日本帝国主义也是如此。他们都是纸老虎。

他继续笑着用英语说："蒋介石——纸老虎。"

"等一下，我是一个记者，我能够报道说毛泽东称蒋是一只纸老虎吗？"斯特朗打断了毛泽东的谈话。

毛泽东笑着回答:"不要只是那么说,"他放慢了语速,"你可以说如果蒋拥护人民的利益,他就是一只铁老虎。如果他背叛人民并向人民发动战争——这一点他现在正在做——他就是一只纸老虎,雨水也会把它冲走。"

在斯特朗后来的回忆中,毛泽东直率的谈吐、渊博的知识和诗意的描述使得这次谈话成为她所经历过的最激动人心的谈话:"我从未遇见过有人使用比喻如此贴切而充满诗意。"

这次谈话的内容后来以《和美国记者安娜·路易斯·斯特朗的谈话》为题收入了《毛泽东选集》第四卷。

除了"一切反动派都是纸老虎"那次著名的谈话之外,毛泽东还与斯特朗进行过几次长谈。谈话中,不仅毛泽东的睿智、幽默打动了斯特朗,斯特朗对中国的热爱、对中国人民的热爱、对中国革命事业的热爱也感动了毛泽东。两人在交谈中结下了深厚的友谊。除了在延安进行采访,斯特朗还前往晋冀鲁豫解放区、晋察冀解放区和东北等地进行了采访。

1947年1月,蒋介石大举进攻陕北解放区。中共中央经过讨论决定放弃延安,转战陕北。这时斯特朗已经结束采访返回延安整理采访记录,部分已经成稿的文章如"纸老虎"和"毛泽东思想"等已经请相关人员看过,准备由斯特朗带出去对外发表。蒋介石的进攻打乱了斯特朗原来的计划,

向世界介绍中国

于是,她向陆定一提出要跟中共中央一起走。经过周恩来、朱德的劝说和解释,反复说明毛泽东有重要的材料要交给她,只有她才能成功地加以发表,斯特朗才接受了中共中央的安排。

临别之前,毛泽东送给斯特朗一本《边区经济和财政报告》,周恩来送给她一本《关于若干历史问题的决议》,希望她能把这两个文件带给美国和东欧共产党的领导人看看。毛泽东满怀信心地说:"大约两年之后我们将再次与外部世界取得联系,届时你便可以返回中国。"他叮嘱斯特朗,要尽可能使外界相信,我军是世界上纪律最严明的军队之一。请告诉外国共产党,中国共产党一定会胜利,美帝国主义和蒋介石是可以打败的。"他特别强调,"这点很重要,许多人以

为我们打不赢,他们说仗将长期打下去,谁也无法取胜,这是不对的。"

斯特朗回到美国后,把采访延安和解放区的情况写成了《中国的黎明》一书,先后在美国、法国、印度等地出版发行,向外界介绍了中共和解放区的真实情况。美国《美亚》杂志发表了斯特朗撰写的《毛泽东的思想》一文,第一次向全世界介绍和宣传毛泽东思想,产生了很大影响。

再次来到中国

1948 年 9 月,斯特朗再次前往她念念不忘的中国,然后她在来华途中被苏联以"间谍"罪逮捕并驱逐出境。直到 1958 年 9 月,她才再次冲破重重障碍,第六次来到中国。

这时的斯特朗已经 72 岁了,到达北京后,周恩来为她举行了招待会。10 月 1 日,斯特朗应邀参加国庆庆典,在天安门城楼上,她见到了十多年未见的毛泽东、刘少奇、朱德等领导人。毛泽东关切地询问斯特朗的健康状况,热情地欢迎她的到来,他略带惋惜地说:"如果我们当时知道需要这么长时间你才能回到中国,就不会叫你离开延安了。"

此后斯特朗在中国定居下来,走遍了大半个中国,最远到海南岛和西藏。她是 1959 年被批准第一批访问西藏的外国记者代表团成员之一。她非常热爱中国,向全世界报道了中国社会主义建设的成就,她说:"我认为中国人比其他任何人都懂得人类应走的道路。"

毛泽东对这位熟悉的老朋友十分欣赏,完完全全把她当成了"自己人",他在东湖宾馆会见斯特朗和杜波依斯时,对斯特朗说:"你是一位老朋友,将与我们长期共事,你是中国人,是主人。他们是新朋友,是客人。"虽然由于工作繁忙,毛泽东与斯特朗见面的次数不算特别多,但他很关心这位老朋友的情况,向她祝贺她编写的《中国通讯》的成功,为她的八十岁寿辰寄去贺卡,在斯特朗八十寿辰当天会见她和她的朋友们并共进午宴以作庆贺,对斯特朗的关怀与盛情溢于言表。

1969 年的国庆节,参加新中国成立 20 周年庆典的斯特朗在天安门城楼上最后一次与毛泽东握手。

1970 年 3 月 29 日,斯特朗在北京逝世,享年 85 岁。4 月 2 日,向斯特朗遗像、骨灰告别仪式在北京举行。毛泽东为这位老朋友送上了一个大花圈,花圈的白色缎带上写着:"献给中国人民的朋友、美国进步作家安娜·路易斯·斯特朗女士。"

57. "我为有你这样的亲王
做朋友而感到荣幸"

——毛泽东与西哈努克

诺罗敦·西哈努克是中国人民的伟大朋友,他生前多次往返中柬两国之间,为两国的友好关系做出了极大的贡献,他也是登上天安门城楼次数最多的外国元首。西哈努克亲王 1941 年继承柬埔寨王位,1955 年放弃王位,1960 年任国家元首,后因郎诺政变、红色高棉执政而长期流亡中国。

西哈努克曾对人多次说过,他毕生最佩服的领袖只有三个人,就是戴高乐、毛泽东、周恩来。从 1956 年西哈努克第一次见到毛泽东,到 1975 年两人在北京分别,两人的友谊超越了国界和政治的色彩,闪耀着真诚的光芒。

一见如故

1956 年 2 月,在美国的极力反对下,西哈努克亲王应周恩来在万隆会议上以毛泽东主席名义对他的邀请而首次访华。当时中国与柬埔寨还没有正式建交,西哈努克亲王的访华使得美国对中国的马蹄形包围圈出现了断裂。

短短九天里,毛泽东多次会见西哈努克亲王,亲切地与他进行了三次长时间的单独谈话。谈话中,毛泽东详细地询问了柬埔寨的情况,西哈努克一一进行了回答。毛泽东也向西哈努克介绍了中国政治的大概情况。他阐述,一个国家最重要的是真正拥有独立,不受别的国家摆布。国家不论大小,都应该是平等互利的。柬埔寨是小国,而中国是大国,但没有理由不在平等的基础上成为朋友,也没有理由不在互利的基础上发展国家关系。毛泽东还表明,柬埔寨坚守中立政策很好,中国将永远支持这个政策。他们还一起讨论了一些重大的国际问题。

1956年,来访的柬埔寨西哈努克亲王为毛泽东佩戴柬埔寨王国的最高勋章

在谈话间,毛泽东对亲王说:"我是人民的儿子,农民出身的共产主义者,但我为有你这样的亲王做朋友而感到荣幸。"政治中充斥着钩心斗角、尔虞我诈,而今却能听到这位伟人一席如此真诚的话语,西哈努克甚为感动。

与毛泽东的谈话使西哈努克终生难忘,他在回忆录中这样写道:

我的第一印象是,我正面对人群中的一位巨人。……他如此之多地接见我,而且时间是那么长,使我把这一事实解释为中国对于小国怀有兴趣并尊重。……很明显,我在见面之后马上就喜欢毛主席,那是互相的。随着时间的发展,我觉得他对我也有一种感情,正如我对他的感情一样。

1958年7月18日,中国和柬埔寨正式建立大使级外交关系。8月,西哈努克亲王再度访华,毛泽东在北京接见了他。两人重逢很高兴,谈话的兴致很高,头一天未谈完,第二天就接着谈。毛泽东到北戴河休养时,西哈努克还在周恩来的陪同下前往北戴河和毛泽东继续交流。

平等、真诚、尊重

1958 年,毛泽东、周恩来邀请来华访问的柬埔寨王国首相诺罗敦·西哈努克亲王(左一)共进午餐

西哈努克亲王第一次访华之后,中国政府帮助柬埔寨建了三座大型工厂,即纺织厂、胶合板厂、造纸厂。他第二次访华后,中国政府又为柬埔寨援建了三座大型工厂,即水泥厂、玻璃器皿厂以及再建一个纺织厂。西哈努克对此非常感激,他在回忆录中这样写道:

毛主席这些做法,是不是为了讨好我或对我洗脑呢?我对有些人这样猜测是理解的。……事实上,从我们的关系一开始,他就非常重视我并平等地待我。在我看,超过了一些西方领导人待我,除戴高乐将军是显著的例外。

毛泽东对西哈努克说过,政治和外交援助同物质援助一样,既全心全意又不附加条件。"我们不是军火贩子。有一些劳务,你可以称之为贷款,记几笔账,但军火不能记。"

西哈努克亲王认为,毛泽东待他是平等、真诚和尊重的,给予援助是无私的、没有任何附加条件的,他深受感动,从心底里敬佩毛泽东。

中国领导人从不打算指挥我们。从来不要求我们的独立是"红色"独立,不要求中立是"左倾"的中立。独立和中立而不加任何色彩,就已经很好了。这对柬埔寨和整个东南亚来说,都是好事。毛主席和周总理从未向我训示、告诫、警告或"友好进言"等等,而这正是我在西方领导人和他们的卫星国那里所必须忍受的。当中国人使用经济援助的办法给予协助时,他们总是很谦虚的,经常讲这样的话:"我们希望它质量更好一些,可是我们还是个发展中国家。我们希望数量更多一些,可是我们的产量还有限。我们希望,等我们的工业发达起来之后,才可能给我们的朋友以更加有效的帮助。"

金色的流亡

1970年3月13日,柬埔寨内阁总理朗诺趁西哈努克亲王前往法国治病及到苏联访问之机发动军事政变,并于次日通过议会废黜了西哈努克亲王。

西哈努克得知此事时,心情十分沉重。此时他正准备按原定计划由莫斯科前往北京。而在北京,3月18日,毛泽东已经明确了自己和国家的态度,他对周恩来说:"他还是国家元首嘛,议会废黜他是非法的,是政变。我们当然要反对!""要让他看到光明前途,看到抵抗必胜!中国应当首先向世界表明自己的态度。"

3月19日上午11时,西哈努克和夫人莫尼克一行飞抵北京,周恩来根据毛泽东的指示,以欢迎国家元首的规格隆重欢迎他们。这对心情不安的西哈努克来说,无疑是巨大的鼓舞。在接下来的5年时间里,西哈努克定居在北京,并在毛泽东、周恩来等中国领导人的大力支持下成立了柬埔寨民族团结政府和柬埔寨民族统一阵线,领导柬埔寨军民抵抗由美国扶植的朗诺叛国集团。这五年被西哈努克自己称为"金色的流亡"。

5月1日,西哈努克作为贵宾被邀请登上天安门城楼,参加五一节的庆祝活动。登城楼之前,毛泽东接见西哈努克,详细询问朗诺的情况、亲王的抵抗运动以及柬埔寨的形势。他握着西哈努克的手亲切地说:"我宁可同你这样的爱国亲王握手,而不愿同像某些所谓'人民的儿子'那样的国家元首握手。"

西哈努克对此十分感激:"感谢毛主席在我最困难的时候给我的坚决支持。"

毛泽东坦诚地说:"不要感谢,你必须告诉我们,你需要什么,只要我们有,我们就会给你。我们给你的任何东西,同你通过你领导的柬埔寨人民的斗争所给予我们的东西是没法相比的。"

西哈努克双手合十向毛泽东鞠躬:"主席先生,中国自己的负担很重哩。现在,我连同我的随从人员、朋友和工作人员住在北京,已经给中国额外负担了。"

毛泽东说:"你不要这么说,我请求你让我们多负担一点,相信你的人越多,我就越高兴,到你身边来的人越多,我就越喜欢。"

5月20日,毛泽东登上天安门城楼,面对百万人民群众,发表了影响世界的《五二〇声明》,号召:"全世界人民团结起来,打败美国侵略者及其一切走狗!"他还向全世界声明:"我热烈支持柬埔寨国家元首诺罗敦·西哈努克亲王反对美帝及其走狗的斗争精神,热烈支持印度支那人民最高级会议的联合声明。中国人民坚决支持印度支那三国人民反对美帝及其走狗的革命斗争!"

在天安门城楼上,毛泽东对西哈努克说:"亲王阁下,你一定要树立信心,要对祖国的前途充满信心!"同时,他也坦率地指出,这场抵抗运动的斗争,做出牺牲的是柬埔寨人民,而不是中国人民,"你们的胜利反过来帮助了我们"。

站在毛泽东身边的西哈努克,亲眼看到毛泽东发表声明的壮观场景,广场上的人群和欢呼声给了亲王巨大的支持和鼓舞,他激动得热泪盈眶。

毛泽东发表声明后,西哈努克应邀发表了讲话,他满怀信心地说,感谢中国政府和中国人民的支持,柬埔寨人民已下决心坚决战斗下去,直到最后打败美帝及其走狗,赢得完全的最终的伟大胜利。

一别之后,天人永隔

1972年,陈毅元帅去世,毛泽东和西哈努克都去参加追悼会。在追悼会开始之前,毛泽东在一个会议厅接见了西哈努克,会谈中向他透露了"九一三事件"的一些情况。当时,有关林彪事件尚未向国际社会公开,只是党内传达中央文件,这是毛泽东第一次将此事告诉一位外国人,受到毛泽东如此的信任,西哈努克亲王十分感动。

1975年4月,西哈努克领导柬埔寨军民的抵抗力量解放了金边。红色高棉的领导人乔森潘来中国接亲王回国。西哈努克对他说:"在回国前,我必须向毛主席和周总理辞行。这些年来,中国给了我们全力支持,我想借此机会向他们表示感谢。"

此时毛泽东已经重病在身。西哈努克和乔森潘等人走进毛泽东的住所时，两位护士扶着仰靠在大沙发上的毛泽东站起来同亲王一行一一握手。毛泽东久久地握着西哈努克的手不放，并微笑着表示欢迎亲王阁下来访。西哈努克满面欢笑地望着毛主席，也紧紧握住他的手舍不得松开。

毛泽东对乔森潘说，回去后请转达他的意见给国内领导人，不要虐待莫尼克公主和她的两个儿子，不要强迫他们去农村干重体力劳动，也不能让亲王到农村劳动。乔森潘当着西哈努克的面向毛泽东作了保证。毛泽东满意地点点头，然后转对西哈努克，希望他不要辞去柬埔寨民族统一阵线主席的职务，并关切地嘱咐他回到柬埔寨后的一些事项。西哈努克微笑着双手合十向毛泽东鞠躬，表示谢意。他没有想到，这是他最后一次见到毛泽东。

1976年9月9日，毛泽东去世。西哈努克通过收音机得知了这个消息，感到十分悲伤，但当时的环境使得他无法与外界联系。直到1979年他再次流亡北京时，才能在众人面前一吐听到毛泽东去世的噩耗时的悲痛心情：

在我们听到中国电台的广播后，得悉毛泽东主席去世时，我和夫人都哭了。我们哭是因为毛主席对我们来说胜过父亲。我给我国政府写了五封信，要求允许我表示对已故的毛主席的微不足道的敬意。但不让我将信发出。即使是夜里前往中国使馆悼念也不行。我私下里又写了一封信（仅仅是一封私人信件），但我没有得到答复。

师生情

58. "他是我真正的启蒙老师"

——毛泽东与文正莹

"八舅是个大好人啊,他不仅是我知识上的启蒙老师,他还教我怎样做人。他对我毛泽东是有大恩的。"

毛泽东口中的"八舅"名叫文正莹,是一位颇有文才的乡中儒士,他在家里办了一个给儿童进行启蒙教育的蒙馆。毛泽东幼时就是在这位八舅身边度过了充实而快乐的童年时光。

唐家□的"小小陪读郎"

和韶山冲一山之隔的唐家圫

　　毛泽东两岁多时,母亲送他到唐家圫的外婆家居住。由于他还没到上学的年纪,白天其他表哥们都去上学之后家里就只剩他一个小孩儿,外婆担心照看不周出什么意外,便让大他三岁的文南松带他到文正莹的学堂里去玩耍。

　　谁都没有想到,小小年纪的毛泽东居然能够安安稳稳地坐在学堂里听八舅讲课,跟着其他学生一起念书。一段时间后,他已经能背下来《三字经》《百家姓》等课文。看到毛泽东如此聪慧,文正莹心里十分高兴,疼爱地称他是“小小陪读郎”,也决心要加倍认真地培养这个聪明的外甥。他手把手地教毛泽东读书识字,还经常抽空教他《咏鹅》《静夜思》《悯农》等适合幼儿的古诗。后来,文正莹见毛泽东接受能力特别强,就把教授学生的文章也教给小外甥,甚至像《千字文》《六言杂字》《神童诗》等难度比较高的、超出幼儿年龄范围的诗书,也都在毛泽东的学习之列。老先生的这些教育,使毛泽东获得了对于一般的农家幼童来说可望而不可即的知识启蒙,为他日后的学习打下了良好的基础。

　　除了教给学生读书写字的知识,文正莹还特别注意教育孩子们要“干正事,走正道,成大器”。他编写了一份《家范箴言》让学堂的孩子们诵读熟记,这份“家范”内容颇为细密,囊括了思想砥砺、伦理道德、行为以及人生追求等方面,在今天看来仍不失为一份优秀的行为准则。他还经常在课堂上向学生讲述国家遭受外侮的事情,激发学生的爱国报国之志。

　　言传之外,文正莹的正直、气节更对年幼的毛泽东产生了很深的影响。有一次,当地一个为富不仁的财东要送儿子到文正莹的蒙馆读书,结果面试不合格被文正莹拒绝。年幼的毛泽东问八舅,为什么许多佃户家的伢子可以免费到学馆里读书,这个家大业大的富家子弟却被拒之门外。文正莹告诉外甥,这个财东原先也通些文墨,利用知识挣了不少钱,可回过头来却专门欺侮乡里没文化、没钱财的种田人,赚取他们的血汗钱。由此,文正莹又一次告诫毛泽东,文化知识是帮助人干正事、走正道、成大器的,如果不能正确运用自己学到的文化知识,有文化的人变坏比没文化的坏人要更坏。

　　尽管文正莹对这个聪慧的外甥期望很高,但他并不是只叫孩子死读书。课堂之外,他对这个年纪幼小的外甥十分疼爱,经常让儿女们带着毛泽东去山上尽情玩耍,有空时他也会自己带着毛泽东上山采摘野果、欣赏风景,他还经常给孩子们讲一些英雄故事,像“韩信智胜楚霸王”“梁红玉击鼓退金兵”“岳飞大破金兀术”“林则徐虎门销烟”等,在孩子们幼小的心灵中塑造了许多高大的英雄形象。

　　外婆、舅父等长辈的慈爱关怀,农家大家庭生活的无穷乐趣,给了毛泽东一段充实而快乐的学前时光。直到七八岁该上学的时候,毛泽东才依依不舍地离开唐家圫,离开疼爱他、教给他知识的八舅,回到韶山。临别之时,文正莹把自己的《康熙字典》送给他,嘱咐他回去之后要用心读书,多识字、多读书,才能懂更多的道理。

“八舅对我的教育和帮助好大啰!”

回到韶山后,毛泽东便正式拜师读书了。由于要去私塾读书,毛泽东不能像往日那样天天看望八舅,聆听他的教导,但是每逢四时八节学堂放假时,他总会跋涉十多里崎岖的山路来到唐家圫看望八舅。每次外甥来看望自己时,文正莹都十分高兴,但是高兴之余仍不忘查问毛泽东的学习情况,并如往日一般教导毛泽东做人、治学的道理。

1906 年,毛泽东休学在家,他的父亲想送他去湘潭城里的一家米店当学徒,让他在经商方面发展,将来做个财东。毛泽东当然不愿意去,有一次去看望外婆、舅父舅母时,他把这个情况告诉了八舅文正莹。第二天一早,文正莹就和哥哥文正兴、儿子文运昌一起来到了韶山冲毛泽东家。中午的招待席上,文正莹夸赞毛泽东“绝顶聪明”“是块读书的好材料”,希望毛泽东的父亲毛贻昌好好培养毛泽东,不要耽误了良材美玉,并说干脆就送毛泽东到城里的新式学堂去读书。为了说服毛贻昌,文正莹还详细介绍了文运昌就读过的湘乡东山小学的情况,那里是如何注重新书,教学设备和师资力量如何不错,还开设了不少“新学”的课程,等等。这些介绍坚定了毛泽东去新学堂读书的决定,也得到文正兴以及毛泽东在韶山的老师毛麓钟、李漱清、毛宇居等人的支持。在众人的劝说之下,毛贻昌终于放弃了送毛泽东当学徒的打算,同意毛泽东继续上学。

入秋之后,毛泽东来到湘乡东山小学读书,文正莹还嘱咐同在湘乡县城读书的儿子文运昌多关照毛泽东。毛泽东一直喜爱读书,在韶山冲读私塾时,就读完了韶山冲所有的书籍,还经常到八舅家借书来看。到了东山学堂以后,毛泽东除了学习学校的功课,还喜欢阅读历史、地理以及其他各种新书。学堂流传的新书报虽然不少,却不能满足毛泽东的读书需求。文正莹知道这一情况后,就让文运昌捎一些新书给毛泽东阅读。这些新书更进一步地开拓了毛泽东的眼界,对他产生了深刻的影响。这些新书中,尤以郑观应的《盛世危言》和梁启超主编的《新民丛报》,毛泽东最为爱不释手,即使他后来转学多次,这两本书却一直带在身边,不时翻阅。后来他把书还给文运昌时还写了一张“还书条”:

书十一本,内《盛世危言》失布匣,《新民丛报》损去首页,抱歉之至,尚希原谅。

从"还书条"足见其对这两本书翻看次数之多。

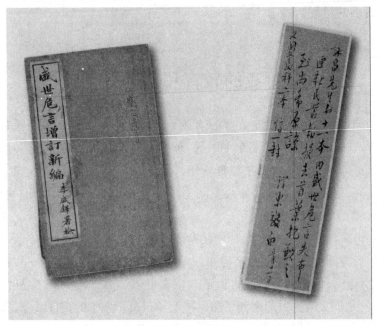

毛泽东在八舅文正莹家借阅的进步书籍《盛世危言》及写给
表兄文运昌的还书便条

毛泽东一直没有忘记求学阶段八舅文正莹给他的帮助,新中国成立后,他与表兄文运昌、文南松见面时仍一再提起当年舅父帮助他上新学堂、借书给他读的事情,他说:"八舅对我的教育和帮助好大啰!不是他老人家,我可能还是一个账房先生,或者是一个庄稼把式,怎么也到不了现在这个样子呦!"

"世界上最好的人"

1918年夏季,毛泽东完成了在湖南第一师范的学业。他没有停下前进的脚步,而是准备为组织赴法勤工俭学活动而北上北京。这时毛泽东的母亲文素勤卧病在床,多赖八舅文正莹和其他表兄弟照顾周全,毛泽东才能无甚后顾之忧地前往北京。一年多后,文素勤不幸病逝,在外工作的毛泽东赶回家时母亲已经入殓两日,文素勤的丧事也是文正莹帮助办理的。毛泽东后来在给同窗好友写信时提到亡母,说世界上共有三种人:损人利己的人、利己而不损人的人、可以损己以利人的人,而家母正是最后这种人。他还认为,母亲的优良品质不仅是外公外婆教育的结果,也有学识渊博、为人正直的八舅文正莹的影响,八舅和母亲一样,都是"世界上最好的人"。

此后毛泽东投入到紧张的革命活动之中,尽管工作繁忙,他仍记挂着自己的八舅和唐家圫的诸多亲友。一有机会,他或登门看望,或托人捎信问好,总不忘八舅对自己的培养教育之恩。1922 年他在给舅父的信中写道:"甥在外身体尚好,惟学问无进,甚是抱愧! 刘先生回乡之便,托带片言,借当问候。有便望二位大人临赐教诲为祷!" 多年之后,毛泽东仍向在唐家圫"陪读"时一般向舅父汇报自己的学问之事,足见文正莹对他的影响之深。

1927 年,文正莹因反动军阀的迫害而不治辞世,此时毛泽东正在开创中央革命根据地。受战火之阻,毛泽东一直到十年之后才得知舅父去世的消息,他在表兄文运昌的回信中写道:"八舅父母仙逝,至深痛惜。"虽只四字,却不难看出他对八舅文正莹的一片深情。

新中国成立之后,毛泽东终于找到机会,与阔别多年的唐家圫亲友在北京重逢。

1918 年 8 月毛泽东组织湖南新民学会会员赴法勤工俭学,第一次去北京前夕写给七舅父文正兴、八舅父文正莹的信

亲人相见,毛泽东仿佛又回到了儿时的岁月,从唐家圫的山山水水、小伙伴的追逐嬉戏,一直聊到舅父学堂里的琅琅书声。他动情地对表兄文运昌等人说:"八舅是个大好人啊,他不仅是我知识上的启蒙老师,他还教我怎样做人。他对我毛泽东是有大恩的。只可惜过世得太早了,没看到今天的解放,没等到做后人的为他老人家尽孝。"他还对两位表兄说:"等我有空,想到你们家去一下,一来看看亲戚们,也给七舅八舅上上坟……"尽管毛泽东回唐家圫的愿望始终没能实现,但是他对八舅文正莹却一直铭记在心,始终不忘这位带他走向一个全新世界的启蒙之师。

59. 师生谊手足情

——毛泽东与毛宇居

毛宇居是当年韶山冲屈指可数的秀才之一,人称"韶山纯儒"。他为人正直,极富才华,曾做过军职,也经营过茶叶生意,但他最终还是选择了乡间清贫的生活,以教书课徒为乐。毛宇居大毛泽东 12 岁,两人是未出五服的堂兄弟,毛泽东称毛宇居"大哥"。这位大哥还曾在私塾为毛泽东授课,两人结下了深厚的情谊。

井湾里私塾的严师高徒

井湾里私塾的主人名叫郭伯勋,毛宇居与他一同担任私塾的老师,为学生教授《春秋》《左传》等经书。1906 年秋,毛泽东到井湾里私塾读书。毛宇居对这个聪颖的堂弟抱有很大期望,对他的管束、教育比其他学生都要严厉。

然而聪颖的毛泽东却十分有个性,他常常"带头"违反课堂规矩,给先生们"捣乱":联合其他同学反对背书,先生不在时组织小朋友排队打仗,这让毛宇居十分恼火。一次毛宇居有事外出,毛泽东又"不服管教",跑到山上去背书、摘栗子,毛宇居回来后罚他以"天井"作诗,否则就打板子并告诉他父亲。私塾的天井中有口深井,学生们把从溪里捉来的鱼虾养在里面,时不时有小鱼儿把头探出水面。毛泽东看到水面上一张一合的鱼嘴,联想到困在私塾里的自己,觉得大哥管得未免也太紧了,自己就像这井里的鱼虾一般没有一点自由,于是作诗曰:"天井四四方,周围是高墙。清清见卵石,小鱼囿中央。只喝井里水,永远养不长。"

毛宇居虽不解气,却也十分欣赏毛泽东敏捷的才思,而这首小诗里的讽喻之意更引起了他的思索,联系到多次"管教"毛泽东却遭遇"反抗"的经历,他对自己一直以来采取的教学方法产生了怀疑:何为"因材施教"?传统的经史子集教材以及教授方式,是否真正有助于已经颇具才思与个性的毛泽东的长足发展?经过反复的思考,毛宇居改变了对毛泽东的教学方式。他仍然严格要求毛泽东认真学习,却不再局限于私塾传统的课程内容和方法。他把自己的藏书借给毛泽东阅读,尽可能地帮助他拓宽视野,培养他的自学能力。在毛宇居的指点下,毛泽东阅读了大量的书籍,才学有了长足的进步。今天我们阅读毛泽东的文章,经典妙语俯拾即是,这与这一时期毛宇居严宽相济的指点和毛泽东的聪颖勤奋是分不开的。

革命战火中的赤诚兄弟

毛泽东完成学业之后,便一直在外为革命事业奔忙。在众多仁人志士的共同努力之下,革命的星星之火终于燃烧起来。然而反动军阀的打击与报复也同时指向了韶山,指向了毛泽东的亲人和战友们。"四·一二"反革命政变之后,许克祥在长沙发动"马日事变",并派匪军前往韶山,屠杀农民自卫军、农会会员。韶山笼罩在一片白色恐怖之中。反动派视毛泽东为"匪首",在上屋场搜索无果后,没收了毛泽东家的房子和财产,并且不允许毛宇居等族人与毛泽东往来、通信,更不许提供物资上的帮助,否则就将祸及全族,"格杀勿论"。

反动派的恐吓声犹在耳边,毛宇居却没有抛却与毛泽东的兄弟之情。他一面利用自己与地方政府一些头面人物的交往关系进行周旋,一面在暗中为堂弟毛泽东家做一些力所能及的事情。在这样艰苦的日子里,他冒死保存下了毛泽东《祭母文》的手稿,从火堆中抢出了毛泽东的笔记《讲堂录》,与乡亲们一起护住了虎歇坪毛泽东家的祖坟,尽心保护和教育毛泽覃的幼子毛楚雄。

毛泽东的听课笔记《讲堂录》

1938年秋,毛宇居在韶山冲上屋场毛泽东家门口,张贴了一副大红对联:"泽沛苍生,东来紫气",其时国共正联合抗日,韶山的革命形势有所好转,然而贴出这样一副对联仍然是有很大风险的。患难见真情,**这既是毛宇居与毛泽东的兄弟情谊**,也是毛宇居对毛泽东"闳中肆外国尔忘家"品德的肯定与支持。

三次北京之行

新中国成立之后,兄弟二人的书信往来多了起来。书信中既叙兄弟、师生二人的别来之情,也讲故乡韶山的变化近况。毛泽东对这位大哥十分信赖,许多韶山亲朋故旧的琐碎事务或紧急情况,都委托毛宇居帮助处理,毛宇居也十分尽心尽力地为这个杰出的堂弟奔忙,以免这些琐碎事务分散他的精力。与此同时,"韶山纯儒"毛宇居也没有忘记自己的"书生"本分,怀着一腔热情为家乡兴办学校、发展教育事业而奔走。

　　毛宇居第一次进京时与毛泽东的合影。左起依次为:张有成(毛泽东少年时代的好友)、毛宇居、毛泽东、文梅清(毛泽东的表兄)

1951 年 9 月,毛泽东请毛宇居进京一聚。这是兄弟俩阔别二十余年后的首次见面。毛泽东在家中设宴招待毛宇居,与平日待客的"四菜一汤"不同,这次家宴破例办得十分丰盛,既有北京风味的特色菜,又有湖南家乡风味的辣椒、豆豉、豆腐等。毛泽东握着毛宇居的手,热情地欢迎他:"来客哒,来客哒,快请坐!"并把儿子岸英、女儿李敏、李讷几兄妹叫到跟前,一一向毛宇居介绍。兄弟俩叙起别离之情,感慨不已,毛泽东又仔细询问了家乡的情况,言谈间洋溢着一位离乡二十余载的游子对故乡的眷恋与怀念。毛宇居的这次北京之行在毛泽东的安排之下过得格外充实,他参加了国庆一周年的观礼和宴会,参观了北京的名胜古迹,还在飞机上鸟瞰了雄伟的古长城。毛泽东对这位老师和堂兄的生活十分关心,因为毛宇居这次来北京是头一回从南方到北方,毛泽东担心他不适应北方的气候,特地为他添置了皮大衣、皮鞋等衣物。用餐时,毛泽东看到毛宇居牙齿不好,又请人帮他换了假牙。指点江山的一代伟人,为这位老师想得如此周到细致,足见其尊师敬兄的一片赤诚之情。

1952年冬,毛宇居受乡人之托,进京请毛泽东为扩建的韶山小学题写校名。这是毛宇居第二次来北京,这次他给堂弟带了几样家乡的土特产,湖南的红辣椒、酱油、槟榔等,这让这位几十年没能回乡的韶山之子格外高兴。毛宇居向毛泽东介绍了家乡兴办学校、发展民办教育的有关情况,并提到请毛泽东题写校名。毛泽东很为家乡的发展感到高兴:"这好,现在需要人才,教育就要发展。你是教书出身嘛,要多出力,还要教育人家多出力。"又问:"写什么名字好?"毛宇居答道:"我们只是办小学,就写韶山小学吧。"毛泽东想了想:"为什么硬要叫小学呢?将来学校可以发展,可以办中学、大学嘛!还是叫韶山学校好,这样一次不就写全了?"毛宇居听到这个想法十分赞同,于是毛泽东提笔写了几张不同的"韶山学校"以供挑选。除开为韶山小学题写校名,这次在北京期间,毛宇居还多次到毛泽东家吃饭、叙谈,毛泽东还请堂兄观看了我国拍摄的第一部彩色纪录片——《解放了的中国》。片中部分镜头是在韶山拍的外景,还有毛宇居的镜头,看着荧幕上熟悉的人物和景色,兄弟俩仿佛又回到了青山碧水的韶山冲。

1958年8月,毛宇居受湘潭县委之托,进京请毛泽东为正在筹建的湘潭大学题写校名。见面时,毛宇居详细说明了此次的来意,并介绍了湘潭大学的筹备情况,毛泽东听得十分认真,并询问了许多办学过程中的具体事项。他思索一番,说道:"近来许多人请我写字,我都未写,我的字写得并不好。我小时候读书的湘乡东山学校,几次来信要我写校牌,我也未写,假如给你们写了,他们不会有意见吗?"毛宇居听罢,爽快地说:"这个问题好办,你写两张。东山学校那一张我替你送去,两县人民不就都没有意见了吗?"于是毛泽东答应下来。几天之后,毛泽东的秘书将毛泽东亲笔题写的两校校名以及一封便函送到毛宇居所住的和平宾馆,请他帮助带回。信函上写道:"宇居兄:遵嘱写了湘潭大学校名两纸,请转交选用为盼,另致东山学校一纸,亦烦转致。"

毛泽东和启蒙老师毛宇居携手而行

故园相聚

毛泽东一直十分怀念故乡韶山,怀念故乡的父老乡亲。1950年5月,他就托长子毛岸英回故乡去看望故乡父老,看望毛宇居这位堂伯兼师伯。他也一直想自己回到故乡去看看,然而由于工作繁忙,一直到1959年的6月,毛泽东才有时间回到阔别多年的韶山冲。

毛泽东甫一下车,就请身边的工作人员请韶山公社、大队的负责人过来,随即又补充:"把我大哥也接来!"不一会儿,毛宇居拄着一根拐杖,在人群的簇拥下来到毛泽东居住的韶山宾馆"松山一号"。毛泽东听到消息就迎了出来,拉着毛宇居的手不住问候:"大哥好哇!身体还健旺啵?"兄弟俩相见分外亲热,尽情叙说着多年来的兄弟与师生情谊。

接下来的时间里,毛宇居就住在韶山宾馆,与毛泽东一起拜谒毛泽东父母的合葬墓,走访乡亲邻里。在毛泽东题写校名的韶山学校,少先队员给毛泽东戴上了鲜艳的红领巾;在谢家屋场的韶山"大食堂",毛泽东听到了乡亲们对办大食堂的意见;在当年创办农民夜校的毛氏宗祠,毛泽东和毛宇居、毛继生等其他亲友一起,对过去放祖宗牌位的地方鞠躬行礼;在毛震公祠,毛泽东和毛宇居回忆起当年毛泽东回乡考察湖南农民运动的旧时情景。往事历历在目,毛泽东仍然记得当年毛宇居在欢迎会上的致辞:"毛君泽东,少年英雄;到处奔走,为国为民;今日到此,大家欢迎……"32 年过去,毛泽东已由到处奔走的"少年英雄"成长为共和国的领袖,而毛宇居也已是七十多岁高龄的银髯老人。漫步在故乡韶山冲的乡间小道上,搀扶着这位少年时的塾师,叙述起几十年来的点滴往事,仿佛又回到了当年的岁月。

毛泽东还特地在住处设宴招待父老乡亲,来客中有他的亲属、师友,也有韶山的烈属、老赤卫队员、老地下党员。他对乡亲们说:"离开韶山几十年了,今天我三伢子请各位长辈、亲朋、革命老人吃餐便饭,敬大家一杯酒。"并到各席逐桌敬酒:"我离开韶山三十多年了,敬大家一杯酒,大家一定要喝!"毛宇居与毛泽东在同一桌,席间毛泽东单独向他敬酒,老人站起来说:"主席敬酒,岂敢岂敢!"毛泽东笑呵呵地扶老师坐下:"敬老尊贤,应该应该!"想起当年学堂里"造反"的旧事,毛泽东问这位当年的塾师:"我过去是个调皮学生,还造过你的反哩,你还记得吗?"提到往事,毛宇居也开怀大笑:"记得记得,你也是个高才生。那时你很爱看杂书,我还故意给你点《左传》,你都能应付裕如哩!"

欢乐的相聚总是格外短暂,不过短短两三天时间,离别的时刻就已经到了。即将登车时,毛泽东与毛宇居紧紧握着对方的双手:"主席——润之老弟,望多保重!""宇居大哥,你也善自珍重! 得便时我接你再到北京!""主席,你有时间也回呀! 你可要回呀……"

从井湾里私塾的琅琅书声,到连天烽火中默默支持,再到和平年代的书来信往、相聚离别,毛泽东与毛宇居几十年的兄弟情、师生谊,在两人心里都留下了十分美好的回忆。

60. "给我印象最深的教师"

——毛泽东与杨昌济

　　杨昌济,字华生,又名怀中。因世居板仓,后来被人称为"板仓先生""板仓杨"。曾参加湖南的维新改良运动,后赴日本、英国留学。留学期间,杨昌济耳闻目睹了资本主义国家重视教育、重视人才培养的状况,深感中国之教育落后、人才缺乏。因此,他学成归国后,拒绝了省教育司长的职务,当了一名学校教师。他曾在任教的一师第八班教室里手书一副对联"强避桃源作太古,欲栽大木拄长天",以此抒发他决心以教书育人为天职,培养经国济世之才的情怀。

　　毛泽东在长沙求学期间,杨昌济任修身教师,他以高尚的人格和严谨的治学精神赢得了毛泽东的衷心敬佩与爱戴。随着时间的流逝,他们之间的交往日益增多,情谊也日渐加深。毛泽东称杨昌济先生是"给我印象最深的教师""一个道德高尚的人"。

修身教师,道德楷模

　　毛泽东曾在给黎锦熙的信中写道:"弟观杨先生之涵宏盛大,以为不可及。"

　　杨昌济既博学多才,又注重实际,学生们十分喜爱这位老师,常常利用课余时间到杨昌济家中请教。毛泽东和蔡和森、萧子升等人都是"板仓杨寓"的常客,他把到"板仓杨寓"聆教看作比课堂听讲还要重要的一种学习机会,或请教治学做人方法,或求解疑难问题,或纵谈天下大事,只要所学,必多裨益。

　　杨昌济从毛泽东、蔡和森这批胸怀大志、朝气蓬勃的优秀青年身上,看到了人才脱颖而出的希望,竭尽心力加以培养。他除了在课堂讲授"修身""教育学"两门课程外,还动手自编了《论语类钞》等教学参考书,还翻译了一部《西洋伦理学史》,将这些书籍和讲义送给前来求教的学生,供大家学习和传抄。

　　为了使学生不囿于课堂知识,把学生从"小课堂"引入"大社会",杨昌济在李氏芋园组织了一个哲学研究小组,主要是介绍读物,讨论读书心得,讨论有关哲学问题,成员有黎锦熙、方维夏、徐特立和毛泽东、蔡和森等人。通过杨先生悉

心而又系统的指导,毛泽东很快"接触
到中国知识界的主流",从他那里"受到
融合中西方思想为一体的教育"。

对于毛泽东而言,他从杨昌济那里
最大的获益,莫过于理想、志向和抱负
的初步确立。杨昌济是一个具有强烈
爱国主义和民主主义思想的教育家,他
追求新思想,总是谆谆教导学生要有崇
高的理想和改变社会与国家的远大抱
负,这些对于毛泽东等一师青年学生,
产生了非常积极的影响。杨昌济常对
毛泽东讲,"破坏习惯我,实现理想我"
是人生的高境界,要臻此完美地步,就
必须"立志",必须经受住意志的磨炼。
他强调个人应该为社会牺牲自己的利
益,但绝不能牺牲自己信仰的主义。他
说:"近世教育学者之说曰,人属于一社
会,则当为其社会谋利益。若己身之利
益与社会之利益有冲突之时,则当以己

杨昌济,近代著名的教育家,毛泽
东在湖南第一师范读书时的老师

身之利益为社会之牺牲。虽然,牺牲己之利益可也,牺牲己之主义不可也。不肯
抛弃自己之主义,即匹夫不可夺志之说也。"

杨昌济的这些见解,给毛泽东以很大影响。他在听课笔记里写下了自己的
感想:"理想者,事实之母也。""毒蛇螫手,壮志断腕。非不爱手,非去腕不足以
全一身也。彼仁人者,以天下万事为身,而以一身一家为腕,惟其爱天下万世之
诚也,是以不敢爱其身家。身家虽死,天下万世固生,仁人之心安矣。"这表明他
已经开始懂得"高尚理想"对于人生的重要意义,并已经做好为实现自己的理想
而不惜奋勇献身的精神准备。

杨昌济极为注重个人的人格修养和修身,并将仁、义、礼、智、信、恕、诚、忠、
敬、静等作为自己的道德行为准则。以此为基点,在生活作风上,他主张严谨刻
苦;在言行方面,他坚持静坐默思,不说谎话,不涉狎邪等;在生活磨炼方面,他做
事勤勉,崇尚劳动,衣食菲薄,珍惜时间,废止朝食,冷水沐浴,长途步行,以及反
对无谓应酬,等等。这些在学生们中间产生了积极影响,毛泽东和他的同学们争
相效仿。

　　杨昌济还非常重视自学。他当时同时兼任三四所学校的课程,教学任务十分繁忙,但仍抓紧时间刻苦自学,他几十年如一日地坚持天天写日记或读书笔记,为学生做出了表率。以老师为榜样,毛泽东订立了严格的自修计划,大量古今中外的名著,几乎都是用自习时间阅读的。

　　以自己的全部人格,以坚强的道德信念和良好的道德习惯直接影响学生,收到潜移默化的教育功效,是杨昌济成功的地方,也是非凡之处。如果说,在教育人、培养人的过程中,教师的人格对学生有着直接影响的话,那么,杨昌济确是一位言行相顾,表里如一,以师示范,言传身教的良师。对于毛泽东来说,杨先生诚如他后来赞叹的那样,是"一个道德高尚的人",是他的道德楷模。

新民学会的"精神导师"

　　毛泽东在长沙求学期间,国内民主革命运动正悄悄兴起。1915 年 9 月,提倡新文化、宣传新思想的《青年》(《新青年》的前身)杂志创刊了。从创刊之日起,杨昌济就是这个刊物的热心读者和坚决的支持者。他除了自己认真阅读外,还积极向朋友和学生推荐,并自己出钱买了一批分赠给他的一些得意门生,毛泽东就是其中之一。毛泽东阅读了《新青年》以后,头脑受到了新思潮的猛烈冲击,观念发生了激烈的变化,他深深感到,要想救中国,就必须从政治、经济、思想、文化、制度、风俗、习惯各个方面进行根本改造。这便是毛泽东后来在《新民学会会务报告》中所说的考虑"如何使个人及全人类的生活向上"问题的发端,也是后来成立新民学会的最初思想动因。

　　这期间,杨昌济还引导毛泽东去接近另一个团体——王船山学社,又称王夫之研究学会。在杨昌济的建议和支持下,毛泽东曾出席王船山学社的会议,参与学会的大量活动。这些活动培养了他的集体意识,为他从事有组织的活动作了经验上的积累和准备,使他产生了集结同志、组织社团的愿望。

　　毛泽东开始行动了。正如他后来对斯诺所说的:

　　我逐渐地在自己周围团结了一批学生……他们人数不多,但都是思想上很认真的人,不屑于议论琐事。他们所做和所说的每一件事,都有一个目的……我的朋友们和我只乐于谈论大事——人的性质,人类社会的性质,中国的性质,世界,宇宙!

　　毛泽东和他的朋友们,经常保持聚会,讨论"如何使个人及全人类的生活向上","讨论的情形至款密,讨论的次数大概在百次以上"。经过严肃认真的反复讨论,大家达成一种共识:个人的品行要改造,学问要进取,国内的新思想、新文化已经发展起来了,再过静的生活和孤独的生活是不对的,应该追求一种动的生活和团体的生活。最后,毛泽东根据大家酝酿形成的"集合同志,创造新环境,为共同的活动"这一结果,提议组织一种严密的团体,成立一个学会。这个建议得到了大家的一致赞同。蔡和森当即提出了会名,他根据《礼记·大学》篇中"在新民"和《书经·汤诰》篇中"作新民"的意思以及谭嗣同、梁启超倡导过的"新民之道",认为"新民"二字包含着进步与革命的意义,用这个名称最能代表时代精神和大家的意愿。

1915 年 9 月《青年》杂志(后改名《新青年》)创刊,吹响了冲决封建精神网罗的号角

大家听了他的解释以后,都觉得很有意思,都同意将团体名称定为"新民学会"。这样,新民学会就应运而生了!1918 年 4 月 14 日,新民学会在湖南成立。

成立新民学会,是毛泽东学生时代最重要的社会活动,是他在一师求学时的一大"杰作",也是他开始革命实践的第一步。在这一过程中,杨昌济所起的"精神导师"的作用是不可忽视的。而他对新民学会的帮助也不只是精神方面的。

1918 年,杨昌济应北京大学校长蔡元培之邀出任北大伦理学教授。临别之时,毛泽东和同学们到火车站给老师送行,杨昌济再三嘱咐:"润之,你们要抓紧学习,力争顺利毕业。记住,多写信,常联系,有了困难请告诉我,我是不会忘记做老师的责任的!"

几个月后,毛泽东和同学们从一师毕业。他们中的大多数人不想急于谋职,都希望趁年轻继续升学深造,可是又苦于缺钱,连自学的栖身之所和生活费用都成了问题,大家都感到十分彷徨。这期间,毛泽东给杨昌济写了一封信,谈了他和同学们眼下的窘境,请老师指路。

杨昌济回信告诉他们法国政府又继续来中国招募工人,正是赴法勤工俭学的好机会。于是,新民学会会员讨论决定委托蔡和森前往北京联系有关事宜。不久,蔡和森从北京写信给毛泽东,转达了杨昌济的意见,希望他"到北京来,一面主持勤工俭学事宜,一面入北京大学学习"。在古都北京,"身无半文"的毛泽东,得到了杨昌济先生慈父般的关怀和照顾。

由于赴法的准备工作一时尚未开展,杨昌济便先把湖南来的青年安排进入北京附近的几个留法预备班学习,又推荐萧子升给法华教育会李石岑做秘书,介绍毛泽东到李大钊主持的北京大学图书馆,找到了一个图书馆助理员的职位,月薪八元,解决了他为赴法勤工俭学奔走呼号和进入北大旁听学习的基本生存条件。

在进入北大工作不久,根据杨昌济的建议,毛泽东利用自己身为北大职员的有利条件,进入北京大学旁听学习。他除了在工作之余常去听哲学、文学、伦理学等系科教授讲课外,还参加了北大哲学研究会、新闻学研究会等学术团体,以结交名流学者,汲取新知识。同时,杨昌济还让毛泽东利用工作便利多向北大教授兼图书馆主任李大钊聆教,并推荐他去拜会了新文化运动的倡导者陈独秀以及知名人士胡适、蔡元培等,同他们讨论新思潮和各种问题。也正是在这一时期,毛泽东在李大钊的帮助下,思想"开始朝着马克思主义的方向发展"。

不久,在杨昌济和毛泽东等的共同操持下,新民学会中的第一批赴法勤工俭学的会员将从北京去上海,乘海轮启程去法国。毛泽东决定,放弃北京大学的工作和学习,先为这批热血青年送行,然后再回湖南,到那里去实践和实现自己的"人生设计"。

无限哀思

1919 年年底,杨昌济终因积劳成疾,住进了医院。12 月初,病情较重,便由西山医院转北京德国医院治疗。恰在这时,毛泽东率代表团为驱逐军阀张敬尧第二次来到北京。得悉老师病重的消息后,他顾不上旅途劳顿,立即到医院看望,以后又在紧张的工作之余多次前往探视。

与爱徒久别重逢,杨昌济感到莫大的安慰。师生二人常常在医院轻声细语地交谈,谈五四运动,谈湖南局势,谈国家、湖南和毛泽东个人今后的发展前途……当杨昌济了解到学生目前次分别回湘已有所作为的情况后,内心非常高兴。同时,他强撑病体,给他的好朋友、北洋军政府教育部长章士钊写信,恳切举荐毛泽东、蔡和森二人。信中说:"毛蔡二君,当代英才,望善视之!""吾郑重语君,毛蔡二子海内人才,前程远大。君不言救国则已,救国必先重二子。"

不久,病魔夺去了这位勤奋学者的宝贵生命。痛失良师和慈父,毛泽东尤感悲恸。身为半子的毛泽东,只好强忍哀伤,竭尽全力地帮助料理老师的后事。

　　五日后,杨昌济先生的追悼会在北京法源寺内举行。北京大学校长蔡元培庄严宣布追悼大会开始。毛泽东走上台,毕恭毕敬地向挂在灵堂正中的遗像三鞠躬后,哽咽地宣读了由蔡元培、范源濂、杨度、章士钊、黎锦熙等 29 人联名发布的《治丧辞》。

　　十年树木,百年树人。从 1913 年与杨昌济相识至 1920 年先生谢世,毛泽东承蒙杨昌济八年教诲之恩,终如老师所愿,长成一株挂天大木。先生若泉下有知,必感快慰。

61. 横扫千军笔一支

——毛泽东与袁仲谦

袁仲谦表字吉六,湖南兴化人。他自幼熟读诗书,习得一手好字,做得一手好文章,王季范称他是"横扫千军笔一支"。袁仲谦青年时投身科举,高中后没有投身仕途,而是在私塾、书院、学校教书授徒。毛泽东在湖南第一师范求学期间,他是毛泽东所在的第八班的国文教师,也是毛泽东在此求学期间任课时间最长的老师之一。

"不打不相识"的"袁大胡子"

袁仲谦轮廓分明的方脸上生着长长的"挂脸胡子",配上两道浓眉下一双冷峻的眼睛,乍一见面便让人生出几分敬畏。他为人耿直刚正,颇有前清绅士遗风,在讲堂上总是正襟危坐,不苟言笑。他对学生要求十分严格,对于学习不认真、违反课堂纪律的学生,不时有"罚站""面壁"的惩罚。不少学生对他既怕又恼,背地里称他"袁大胡子",时间长了,这个外号就在学生中流传开来。

袁仲谦思想比较守旧,性格古板,教学也多是传统方法,毛泽东则颇具个性,锐气十足,追求新思想。个性都十分鲜明的师生俩第一篇作文就险些闹翻起来。

作文题目是《评范仲淹〈严先生祠堂记〉》,毛泽东在文中提出了与袁先生不同的解释。原本袁仲谦对于这个学生通达的章法文笔和敢于超越前人的创新精神是赞赏的,作了"大有孔融笔意""似有创见"等评语,但是毛泽东在作文最后写了老师没有要求的"民国二年二月二十五

毛泽东在湖南一师的国文教师袁仲谦

日第一次作文",这让袁仲谦觉得他是一个不守规矩的学生,决意要挫挫他的锐气,于是在总评时写道:"作文做事须守一定之规,切忌标新立异!"并要求毛泽东把文章重抄一遍。毛泽东弄清是"民国二年二月二十五日第一次作文"之故后,觉得老师未免太过专横,便没有理会。袁先生两次催问,毛泽东都回答"没有抄"。袁仲谦认为这是公然违抗师命,有违师道尊严,便怒气冲冲地撕掉了毛泽东的作文本。这反而进一步激发了毛泽东的反抗意识,他起身质问老师为什么要这样做,并要求和老师一道去校长那里评理,弄得袁仲谦十分尴尬,下不来台。

师生二人的初识虽然闹得十分不快,但是随着时间的流逝,他们对对方有了进一步的了解:在毛泽东眼中,袁先生虽然思想保守,可他国学功底深厚,治学严谨,以身作则,对学生更是尽心尽意,诲人不倦,教育大家要有"才不胜今人,不足以为才;学不胜古人,不足以为学"的志气。想起最初"冲撞"老师的事情,毛泽东也觉得自己的处理方式有些过火,没有必要当着众人让老师下不来台。而在袁先生眼中,毛泽东比以往成熟多了,脾气也没有那么"冲"了,而他表现出来的对文史哲学的强烈兴趣和优异才华更是让袁先生起了爱才之心。在看过毛泽东的课堂笔记《讲堂录》后,袁先生为毛泽东勤学苦思的学习态度而感到十分欣慰。

1918年3月,毛泽东所在的湖南省立第一师范第八班的毕业生合影

师生二人都放下了初识时小小的不快。后来,毛泽东常与志同道合的同学

一同去袁先生居住的李氏芋园求教,师生几人或讲学论道,或纵谈天下大事,使得寂静的李氏芋园也变得热闹起来。袁仲谦详细地指出了毛泽东在学习上存在的不足之处,教他治学要坚持"四多"——多读、多写、多想、多问,读书要做到"好书不厌百遍读",作文要记住"文章妙来无过熟";学习态度上要注意苦读和巧读的结合;读书内容上不可贪多求快,而应"博""专"并举,系统地读书,并为他列了一份"必读之书"的清单。

毛泽东悉心领悟老师传授的读书方法并身体力行,多读、多写、多想、多问的"四多"成了他一生的治学习惯。经过多年的勤学苦思,毛泽东最终成长为一代"文章大家",周围人无不称赞他的博学多才。这与袁仲谦的悉心教导和严格要求是分不开的。

一字千金何处报

1918 年暑假,毛泽东结束了在一师的学习,也告别了袁仲谦先生。两年后,他回到母校任附小主事,而此时袁仲谦已辞去一师的教职转去别的学校授课。从此师生之间天各一方,再也没有见过面。

然而毛泽东一直没有忘记这位对自己严格要求的国文老师,始终感念袁先生的授业之恩。他在接受美国记者斯诺采访时回忆:

学校里有一位国文老师,学生们给他起了个外号叫"袁大胡子"……他揶揄我的文章,称之为新闻记者的手笔。他看不起我奉为楷模的梁启超,认为他是半通不通。我不得不改变我的文风,我研读了韩愈的作品,掌握了古文的写作技巧。所以,这该感谢袁大胡子,至今,我还能写出过得去的古文。

新中国成立之后,毛泽东向昔日师友打听袁仲谦先生的近况,才从同学周世钊口中得知袁先生 1932 年已因积劳成疾病逝。周世钊还告诉毛泽东,袁先生的遗孀戴氏年迈体弱,生活无依,十分困难。袁先生在一师的同事、毛泽东的表兄王季范也送上一纸信函,请求给袁先生遗孀以救济:

袁髯教学有何奇,横扫千军笔一支。一字千金何处报,其妻老病绝粮时。

毛泽东听罢不胜唏嘘。袁先生学识渊博,本可货与帝王求得高官厚禄,而他却投身教育事业一生清贫,以致亲人晚年生活无着,这是多么可贵的奉献精神!

周世钊和王季范同时还向毛泽东介绍了原一师校长张干、历史教师罗元鲲家庭生活窘迫的情况。随后,毛泽东亲笔写信给当时的湖南省政府主席王首道,向他介绍了张干、罗元鲲这两位"湖南教育界老人"以及袁仲谦先生遗孀家庭生活困苦的情况,"请省府酌予接济"。后来,戴师母生病,毛泽东从周世钊那里得知后,便从自己的稿费中拿出 300 元请周世钊送给她治病调养。不久,戴师母医治无效而逝,毛泽东又请周世钊转交了 300 元,以作丧葬之资。

1952 年袁仲谦的亲朋好友计划给他修葺坟墓时,委托罗元鲲给毛泽东写信请他题写碑文。毛泽东收到信后很快写就"袁吉六先生之墓"寄给罗元鲲,并附信:"袁先生墓文遵嘱书就,烦为转致。"罗元鲲收到信后十分感动,日理万机的共和国主席给自己的老师亲书碑文,在众多先生之中,也仅袁仲谦一人享此哀荣。今天去到湖南新化,毛泽东亲书的"袁吉六先生之墓"墓碑仍矗立在袁仲谦先生坟前,传递着一位学生对自己老师的感念与哀思。

62. 坚强的老战士

——毛泽东与徐特立

平凡伟大马列真，

一代师表启后昆。

道德文章垂万世，

堪称革命一完人。

这位被曹瑛称为"革命一完人"的马列主义战士，就是著名的延安五老之一——徐特立。他是毛泽东的老师，也是中国人民的师表。

言传身教

徐特立到一师任教前，已经在社会上颇有名气：他是长沙师范学校的校长，又曾担任过湖南省临时议会副议长。他只有六年半学历却靠自学而精通古文、历史、地理和数学等知识。他18岁开始在蒙馆授徒，执教10年间亲手创办了多所新式高等小学堂和长沙师范，门生遍及整个长沙城，在湖南教育界享有"长沙王"的美誉。

能拜徐特立这样有名的教育家为师，同学们都引以为荣。在一师求学期间，徐特立的优良品格和高尚师风赢得了毛泽东的尊敬和爱戴，是毛泽东在一师中关系最为密切的老师之一。

徐特立为了让农民子弟有机会上学，让出自家的房子，用自己的大部分薪金在家乡创设了五美高小，而他和家人却过着异常勤俭的生活。他的艰苦奋斗、勤俭节约的生活作风，对毛泽东具有很深的影响，后来成为党的领袖的毛泽东，也一直保持着这种优良品质，一以贯之地坚持清廉作风，给广大人民群众尤其是领导干部树立了榜样。

徐特立不仅品德和学识堪称一流，还具有严谨的治学态度和一套良好的学习方法。当时一师学生课外自学已成风气，但在读书中存在着贪多图快、不求甚解的毛病，因而读得多，忘得快，效果欠佳。针对这种情况，徐特立结合自己长期

积累的"读书以少为主,以彻底消化为主"的经验,提出了"不动笔墨不看书"的
"读书之法":不怕书看得少,但必须看通、看透。要通过自己的思想来估量书籍
的价值,要用一个本子摘录书中精彩的地方。这样读书,虽然进度慢一点,但读
一句算一句,读一本算一本,不但能记得牢固,而且懂得透彻。

毛泽东很重视徐先生的读书经验,也是实践徐先生教学主张最有成效的人。
经过徐特立几年的熏陶,及至一师学习后期,毛泽东已把"不动笔墨不看书"当
作读书的习惯定式,坚持不辍。他听课写有"讲堂录",课后读书有读书笔记和
批注,阅报读报写摘记或札记。同时,还有选抄全篇文章的选抄本,以及摘录精
要的摘录本。这个习惯他坚持了几十年,从中南海毛泽东故居保存的他阅读过
的大量书籍中,随处都可以看到他圈圈点点、朱墨纷呈的斑斑笔迹。

先生追随学生

1919 年,年届 42 岁的徐特立,决心做一个"扶拐棍的留学生",赴法勤工俭
学,去学习西方的新思想、新技术。在法国期间,他拒绝军阀政府"给予年俸一
千元,代为考察法国教育"的笼络,于 1924 年回到阔别 5 年的祖国。他抱定要用
知识改变国家落后面貌的志愿,不想参与政治斗争,而是想继续致力于教书育
人。然而恶势力当道,徐特立这样正直的知识分子想做些事情却报国无门。他
后来谈到这段经历时说:"在长沙教育界我应该是'长沙王',但是反动势力来到
了以后,我在长沙教育会都没有被选资格。我和旧势力势不两立。""1924 年我
从法国留学回来后,还是继续办教育。不过这时我思想上很苦闷,感到教育救国
的路行不通。"

1925 年的春天,毛泽东在长沙拜会了阔别多年的老师徐特立,师生二人叙
谈别来之情,徐特立向学生坦露了自己的苦闷心情。毛泽东听后对老师说:"社
会制度不好,恶势力当道,是没有人管教育的。你辛辛苦苦培养出来的人才,说
不定会被人用去干坏事,为虎作伥。可见在现时教育救国的路是行不通的。只
有动员广大民众起来革命,彻底砸碎旧的社会,建立一个平等的社会,创造一个
劳苦大众的天下,教育才有希望,才有出路。"他还以中共负责干部的身份告诉
老师:"共产党革命的目的,就是要造就这样一个全新的社会,而眼下正全力做
这样的事业。待到革命成功之日,便是发展全民教育之时。"接着,毛泽东向徐
特立谈了自己对中国农民运动的看法和主张,也吐露了此次返乡将全力推动湖
南农民运动的计划,恳请老师出山参加和支持湖南农民运动。

这次与毛泽东的谈话对徐特立产生了很大影响,他的思想观点开始发生转变。两年后徐特立回乡,亲眼见到农民运动开展起来后家乡发生的巨大变化,受到了很大触动。于是他参加了湖南省农民协会,并担任教育科长,兼任湖南农村师范农运讲习所主任。

1927 年"四·一二"发生之后,反动派疯狂屠杀共产党,镇压工农运动。在一片白色恐怖之下,革命队伍中有的人落伍了,有的人叛变了,有的人隐迹了。而徐特立则深感靠国民党解救中国已成泡影,决心献身于共产主义事业。后来,徐特立经李维汉介绍正式加入了共产党,他表示:"我已经五十一岁了,只要共产党这样一个先进的党,能允许我这老朽的人加入组织,那我就真正获得了新生。"

徐特立入党后,先后参加了武汉农民运动讲习所、《大江报》以及南昌起义的有关工作,并于 1928 年由中央派去莫斯科中山大学特别班学习。学成归国后,徐特立来到中央苏区,发展中央苏区的教育事业,开展扫除文盲的运动。第五次反"围剿"斗争失败后,徐特立和全体红军战士一起踏上了漫长的征途。这时的徐特立已经 57 岁,是长征队伍中年纪最长的一个。胜利抵达陕北后,徐特立和全体红军将士一样,对毛泽东的军事指挥才能感到由衷的叹服。联想到韩愈所讲的"弟子不必不如师,师不必贤于弟子。闻道有先后,术业有专攻",他觉得要向自己过去的学生毛泽东学习,更加自觉地接受他的领导。

1936 年,毛泽东和老师徐特立在保安

这期间,当人们提起他曾是毛泽东的先生时,他总是真诚地说:

从前我在湖南第一师范教过书,当过毛主席的先生,那是真的;那只是一日之师,而毛主席是我的终身之师——是他带我这个老朽走上了革命道路。泽东同志值得我们学习的地方是很多的,特别是他精通马列主义理论,善于运用马列主义的立场、观点和方法来解决中国革命的实际问题。此外在政治、军事、经济、历史、文学各方面都有很深的造诣。他的知识是多方面的，非常渊博。他的最大特点就是坚持理论联系实际，实事求是的原则，不自以为是。

徐特立言语之中，充满着对毛泽东的爱护和尊重之情。

毛泽东对徐特立更是十分信赖和敬重。到达陕北以后，因瞿秋白在福建长汀牺牲，毛泽东提议徐特立担任中华苏维埃中央政府教育部长。陕甘宁边区政府成立后又任命他担任边区教育厅厅长，给这位老教育家提供了一个为边区教育事业大展宏图的舞台。

"您现在仍然是我的先生"

1937年2月1日，是徐特立六十岁的生日。在延安各界为徐特立举行六十寿辰庆祝大会的前一天，毛泽东怀着对师长的尊敬心情，写了一封感情真挚的信给徐特立，为他祝寿。信中说：

你是我二十年前的先生，你现在仍然是我的先生，你将来必定还是我的先生。当革命失败的时候，许多共产党员离开了共产党，有些甚至跑到敌人那边去了，你却在一九二七年秋天加入共产党，而且取的态度是十分积极的。从那时至今长期的艰苦斗争中，你比许多青年壮年党员还要积极，还要不怕困难，还要虚心学习新的东西。什么"老"，什么"身体精神不行"，什么"困难障碍"，在你面前都降服了。而在有些人面前呢？却做了畏葸不前的借口。你是懂得很多而时刻以为不足，而在有些人本来只有"半桶水"，却偏要"满得很"。你是心里想的就是口里说的与手里做的，而在有些人他们心之某一角落，却不免藏着一些腌腌臜臜的东西。你是任何时候都是同群众在一块的，而在有些人却似乎以脱离群众为快乐。你是处处表现自己就是服从党的与革命的纪律之模范，而在有些人却似乎认为纪律只是束缚人家的，自己并不包括在内。你是革命第一，工作第一，他人第一，而在有些人却是出风头第一，休息第一，与自己第一。你总是拣难事做，从来也不躲避责任，而在有些人则只愿意拣轻松事做，遇到担当责任的关头就躲避了。所有这些方面我都是佩服你的，愿意继续地学习你的，也愿意全党同志学习你。当你六十岁生日的时候写这封信祝贺你，愿你健康，愿你长寿，愿你成为一切革命党人与全体人民的模范。

这封信高度地概括了徐特立作为一名共产党员为中国人民的解放事业做出的重大贡献，热情地赞扬了他作为一代师表所具备的崇高品格，充分表达了一位学生对老师的崇敬之情。

1947年年初,蒋介石命胡宗南大举进攻延安。为了徐特立的安全,毛泽东安排他先撤离延安。出发时,毛泽东亲自去送行,并认真检查了徐特立的行李准备情况,发现没有热水瓶,就请工作人员立即从他的两只热水瓶中拿来一只,送给了徐特立。看到毛泽东为自己考虑得如此周全,徐特立十分感动。

徐特立七十大寿时,中共中央办公厅、边区政府举行了热烈的庆祝大会,各解放区负责人也纷纷来电祝贺。会上,中央主要领导都为徐特立题了词,毛泽东的题词是:坚强的老战士。会上还宣读了由毛泽东亲自授意起草并审定签发、以党中央名义写给徐特立的一封热情洋溢的信。这封信高度评价了徐特立的革命业绩,号召全党同志学习和发扬他的高尚品德。

出席中国人民政治协商会议第一届全体会议的中国共产党代表团在中南海合影。前排左起:刘少奇、林伯渠、董必武、吴玉章、徐特立、毛泽东;中排左起:安子文、李克农、彭真、周恩来、齐燕铭;后排左起:刘澜涛、陈云、徐冰、陆定一

新中国成立之后,毛泽东尽管政务十分繁忙,仍时刻惦记着恩师徐特立。一次,毛泽东特地请人接徐特立到中南海家中吃饭。席上,还专备了几样家乡风味的菜肴招待老师——一碗湘笋,一盘青椒,这是两人都爱吃的。毛泽东抱歉地说:"徐老,请你来,没有好菜吃。"徐老笑着说:"人意好,水也甜嘛!"

上桌前,徐特立谦和地对毛泽东说:"你是全国人民的主席,应该坐上席。"

毛泽东马上说："您是主席的老师，'一日为师，终身为父'，您更应该坐上座。"硬是让徐老坐了上席。席间两人聊起治国方针大计，徐特立坦率地提出要防止某些同志以为革命大功告成而滋长骄傲自满情绪，还要力戒贪图舒适，追求享乐、腐败堕落的思想和作风。毛泽东听罢连连点头称是。

话别时，毛泽东见徐特立穿着还像过去那样俭朴，又联想到徐老当年为革命牺牲的两个儿子，就将自己身上穿的一件呢子大衣脱下来，送给徐特立。这才依依不舍地拉着老师的手送他出丰泽园。

徐特立接衣在手，激动不已。回家后，他郑重地把这件大衣收藏起来，只在重要的场合才穿。

新中国成立后，徐特立全身心地投入到教育事业中去，以七十多岁的高龄和年轻人一样坚持八小时工作制，撰写了一系列重要文章，为新中国的教育事业做出了卓越的贡献。

1968年，徐特立因病在北京逝世，享年91岁。

63. 弘通广大，最所佩服

——毛泽东与黎锦熙

黎锦熙，字邵西，1890 年出生于湖南湘潭，著名的语言学家、教育家和社会活动家。他少有才名，经历颇为传奇，二十来岁时便已誉满长沙。毛泽东在一师求学期间，黎锦熙担任历史教师。两人年龄相仿，志趣相投，虽为师生，却很快成了亲密无间的朋友。

教学相长，相得益彰

毛泽东一直喜爱阅读各类进步报刊，早前他就是《长沙日报》、《湖南公报》的热心读者，对这两份报纸的创办者黎锦熙和他的传奇经历、渊博学识仰慕已久。在课堂上第一次见到黎锦熙时，毛泽东既惊讶于黎先生的年轻、随和，又感到十分亲切，大有一见如故之感。而黎锦熙也很快发现了与众不同的毛泽东，他后来回忆："那时就表现出了不凡的胸襟，言谈之间，不时流露出以天下为己任的气概。""个子很高，显得沉静儒雅，并无过激言行，上课听讲时从不浮躁，只是一双眼睛灼灼有光。他衣着俭朴，一望即知来自乡间。""课间休息时，他从不和他人打闹，对一切事物总是在静思、观察。"

毛泽东好学善思，他常就自己思考到的一些问题向黎先生请教，黎锦熙也十分喜爱这个常有独立见解的学生，在请教与探讨中，他们的关系也就越来越密切了。黎锦熙在治学中强调"勤"与"恒"，且认为

毛泽东的老师、好友黎锦熙

"恒"更重要,他常对毛泽东说,世人多"勤于始而怠于终",所以无所成就。受他影响,毛泽东形成并保持了"持之以恒"的学风,还写了"贵有恒,何必三更眠五更起;最无益,只怕一日曝十日寒"对联以作勉励。

除了在教学上有许多接触外,毛泽东与黎锦熙更频繁的交往是在"校外讲学"活动中。黎锦熙与杨昌济、徐特立、方维夏等一师部分教员,组织了宏文图书编译社,并附办了《公言》杂志,发表批评教育弊政等公正言论,报道当时正在进行的第一次世界大战,颇受欢迎,毛泽东对此也很有兴趣,常帮着撰写文稿。后来,宏文社组织哲学研究组,毛泽东、蔡和森、陈昌等都参加了这个小组,常往李氏芋园听黎锦熙、杨昌济等先生讲授哲学,进行学术讨论。

黎锦熙不仅在治学方面对毛泽东影响较大,在做人方面也对他有较深的影响。毛泽东在书信中称赞黎先生"弘通广大,最所佩服",说的不仅是他的才学、思想和见解,也指黎先生的品行而言。

黎锦熙很赞成孔门弟子"安贫乐道"的精神,他在学校当老师的收入不薄,虽无恒产,却也从无困窘之忧。他不喜奢侈浪费,衣服破了补补可以继续穿,反正旧衣服舒适;他也从不悭吝小气,有"安得广厦千万间,大庇天下寒士俱欢颜"之风,凡有贫寒学生求助莫不施以援手。他对毛泽东讲,艰苦简朴的生活可以磨炼人的意志,培养不畏困苦、勇往直前的精神。毛泽东受黎锦熙这些品质的影响不可谓不深,他在笔记《讲堂录》上记下了老师说的"安贫者能成事""嚼得菜根,百事可做",并身体力行地践行了这种艰苦朴素的作风,重精神追求而轻物质享受,留下了许多佳话。

就是在这个教学相长、相得益彰的过程中,毛泽东和黎锦熙的友谊也日渐深厚。

如婴儿之得慈母

对于毛泽东而言,黎锦熙是珍贵的良师,更是难得的益友。他不仅在才学上敬佩这位仅大自己三岁的老师,常向他求学问道,在思想见解上也服膺于他,课余时间常到黎锦熙处与他交流对政治形势的看法,探讨国家大事与人生选择。黎锦熙受聘到北京担任教科书特约编审员之后,毛泽东与他的交流方式就从登门求教转成了书信交流。

从1915年冬天到1920年间,毛泽东给黎锦熙写了六封信。这六封信的内容非常丰富:从求学方法到锻炼身体,从切磋学术到抒发志向,从商筹人生大计到讨论国家大事,涉及哲学、伦理学、佛学、语言文字学等学科,谈及世界观、人生观、价值观,说到小报编刊、游学交友、组织学社,培养德、智、体兼备人才,以及筹集资金组织留法、留俄、勤工俭学等诸多事项,吐露个人的近期计划、长远选择……凡此种种,不一而足。信中多有指点江山、批评时政、改造社会之语,如1917年8月23日毛泽东致黎锦熙的信函,长达3300多字,综述了他观察、改造社会的看法和主张。黎锦熙读后在日记中评写:"大有见地,非庸碌者。"

在这些求教和交流的过程中,毛泽东很有收获。他在致黎锦熙的信中说:"弟自得阁下,如婴儿之得慈母。""得吾兄恨晚,甚愿日日趋前请教。"充分表达了毛泽东对这位良师益友的尊敬和推崇。黎锦熙也很珍视他与毛泽东的深厚友谊,他冒着杀头的风险,一直保存着毛泽东写给他的六封信。新中国成立后,毛泽东在黎锦熙处见到这些信件也很是感慨,为了感谢黎先生在漫长的黑暗岁月中敢于将这些信件保存下来,他特别请荣宝斋制作了影印件还赠黎锦熙以作纪念。

半个多世纪的师友情谊

黎锦熙移居北京后,毛泽东与他多以书信交流。而毛泽东每有机会抵京,总会去黎锦熙处,像当年在一师时一样谈心谈学,推心置腹。毛泽东在北京时的旧历除夕,便在黎锦熙家一起动手包饺子过年,师生感情之深由此可见一斑。

除去书信往来和亲身拜访,毛泽东每有新作,也总尽可能地送给老师黎锦熙。1919年他主编的《湘江评论》创刊,从第一期开始,每新出一期毛泽东都要先寄一份给北京的黎锦熙。黎锦熙也十分珍视自己学生的杰作,冒着被反动派搜捕的危险,将毛泽东寄给他的五期《湘江评论》和六封书信妥善地珍藏起来。

1920年之后,毛泽东与黎锦熙一别近三十年,直到新中国成立前夕才在北京重逢。此间师生二人都没有忘记当年促膝长谈、书往信来的深情厚谊,一直惦念着对方。战争年代通信多有不便,毛泽东在抗战期间见到回乡探亲的黎锦熙的同事,便向他了解黎锦熙的近况,托他向黎先生问好,说了许多想念的话。不久,毛泽东寻到机会,又给黎锦熙寄去一本自己亲笔签名的《论持久战》。而黎锦熙则拒绝了国民党几次三番敦请他同去台湾的"邀请",坚持留在北平等待自己这位"唐宗宋祖,稍逊风骚"的学生。

新中国成立前夕,毛泽东与黎锦熙在北京重逢。他热情邀请黎锦熙及家人会面、聚餐,并请同一宿舍内的其他教师参加,询问他们的生活及工作情况。此后他又多次接黎先生到中南海叙谈。会面时，毛泽东想请黎锦熙出任教育部长，但黎锦熙只想从事文字改革和教书工作，便以健康状况不佳为由婉言谢绝了。后来黎锦熙与吴玉章等七人共同组成"中国文字改革协会"，黎锦熙被推选为理事，后又被选为常务理事、副主席，兼方案委员会副主任和汉字整理委员会主任。他竭尽所长，为汉字改革做出了重大贡献。

新中国成立后，毛泽东与黎锦熙都住在北京，见面容易了许多，黎锦熙被推举为全国人大代表和全国政协委员后，他们见面的机会就更多了。但毛泽东毕竟是日理万机的国家主席，不能经常抽开身去看望黎锦熙，他便请自己的秘书周小舟代为前往看望，并捎去一些喜爱之物送给老师。1953 年 2 月 7 日，尚未病愈的黎锦熙在怀仁堂参加政协一届四次会议，毛泽东见到他时叮嘱他不必终会，宜好好休养。

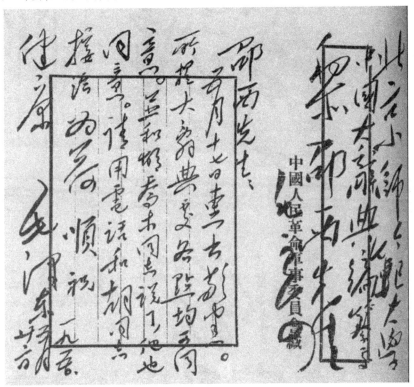

　　毛泽东给青年时代的师友黎锦熙的信："邵西先生：五月十七日惠书敬悉。所提大辞典处各点均可同意。并和胡乔木同志说了，他也同意。请用电话和胡同志接洽为荷。顺祝健康。毛泽东一九五○、五月廿二日"

　　"文化大革命"开始后,黎锦熙在"左"的干扰下也受到了冲击。毛泽东和周恩来得知消息后立即指示要保护黎锦熙,严令红卫兵不要去抄黎先生的家,更不许去批斗他。1971 年,毛泽东请周世钊(毛泽东在一师时的同学)去黎锦熙家看望、问候他。周世钊向毛泽东汇报了黎锦熙在"文化大革命"中居住条件较差的情况,在毛泽东的直接关怀下,黎锦熙于 1972 年迁居朝阳门内北小街一所四合院内,并把他五十多年来的家藏图书资料集中于此,进行整理,以利于工作。黎先生就是在这间寓所里度过了他生命的最后六年。

　　回溯毛泽东与黎锦熙半个多世纪的亲密交往,可谓情深意笃。而新中国成立后毛泽东对恩师黎锦熙的工作、身体、生活等无微不至的支持与关怀,更令人感怀难忘。

64. 敦品力学，德高望重

——毛泽东与方维夏

毛泽东在湖南第一师范读书时，方维夏是教授农业、博物学科的老师并担任该校学监主任，他注重实际的教学思想对毛泽东产生了很大影响。在一师，两人由于长沙宏文编辑社、主持一师学友会等机缘，交往越来越多，从而结下了深厚的情谊。后来，方维夏在毛泽东等人的影响下，走上了共产主义道路，成为中国共产党早期的领导骨干之一。

读万卷书，行万里路

方维夏在一师任教前曾在日本留学三年，受资产阶级民主教育思想的熏陶，他反对旧式学堂里普遍存在的那种脱离实际、脱离社会的教学方式，而是主张学以致用。为此，他亲自拟定了博物科和农业科的《教授要旨》《教授要项》，编写了教材《农业教科书》，并组织学生将旧操场开辟为实习农场，建立了"学校园"，让学生通过农工商实习改变那种"四体不勤，五谷不分"的旧时代读书人的毛病。他常教导学生读书要面向社会，不但要读有字之书，还要读好社会这本无字书，真正做到理论结合实际、读书结合游历。所谓"读万卷书不如行万里路"，方维夏在一师范首创了"修学旅行"的教学模式，并以"校章"的形式作出了学生节假日修学旅行的各种规定。毛泽东就是这一教学模式的坚定执行者之一。

毛泽东对方维夏"格物致用"的观念十分认同，他在笔记中写道："闭门求学，其学无用。欲从天下万事万物而学之，则汗漫九垓，遍游四宇尚已。""游之为益大矣哉！"而方维

毛泽东的老师方维夏

夏通过课堂上的了解和长沙宏文编辑社的交往,也对毛泽东这位优秀的学生寄予厚望,要他效法徐霞客的毅力游学求知。他特地把刊有两个青年学生徒步旅行全国新闻的报纸送给毛泽东,毛泽东读后很受启发和鼓舞。他后来回忆:

这件事给我很大鼓舞。我很想效法他们的榜样,可是我没有钱,我想我应当先试着在湖南旅行一番。

在方维夏的影响下,毛泽东由近而远、由浅入深、循序渐进地在湖南进行了多次"游学"活动。其中花费时间最长、旅行地域最广的一次,是在 1917 年的暑假。毛泽东邀友人萧子升一起上路,他们分文未带,只带了换洗衣服、洗漱用品、书包、雨伞等用具,历时一个月,步行九百余里,游历长沙、宁乡、安化、益阳、沅江五县城乡,对社会,尤其是广大农村的现实情况有了更加广泛深入的了解。这次"游学"的顺利进行,离不开方维夏的指导和支持。他肯定并支持了毛泽东长途修学旅行的想法,帮助毛泽东确定了旅行的线路,并亲笔给沿途各县的劝学所、教育会写了介绍信,以备遇到困难时应急之用。开学后,方维夏看着风尘仆仆的毛泽东和他带回的几大本旅行日记,露出了欣慰的笑容。

主持学友会,创办工人夜学

在一师求学期间,毛泽东参与和组织了大量的社会活动,除组建新民学会外,最主要的是主持学友会和创办工人夜学。这两项活动涉及面广、社会影响大,对毛泽东的组织和领导能力都是个锻炼。在方维夏的支持和引导下,毛泽东通过主持学友会、创办工人夜学,积累了一定的社会活动的经验,也初步显示出他作为一个杰出社会活动家的优良品质和非凡才干。

"湖南省立第一师范学友会"由原来的一师技能会改组而来,以"砥砺道德,研究教育,增进学识,养成职业,锻炼身体,联络感情"为宗旨,原由校长兼任会长,由学监主任兼任总务,主持日常会务。1917 年下学期,校长孔昭绶因工作繁忙、健康不佳而辞去会长一职,指定方维夏代理会长。而方维夏则推荐当时担任学友会教育研究部部长的毛泽东担任因此空出的总务一职,把主持学友会日常工作的重担交给了他。

毛泽东担任总务期间,由于方维夏这位学监主任兼代理会长的大力支持,学友会的工作变得活跃起来。据一师校志的记录,1917 年 10 月 15 日至 11 月 26日这 42 天之内,学友会各部活动达 64 次之多。毛泽东在学友会开展了许多开创性的工作,举办工人夜学就是其中的一件大事。

一师前一年就开办过工人夜校，由教师业余为校内外失学的职工授课，但由于种种原因办得不太成功，没多长时间就停学了。毛泽东非常同情工友因为没有文化而遭受欺凌的境况，他对过去办工人夜校的经验教训进行总结后，主动向方维夏请求由三四级年级学生来办夜校，并由毛泽东担任部长的教育研究部来主管这件事。方维夏听完毛泽东的设想后，要他先拟出具体实施方案，然后提交学友会职员会议讨论。

职员会议讨论通过主办工人夜学的决定后，毛泽东马上开始进行夜学的组织准备工作。他用通俗的白话起草了一份《工人夜学招生广告》，请方维夏主持的宏文图书社印刷后，就由毛泽东和同学们带着挨家挨户去动员工人上学。广告通俗明白，同学们热情洋溢，工人们深受感动，没过几天，报名人数就由 100 多人增加到 300 多人，而且还不断有人要求增报。毛泽东在《夜学日志》中说工人对夜学的热情"如嗷嗷之待哺也"。

毛泽东写的夜学招学广告和填写的《夜学日志》

由于吸取了上一期夜学的经验教训，加上方维夏和一师师生的大力支持，在毛泽东事必躬亲的周到主持下，工人夜学大获成功。第二年上学期又继续开办。毛泽东还在湖南《通俗教育报》发表了题为《告夜学生》的文章，详细介绍一师工人夜学的开办情况和经验。这篇文章在长沙教育界产生了一定反响，也进一步扩大了一师工人夜学的社会影响。在毛泽东他们这一届学生毕业离校之后，工人夜学仍然挺立在教育平民化的前线，持续地为周围的穷苦劳工们提供现代教育。

举办工人夜学是方维夏和毛泽东师生之间的一次成功合作，方维夏不仅

工人夜学旧址

对毛泽东的工作提供人财物等多方面的支持,还经常向他传授工作方法、组织策略。他告诉毛泽东:组一个团体办一件大事,光靠一个人的力量是不行的,要善于发挥众人之长,集众人之智慧,正所谓"贤相不以自己之长为长,常集天下之长为长"。在同学中间,每一个人都有他的长处,我们应该鼓励、发挥、运用每个人的长处。毛泽东把这些教诲当作座右铭,工工整整地记入了他的笔记《讲堂录》。

马克思主义道路上的革命师友

毛泽东从一师毕业后不久,方维夏受聘为湖南省教育司长,也告别了一师。后来毛泽东出任一师附属小学主事,又能时常受到主管全省教育的方维夏的指导和支持。这时毛泽东已经确立马克思主义为自己的人生信仰,并开始迅速"成为一个马克思主义者",这也渐渐对方维夏的道路选择产生了影响。

1920 年 7 月,毛泽东受俄国十月革命的鼓舞和湖南"驱张运动"的影响,准备筹办一个书社,以便通过传播马列主义书籍、报刊来促进马克思主义新思想、新文化在社会上的广泛传播。他的想法得到了方维夏的赞同以及帮助集资。在方维夏以及他领衔联络的教育、新闻和工商各界人士的支持下,文化书社很快开业并迅速发展起来。只用了不到一年的时间,与文化书社发生书报营业往来的单位就达到六七十家,业务日趋发达,影响迅速扩大。中国共产党成立之后,文化书社发挥了更大的作用,为党的活动提供秘密集会和联络的场所,帮助周转革命活动经费以及培养革命干部等。

与此同时,根据陈独秀和李大钊的意见,毛泽东也积极筹备在湖南创建中国共产党。经与新民学会会员何叔衡、彭璜等人商议,毛泽东决定借助方维夏在上层社会的影响,联络部分教育界、新闻界和社会知名人士,成立一个俄罗斯研究会。经过多方努力,俄罗斯研究会顺利成立,在成立大会上,毛泽东被推选为书记干事。研究会成立后,进行了大量关于俄国十月革命、马克思主义的研究,在报纸上发表了许多有影响的文章,并介绍了刘少奇、任弼时、萧劲光等十几名进步青年赴俄罗斯学习。

无论是创办文化书社还是组织俄罗斯研究会,都得到了方维夏的热情响应和全力支持。而在这一过程中,方维夏对马克思主义有了深入的了解和认识,思想信念也发生了根本的转变。1924 年,已届知天命之年的方维夏加入了中国共产党,实现了他人生的根本转折。

鉴于方维夏在湖南的名望和他的人脉往来，党组织派方维夏进入湘军担任政训部主任，开展革命的统一战线工作。此后，方维夏先后参加了北伐战争、南昌起义，后又赴莫斯科进入中山大学特别班学习。学成归国后赴闽西革命根据地担任红军学校政治部主任。中华苏维埃共和国临时政府成立后，担任主席的毛泽东特地致函方维夏，邀请他到瑞金担任总务厅厅长。师生二人携手在马克思主义的道路上共同前行，为中国革命事业做出了杰出的贡献。

1935 年春，在湖南八面山游击根据地进行游击斗争的方维夏因叛徒出卖而被捕。敌人慑服于他的威望和才干，妄图以高官厚禄要他脱离共产党，方维夏在狱中坚贞不屈，凛然予以痛斥，最后英勇就义。

半年以后，身在陕北的毛泽东才得到方维夏牺牲的噩耗。他为失去这位良师益友痛心不已，泪流满面，他对徐特立说：

方先生是我的好老师、好同志啊！他敦品力学，德高望重，放着国民党的高官不做，四十多岁投身革命，了不起啊！

65. "没有九哥就没有我"

——毛泽东与王季范

王季范,著名教育家,湖南湘乡人。他比毛泽东大九岁,既是毛泽东的姨表兄,又是毛泽东在湖南省立第一师范学校的老师,更是与毛泽东相交多年的挚友。在同辈兄弟中,王季范排行第九,毛泽东一直叫他"九哥"。

毛泽东的"保护伞"

毛泽东两岁多便寄养在唐家圫外婆家,同样寄居唐家圫读书的九哥王季范对这个聪颖的幼弟十分疼爱,他们食同桌、寝同屋,犹如亲生兄弟。课上,王季范带着"旁听生"毛泽东读书识字,课下,他带着毛泽东与其他同学一起玩耍,或者上山采野菜野果,或者帮助舅父做一些力所能及的农活儿。兄弟俩在唐家圫舅父办的私塾里建立了深厚的友谊。王季范考取东山书院离开唐家圫时,毛泽东还不到五岁,他十分舍不得这个天天照顾他、带他玩耍的九哥。王季范清理好自己已经读过的书,郑重地把它们送给了毛泽东,叮嘱表弟要听外婆和七舅、八舅的话,好好读书习字。

毛泽东从九岁发蒙上学算起,先后进过七八个私塾,在八舅文正莹的帮助下,他还到湘乡上了六七个月的"洋学堂"。这期间,王季范从湖南长沙优等师范毕业后任教于湘乡驻省中学,这时毛泽东也正想到省城就读,于是在王季范的帮助下,毛泽东顺利地进入了湘乡驻省中学读书。初到省城长沙的毛泽东人地两生,九哥王季范为他撑起了一把"保护伞":来自山区的毛泽东难以负担数量可观的报名费和书本学杂费,王季范就向学校出具了欠据,从自己的薪水中为他逐月扣除;湘乡驻省中学不提供住宿,王季范从自己家狭窄的住房中腾出一间给毛泽东住,自己和妻子、小孩挤一间;家里仅有的一张条桌,也是先让给毛泽东做功课,等他完成功课后自己才开始批阅学生的作业。

毛泽东转入湖南第一师范读书后不久,王季范也受聘到一师任教,并担任学监。他们之间的交流更多了,情谊也更加深厚。王季范不仅在经济上、生活上给毛泽东以支持和照顾,还十分关心他的学业和思想进步,对毛泽东在新思潮影响下参加的进步活动也是大力支持。

由于与学校在执行教育厅政策的问题上存在矛盾,毛泽东等17名学生在一师发起了驱逐校长张干的运动,这次轰动长沙的“学潮”引来了校长张干“挂牌开除”的惩罚。王季范和杨昌济、徐特立、方维夏等几位老师闻讯出面召集了一个全校教职员会议为学生鸣不平,在这样的压力下,张干不得不收回成命,毛泽东等人也免于开除。许多像这样由于毛泽东领导和参加革命活动所惹出的“祸”,都是由于王季范的出面保护,才使得毛泽东少受了很多磨难。

九哥王季范对自己的照顾和保护,毛泽东一直铭记在心,并对王季范报以十分的信任和仰赖。后来毛泽东在长沙由于从事工农革命运动而几次受到反动军阀追捕,也都是在王季范千方百计的救援掩护下渡过了难关。

毛泽东离开长沙继续从事革命活动后,王季范把对表弟的感情倾注到了毛泽东所领导的正义事业上。他从自己微薄的薪水中拿出钱来支持进步学生和教师进行革命活动,自己也经常向学生宣传共产党的抗日主张,唤起青年的革命热情。不仅如此,他还将自己的儿子王德恒送去延安跟着毛泽东参加革命活动,“为天下人的甜去吃苦”。

王德恒后来在工作中被国民党特务杀害,毛泽东得知消息后深感自责。由于战争年代通信不便以及事关军事机密的原因,直到新中国成立之后毛泽东与王季范重逢时,王季范才知道这一消息。尽管事情已经过去了很久,毛泽东还是十分难过,他哽咽着对王季范说:“九哥,你把德恒交给我,我没有保护好他,难辞其咎……”然而王季范送子参加革命事业时早已做好了思想准备,此时他反而显得比较平静,他还反过来安慰毛泽东:“德恒能为天下人的幸福而牺牲,他当含笑九泉,家人亦为他而光荣。”九哥的深明大义让毛泽东十分感动。

为发展教育事业而多方奔走的老教育工作者

王季范倾心教育工作,培育了不少人才,中国现代史上有不少风云人物皆出自他的门下。他们中既有中共的领袖及高级干部如蔡和森、蔡畅、李维汉、萧劲光等,也有国民党的高官和上将如宋希濂、李默庵;既有著名的作家如萧三、周立波,也有大科学家、大学者如李薰、潘力生等,可谓是“桃李满天下”。新中国成立之后,他出任湖南行政学院副院长和省文史馆专员之职,并被选为第一届全国人民代表大会代表,1952年又聘任为中华人民共和国政务院参事。

　　王季范深感肩上责任之重大,唯恐有负国家和人民的重托。他经常向毛泽东致电致函,除介绍家乡情况外,还就国家政治抒发自己的见解,结合自己数十年来钻研经史所得的感悟与启示,与毛泽东一起探讨治国安邦的策略。他积极调查研究,认真参政议政,努力沟通民主人士与党和政府之间的关系,为下情上达、上情下达牵线搭桥。作为在湖南工作和生活了大半辈子的一位老教育工作者,他为发展家乡教育而仗义执言、多方奔走,无论是帮助湖南一批老教育家落实政策,还是重修省立第一师范,又或者是建立湘潭大学、扩建东山学校,他或向上反映情况,或献计献策,或筹资出力,无不尽心竭力。毛泽东与所有湖南人民一样,十分感谢王季范的善举。

1953 年毛泽东和王季范(右二)等的合影

"九哥千古"

　　1950 年的秋天,毛泽东邀请王季范到家中一叙。他满面笑容地走到门口迎接这位二十余年未见面的良师益友,边走边情不自禁地喊道:"九哥,九哥,你来哒!"王季范心情也很是激动,两人都是热泪盈眶,握在一起的手久久没有松开。一向节俭的毛泽东特地准备了丰盛的晚餐来招待王季范,他把李敏、李讷等孩子叫到王季范面前,极富感情地对孩子们说:"你们来认识认识,这是从老家来的稀客,是你们的表伯父,也是我的老师!"他还向夫人江青和在场的工作人员认真地介绍:"这是我九哥,在我青少年时期给我好多帮助。没有九哥就没有我毛泽东。"抚今追昔,兄弟俩聊了很久,很久……

毛泽东和程潜(右二)、程星龄(右一)、表兄王季范(左一)在北京十三陵合影

王季范被聘任为中华人民共和国政务院参事后就定居在北京,兄弟俩见面叙旧、探讨国事也容易多了,感情也更加深厚。王季范经常向孙子孙女们讲述毛泽东青少年时代的故事,要他们以表爷爷为楷模,像他那样修学立身,做一个对社会和人民有用的人。

1972年7月,王季范在北京逝世,享年88岁。当时毛泽东也已年近八旬,身体状况不如从前了。得知九哥逝世,他悲痛不已,唐家圫私塾里九哥带着自己一起读书玩耍、长沙求学时九哥给自己的指导和庇护、被军阀追捕时九哥不遗余力的掩护和救援……相交几十年来的种种情形一一涌上心头。为了表达对表兄的哀悼,毛泽东请身边的工作人员定做了一个花圈,花圈的飘带上写着:

　　九哥千古

　　毛泽东敬挽